L'UNIVERSITÉ

SOUS

M. FERRY

GAUME et Cie, Éditeurs, 3, rue de l'Abbaye, à Paris

OUVRAGES DE FRÉDÉRIC GODEFROY [1]

1° COURS CLASSIQUES GRADUÉS

MORCEAUX CHOISIS DES PROSATEURS ET POÈTES FRANÇAIS
DES XVIIe, XVIIIe ET XIXe SIÈCLES

Présentés dans l'ordre chronologique, gradués et accompagnés de Notices et de notes

Cours préparatoire (1er âge). 1 vol. in-12, cart............ **1 fr. 20**
1er Cours (8e, 7e, 6e). 1 vol. in-12, cart................. **2 fr. 75**
2e Cours (5e et 4e). 1 vol. in-12, cart................... **3 fr. 75**
Cours supérieur (3e, Seconde et Rhétorique). 2 v. in-12, cart. **7 fr. 50**

MORCEAUX CHOISIS DES POÈTES ET PROSATEURS DU XVIe SIÈCLE

Accompagnés de **notices** développées sur chaque auteur, de **notes grammaticales, littéraires** et **historiques**, précédés d'une **Grammaire** abrégée de la langue du XVIe siècle et d'**études générales** sur l'état de la poésie et de la prose à cette époque; suivis d'un **Glossaire** explicatif et étymologique, 1 v. in-12, cart. **3 fr. 75**

2° AUTEURS FRANÇAIS ANNOTÉS

Fables choisies de la Fontaine, avec étude biographique et notes historiques et littéraires. 1 vol. in-12, cart............ **3 fr. 25**
Édition à l'usage des classes élémentaires. 1 vol. in-18.... **» 50**
Les Caractères de la Bruyère, précédés du discours sur Théophraste, et suivis du discours à l'Académie française. Edition classique, publiée avec une étude sur la Bruyère, des notes philologiques et littéraires, et une table analytique détaillée. 1 vol. in-12, cart.. **3 fr. 25**
Théâtre classique à l'usage des Pensionnats et des Collèges, édition très complète avec annotations nouvelles, études générales et analyses des pièces. 1 vol. in-12...................... **4 fr. »**

3° LIVRES DE BIBLIOTHÈQUES SCOLAIRES

Histoire de la Littérature française au XVIIe siècle. 1 vol. in-8............... **6 fr. »**
Histoire de la Littérature française au XVIIIe siècle. 1 vol. in-8............... **6 fr. »**
Histoire de la Littérature française au XIXe siècle. 1 vol. in-8............... **6 fr. »**

Prosateurs français des XVIIe et XVIIIe siècles. 1 vol. in-12, broché............ **4 fr. »**
Poètes français des XVIIe, XVIIIe et XIXe siècles. 1 vol. in-12, broché............ **4 fr. »**
Prosateurs français du XIXe siècle. 1 v. in-12, br. **4 fr. »**

[1] Cet ensemble des travaux de Frédéric Godefroy répond et au delà aux exigences des nouveaux programmes adoptés par le Conseil supérieur de l'Instruction publique.

2109-80. — CORBEIL. Typ. et stér. CRÉTÉ.

L'UNIVERSITÉ

sous

M. FERRY

par

Francisque BOUILLIER
MEMBRE DE L'INSTITUT
ANCIEN INSPECTEUR GÉNÉRAL, ANCIEN DIRECTEUR
DE L'ÉCOLE NORMALE SUPÉRIEURE

PARIS
GAUME ET Cie, ÉDITEURS
3, RUE DE L'ABBAYE, 3
—
1880
Tous droits réservés.

AVERTISSEMENT

Ce volume est composé d'articles qui ont été publiés dans la *Revue de France* et dans le *Moniteur universel* sur les principaux faits du ministère de M. Ferry et sur les discussions auxquelles ils ont donné lieu dans les deux Chambres. Je les ai laissés dans l'ordre où ils ont paru et sans presque rien y changer. De là certaines prévisions, surtout celles en bien, qui ont été démenties plus tard par les votes de la Chambre des députés ou même du Sénat; de là aussi quelques répétitions pour lesquelles je demande l'indulgence. Mais, au prix de ces inconvénients, se trouve l'avantage de conserver dans toute leur vivacité les impressions du moment. A la différence de la plupart des historiens qui, lorsqu'ils n'embrassent pas une époque tout entière, la prennent par ses plus beaux côtés et dans sa période la plus brillante, les deux années 1879 et 1880, dont on verra ici le tableau, ne sont pas les meilleures que l'Université ait traversées depuis sa fondation. Pour tout dire en deux mots, c'est l'Université sous M. Ferry.

Je ne pense pas qu'en aucun temps, malgré tous les hasards de la politique et toutes les intrigues parlementaires, elle ait jamais vu arriver à sa tête un ministre qui lui fût aussi complètement étranger et plus ignorant de toutes choses en matière d'instruction publique. Une fois assis sur le fauteuil du grand maître, à la place occupée par les Royer-Collard, les Guizot, les Cousin, les Villemain, la sagesse lui commandait, plus qu'à tout autre, d'être modeste, de s'effacer, et surtout de n'innover que le moins possible. Nul au contraire, dès le premier jour, et sans aucun moment donné à la réflexion, ne s'est montré aussi hardi à tout blâmer et à tout changer; nul n'a été plus arrogant, nul plus hautement dédaigneux.

Deux fois solennellement, dans la plus grande de ses fêtes, en pleine Sorbonne, en face de l'élite de ses professeurs, M. Ferry n'a pas craint de tourner en ridicule ses méthodes, ses maîtres, ses élèves. Peu accoutumée jusqu'à présent à un pareil langage, l'Université a dû s'entendre dire en face : que ses méthodes étaient surannées, que ses maîtres n'étaient que des routiniers, que son enseignement était vide et stérile, que ses élèves, que ses bacheliers, ne savaient pas le français ni même l'orthographe, qu'en dix ans elle ne faisait que les promener autour de l'antiquité sans savoir les y faire pénétrer et qu'elle eût à rentrer dans le bon sens. Enfin, par une plus grande injure, il a voulu la faire complice de son intolérance, de ses haines, de ses persécutions, comme si le régime de la concurrence et de la liberté lui était fatal, comme si elle ne pouvait plus subsister par ses propres forces, sans le secours de l'article 7 ou des décrets qui l'ont suivi.

Mais s'il a rabaissé l'Université, combien ne s'est-il pas glorifié lui-même ? A tous ces pauvres professeurs, qui, avant lui, ne savaient ce qu'ils faisaient, il a ouvert enfin les yeux ; il a révélé la vraie pédagogie, la pédagogie progressive, dont ils ne se doutaient pas. Nous étions tous dans les ténèbres ; il est venu, et la lumière s'est faite.

Il a retranché deux années aux langues anciennes, il a doublé, ou à peu près, le temps donné aux langues vivantes ; il a accablé les plus jeunes têtes de l'histoire des Aryas primitifs, des Pélages, des Étrusques, de la science de toutes les pierres, de tous les fossiles, de toutes les plantes et de tous les animaux de la création ; il a diminué l'émulation en réduisant les concours et les prix, par une sorte de babouvisme universitaire. Et voilà, du moins il l'annonce, que grâce à cette grande illumination pédagogique, on saura non seulement plus vite, mais beaucoup mieux, le grec et le latin, avec tout le reste, et qu'enfin on entrera dans le cœur de l'antiquité, au lieu de rester à la porte :

Vestibulum ante ipsum primoque in limine portæ.

Depuis les premiers jusqu'aux derniers rangs, l'Université a été tout entière profondément troublée. A lui toute la responsabilité de cette sorte de vertige qui a semblé s'emparer, l'année dernière, d'un certain nombre de candidats et d'électeurs du Conseil supérieur, et de l'ébranlement de la hiérarchie et de la discipline, par une loi que nous n'avons pas injustement qualifiée de loi de désordre et d'anarchie. Tandis que les maîtres, sans cesse convoqués pour de nouveaux scrutins, s'agitent dans les comités, se mêlent à des cabales et font des professions de foi, que deviennent ces études classiques qui doivent, nous dit-on, prospérer plus que jamais ?

Les personnes n'ont pas eu un meilleur sort que les institutions, la discipline et les études. Jusqu'à M. Ferry le personnel de l'Université avait été à l'abri des atteintes et des fluctuations de la politique. Au lendemain du 4 septembre M. Jules Simon avait laissé chacun à la place où il l'avait trouvé. Je voudrais bien savoir combien M. Brunet a fait de victimes au 16 mai. Jamais rien, dans l'Université, n'avait eu lieu de semblable à ce qui s'est plus d'une fois passé dans les préfectures ou les parquets; elle était heureusement demeurée tout à fait en dehors de ce mouvement continuel de rotation des offices. Mais, sous M. Ferry, que de mutations, que de disgrâces, que de retraites prématurées, révocations mal déguisées, parmi les hauts fonctionnaires, inspecteurs généraux, recteurs, directeurs! Combien surtout n'y en a-t-il pas eu parmi les inspecteurs d'académie, dont les meilleurs ont été mis de côté, pour faire place à des hommes sûrs et capables de seconder énergiquement la police?

Les professeurs de l'enseignement supérieur, quoique mieux garantis, n'ont pas été eux-mêmes à l'abri des coups et de l'arbitraire de M. Ferry. Il y a eu là des suspensions, des mutations d'une faculté à une autre, contrairement à la loi; il y a eu surtout un arbitraire plus grand que jamais dans la répartition des classes personnelles et de l'argent. Quant aux Doyens qui ne sont plus nommés que temporairement, pour cinq ou pour trois ans, M. Ferry les a dans sa main, comme M. Cazot veut y avoir les présidents de cours d'appel.

En regard des disgrâces, il faut placer les avancements prodigués aux plus mal notés d'autrefois, ou à ceux qui rachètent leur passé par l'hypocrisie, la seule lucrative aujourd'hui, d'un tout récent radicalisme en politique et en pédagogie.

Disgrâces, menaces, faveurs, M. Ferry a si bien fait que dans le corps où on a toujours parlé le plus librement, sous tous les régimes, personne aujourd'hui n'ose ouvrir la bouche, même pour dire ce que chacun pense du nouveau plan d'études qui, à peine appliqué, soulève déjà de tous côtés les plaintes des familles.

Nous ne voudrions pas que, malgré la vivacité de ces critiques, on se trompât sur nos vrais sentiments. Ces critiques sont à l'adresse, non pas de l'Université, mais de ceux qui la compromettent. Il y aurait bien de l'ingratitude de notre part à ne pas rester fidèle à un corps où il nous a été donné de fournir une longue et honorable carrière et où nous n'avons eu jamais qu'à nous féliciter de tous nos chefs, sauf d'un seul. Personne plus que nous ne souhaite de voir l'Université sortir des jours difficiles qu'elle traverse sans rien perdre de sa dignité. Si, en vertu de otre vieux dévouement et de notre longue expérience, nous osons lui donner quelques conseils, elle voudra bien, nous l'espérons, ne pas les prendre en trop mauvaise part.

Plus nous aimons l'Université, plus vive est notre répulsion contre ceux qui la font déchoir de la place qu'elle avait depuis un demi-siècle dans l'opinion publique, contre ceux qui la désorganisent par de prétendues réformes, et qui la perdent par leur mépris de la liberté des consciences, par leur haine aveugle de toutes les croyances religieuses.

Francisque BOUILLIER.

Le 20 décembre 1880.

L'UNIVERSITÉ

SOUS M. FERRY

CHAPITRE PREMIER

L'ancien Conseil et les anciennes garanties des membres de l'Université. — Décret libéral de 1808. — Le grand maître. — Limitation de ses pouvoirs. — Le Conseil, sa composition, ses attributions, sa juridiction. — Seul il prononce les peines graves. — L'avis de trois membres nécessaire pour le déplacement d'un fonctionnaire. — Exemple de recours d'un professeur auprès du Conseil contre le ministre. — Recours d'un inspecteur général. — Révocation de M. Dubois. — Séance de la Chambre, discours de MM. Guizot et Jouffroy. — Point de distinction, d'après les décrets, entre les garanties des fonctionnaires et des professeurs. — Connexion des unes avec les autres. — Réintégration de M. Dubois dans ses fonctions. — L'éméritat et le droit à la retraite. — La retraite était une faveur, non une peine. — Renversement actuel du droit du fonctionnaire en un droit contre lui. — Les retraites d'office. — Projet de Napoléon d'une maison de retraite pour les émérites.

Le dernier Conseil supérieur de l'instruction publique, qui datait de 1873, et dont les membres n'étaient nommés ou élus que pour six ans, a cessé d'exister. Un projet de loi a été présenté par M. J. Ferry pour la réorganisation d'un nouveau Conseil plus en harmonie avec l'esprit et la politique du jour. Avant de le juger et d'exposer les diverses discussions auxquelles il a donné lieu, nous voulons faire rapidement l'histoire de l'ancien Conseil de l'Université, le suivre à travers les vicissitudes par où il a passé et les diverses transformations qu'il a subies depuis sa fondation jusqu'à nos jours. La meilleure des critiques du nouveau projet sortira, nous le croyons, de la comparaison du passé avec le présent. L'Université verra ce qui vaut le mieux, de ce qu'elle a été sous d'autres gouvernements ou de ce qu'elle est aujourd'hui et surtout du sort qui lui est préparé, malgré toutes les protestations d'attachement qu'on lui prodigue, malgré toutes les déclarations ministérielles en faveur de la liberté et du progrès.

Il est bon d'ailleurs de rappeler aux nouvelles générations universitaires, généralement fort ignorantes, ou du moins fort oublieuses du passé de notre grand corps enseignant, qu'en d'autres temps, et sous d'autres régimes, l'Université a été gouvernée d'une manière plus libérale et plus digne d'elle ; il est bon qu'elles sachent que leurs anciens ont eu des droits et des privilèges dont elles semblent avoir perdu tout souvenir, tant elles font bon marché, à ce qu'il semble, de leur perte, tant s'est affaibli, chacun ne pensant plus qu'à soi, cet esprit de corps qui a été autrefois la force et le salut de l'Université ! Voyons donc quels étaient les Conseils qu'elle a eus à sa tête, depuis le Conseil impérial de 1808, jusqu'à celui de M. Ferry ; ce sera faire en même temps l'histoire des garanties qui assuraient autrefois la sécurité, la dignité de tous les membres de l'Université, fonctionnaires ou professeurs, garanties dont ils ont été dépouillés et dont il ne reste plus que bien peu de traces dans l'Université actuelle.

Les constitutions de l'Empire, qui d'ailleurs ne faisaient en cela que suivre les traditions du vieux droit monarchique, n'ont nulle part proclamé, comme plus tard la Charte de 1830 ou la Constitution de 1848, la liberté de l'enseignement. On ne peut du moins leur reprocher, comme à ceux qui prétendent aujourd'hui la conserver, tout en la détruisant, de manquer de franchise. « L'enseignement public dans tout l'Empire, dit le décret de 1808, est exclusivement confié à l'Université. — Aucune école, aucun établissement quelconque d'instruction publique ne peut être formé, hors de l'Université impériale, sans l'autorisation de son chef. »

Nous comprenons que ceux qui mettent, aujourd'hui, et avec raison, cette liberté avant toutes les autres, aient plus tard médiocrement goûté les décrets constitutifs de l'Université impériale, et qu'ils n'aient voulu y voir, non pas cependant sans quelque exagération, qu'un instrument de despotisme. Si on tient compte de la diversité des temps et des circonstances, on aurait tort, d'un autre côté, de se prévaloir du monopole universitaire de 1808 en faveur du monopole que le gouvernement veut rétablir en 1879. La main qui fondait l'Université, il ne faut pas l'oublier, était la même que celle qui venait de rétablir le culte : les défiances, bien ou mal fondées, ne devaient venir que quelques années après. D'ailleurs il était dit dans le même décret : « que l'Université devait prendre pour base de son enseignement les principes de la religion catholique. » Personne alors ne réclama la liberté d'enseignement, ou même ne parut y songer. L'Université fut chargée à elle seule de l'éducation de toute la jeunesse française et de la collation des grades. Les écoles secondaires ecclésiastiques ou petits séminaires furent seuls dispensés de suivre les cours des lycées. Mais si nous laissons de côté la liberté d'enseignement, dont il n'était pas question, pour considérer l'Université en elle-même et dans son gouvernement intérieur, elle nous apparaît comme une œuvre aussi sage et libérale que profondément conçue. En fondant ce grand corps de l'Université qui, pour le bien du pays, devait se conserver à travers tant de révolutions, Napoléon voulut lui donner un gouvernement propre, une juridiction, des privilèges, des garanties qui le mettraient à l'abri des changements de la mode ou de la politique, sans en exclure le progrès, et qui assureraient en même temps la sécurité et la dignité de tous ses membres. M. de Salvandy a raison de dire dans son rapport au roi, de 1845 : « Ces garanties privées, ces libertés communes qu'il n'admettait pas dans son empire, Napoléon les voulut, il les organisa, il les mit en pratique dans l'empire universitaire. »

Jamais, en effet, à aucune époque, l'Université n'en eut davantage. Après les avoir perdues en 1815, tout son effort a été de travailler à les reconquérir sous la Restauration, de les maintenir sous la monarchie de Juillet, pour les perdre de nouveau au commencement du second Empire, sans avoir réussi à les recouvrer complètement sous les ministres libéraux des dernières années du règne de Napoléon III, et encore bien moins sous les ministres républicains ou radicaux de la troisième République. A la tête de l'Université impériale étaient un grand maître et un Conseil. Le premier grand maître fut M. de Fontanes, qui en exerça les fonctions pendant toute la durée de l'Empire. Nommé et révocable par l'empereur, le grand maître présidait le Conseil, il nommait à toutes les places de l'administration, des lycées et des collèges, il décernait les distinctions d'officier d'académie et de l'Université, beaucoup plus rares et flatteuses autrefois qu'aujourd'hui, enfin il dressait la liste des membres annuels du Conseil. Son autorité était, on le voit, celle d'un ministre de l'instruction publique, mais placé plus en dehors de la politique, il devait avoir plus d'indépendance et plus de stabilité. Napoléon prévoyait-il tous ces changements, pour ainsi dire à vue, dont nous avons été les témoins dans un ministère où la politique devrait avoir si peu de part et qui semblerait avoir plus besoin qu'un autre de stabilité ? Pour expliquer comment beaucoup de réformes étaient trop longtemps restées à l'état de projet, M. de Salvandy disait à la Chambre des pairs qu'en trente-quatre ans il y avait eu trente-quatre ministres de l'instruction publique. C'était déjà beaucoup trop sans doute, beaucoup plus qu'il n'aurait fallu pour le bien de l'instruction publique, mais qu'est-ce donc en comparaison de ceux que nous avons vus depuis paraître et disparaître, en moins d'un an, selon les hasards de la politique et les caprices du Parlement ?

Cependant, quelque étendue que fût l'autorité du grand maître, elle était loin d'être absolue comme l'est en réalité celle des ministres d'aujourd'hui. A côté de lui était le Conseil de l'Université, dépositaire des règles, des doctrines, des garanties et de la discipline du corps tout entier. C'étaient deux pouvoirs distincts qui se complétaient, qui se pondéraient l'un par l'autre. En matière de règlements, le grand maître ne pouvait rien sans le Conseil, mais le Conseil de son côté ne pouvait rien sans le grand maître, qui seul rendait ses décisions exécutoires, qui seul était responsable.

Ce Conseil suprême était formé de trente membres, dont dix titulaires à vie nommés par l'Empereur, parmi lesquels je citerai Delambre, Cuvier, de Jussieu, Legendre, membres de l'Institut, Guéroult, directeur de l'École normale, deux évêques, le cardinal de Bausset et l'évêque de Casal, Rendu, de Bonald, et de vingt conseillers ordinaires annuels choisis par le grand maître dans certaines catégories déterminées. Remarquons que ces conseillers ordinaires, quoique annuels, quoique nommés par le grand maître, n'en étaient pas moins indépendants, soit à cause de l'inamovibilité inhérente à leurs fonctions ordinaires, soit parce qu'à tout le moins ils étaient à couvert par les garanties générales qui protégeaient alors tous les membres, sans nulle exception, de l'Université, fonctionnaires ou professeurs. Ils pouvaient donc, sans avoir à craindre une disgrâce, une mise arbitraire et prématurée en disponibilité ou à la retraite, ou même une simple mutation d'emploi, donner librement leur avis.

Ainsi composé de ces deux éléments, l'un stable, l'autre mobile, le Conseil impérial de l'Université devait répondre à tous les besoins ; il représentait la stabilité, la tradition, l'autorité, la discipline, sans être fermé aux sages réformes et au progrès des études. Ce progrès d'ailleurs était si bien conforme aux vues de l'Empereur que, dans ses belles instructions de 1808 à M. de Fontanes, il en fait la grande tâche du Conseil, le but constant de ses efforts. « Ils tendront, sans relâche, à perfectionner l'enseignement dans tous les genres, à favoriser la composition des ouvrages classiques, ils veilleront surtout à ce que l'enseignement des sciences soit toujours au niveau des connaissances acquises et à ce que l'esprit de système ne puisse pas en arrêter le progrès. » La première des sections du Conseil était la section du perfectionnement des études.

Tous les règlements d'études, comme ceux de discipline, étaient nécessairement discutés dans ce grand Conseil, ce qui mettait l'Université à l'abri des petites fièvres de la mode, comme disait encore Napoléon à M. de Fontanes. Il ne suffisait pas alors de tel ou tel ministre présomptueux pour troubler en passant le corps enseignant et toute l'instruction publique ; les écoles ne devaient pas être à chaque instant alarmées par ces bruits de réforme, de nouvelles méthodes, par cette instabilité qui découragent les professeurs et les élèves.

Les personnes, non moins que les études, étaient garanties contre l'arbitraire. Sans l'autorité du Conseil, nulle atteinte légale ne pouvait être apportée à un membre quelconque de l'Université. Composé des juges les plus éclairés et les plus incorruptibles, le Conseil, dans sa juridiction disciplinaire, formait comme un tribunal de famille où chacun pouvait en appeler contre les abus et les excès de pouvoir, où tout accusé avait pleine liberté pour se défendre. Cette juridiction ne s'exerçait que suivant des formes protectrices, suivant des règles déterminées qui mettaient à l'abri de la passion et de l'erreur. Il y a, dans les deux décrets de 1808 et de 1811, un code complet, bâti de toutes pièces, auquel rien ne manque, où tout est prévu et déterminé. Classification détaillée des délits, gradation des peines, la compétence pour chaque cas, tout est réglé de façon à ne laisser aucune place à la surprise ou à l'arbitraire. Les peines sont de deux catégories, les unes moindres, que le grand maître avait le droit d'infliger sans un jugement du Conseil, les autres plus graves, que le Conseil seul pouvait prononcer.

En tête des premières nous voyons, non sans quelque étonnement, figurer les arrêts, importation malheureuse de la discipline des camps dans celle des lycées, mais qui d'ailleurs n'a jamais été appliquée. Après les arrêts venaient la réprimande, la mutation et la suspension, avec ou sans traitement, mais pour trois mois seulement [1]. Si le grand maître est seul juge en des cas qui n'encourent pas de peines plus graves, il ne peut cependant exercer cette juridiction que conformément aux règlements et statuts; il ne doit prononcer qu'après une instruction suivant les formes déterminées, d'après les rapports des recteurs et des conseils académiques en province, des inspecteurs généraux à Paris, et seulement après que le prévenu a été informé de ce dont on l'accuse et qu'il a eu toute latitude pour sa défense. Il est particulièrement à remarquer qu'il ne pouvait même déplacer un fonctionnaire ou professeur sans avoir préalablement pris l'avis de trois conseillers.

M. Rendu, un de ceux qui ont siégé le plus de temps et avec le plus d'honneur dans ces Conseils de l'Université dont nous rappelons le souvenir, donne la rai-

---

[1] Aujourd'hui le ministre a le droit de prononcer, sans consulter le Conseil, la suspension pour un an, comme il vient de le faire contre M. Ollé Laprune, maître de conférences à l'École normale, coupable d'avoir attesté des violences dont il avait été le témoin indigné.

son de cette disposition qui témoigne bien de la sollicitude du législateur pour la sécurité des membres de l'Université. Ce pouvoir de déplacement est, dit-il, quelque chose de considérable, et le législateur n'a pas voulu qu'il fût exercé par le grand maître, sans que, du moins, un premier mouvement eut été tempéré, éclairé, par une discussion sérieuse entre plusieurs conseillers [1].

Nous pouvons citer une circonstance, l'affaire de M. Thomas, en 1847, qui a eu à cette époque quelque retentissement dans l'Université [2], où le Conseil, qui avait hérité des fonctions et des droits du Conseil impérial, maintint avec fermeté cette règle à l'encontre du ministre, M. de Salvandy, qui cherchait à s'affranchir de sa tutelle. M. Thomas, l'auteur d'*Une Province sous Louis XIV*, professeur distingué d'histoire au lycée de Versailles, fut transféré à Dijon pour avoir écrit dans un journal quelques articles d'opposition. Comme l'arrêté du ministre ne faisait pas mention de l'avis de trois conseillers, le professeur en appela au Conseil royal de l'instruction publique. Le Conseil, en présence même du ministre qui présidait la séance, n'hésita pas, sur le rapport de M. Dubois, à donner raison au professeur contre M. de Salvandy, qui d'ailleurs prit galamment la chose, serra la main du rapporteur et reconnut son tort. Peu après, M. Thomas est, il est vrai, condamné à la radiation par le même Conseil, mais ce fut dans toutes les formes et pour avoir refusé de se rendre à son poste.

---

[1] *De l'Université de France et de sa juridiction disciplinaire*, in-18, 1847.
[2] Il y eut même une protestation signée par un certain nombre de professeurs titulaires et présentée à la Chambre des députés.

Plus tard, en un temps où l'Université n'était pas cependant en grande faveur, une ordonnance royale de 1822 étendit expressément cette garantie de l'avis de trois membres du Conseil, non seulement au cas de mutation, mais à toutes les peines qui étaient de la compétence du grand maître. Quant aux peines les plus graves, la réforme, la radiation, elles ne pouvaient être prononcées que par le Conseil. Le prévenu devait d'abord être nécessairement entendu, et il avait même encore le droit suprême d'en appeler du Conseil de l'Université au Conseil d'État.

Ces articles sur la juridiction universitaire et sur la discipline, dans les deux décrets de 1808 et de 1811, ont été longtemps comme la charte de l'Université jusqu'à leur complète abolition par la loi de 1852. Sans doute, ils ont été plus d'une fois violés et méconnus, surtout dans les premières années de la Restauration, mais ils n'avaient pas cessé cependant de subsister comme la loi constitutive de l'Université, et ce ne fut pas en vain qu'en plus d'une circonstance y firent appel des membres de l'Université illégalement frappés par un ministre.

J'ai parlé tout à l'heure d'un professeur de lycée qui obtint par devant le Conseil gain de cause contre M. de Salvandy ; voici maintenant l'exemple d'un haut fonctionnaire, d'un inspecteur général, suspendu de ses fonctions par l'acte arbitraire d'un ministre, qui, lui aussi, ne fit pas sainement appel à ces franchises et à ces garanties des membres de l'Université.

Il s'agit de la révocation de M. Dubois par M. Guizot, ministre de l'instruction publique, qui, en 1833, agita vivement la Chambre, l'Université et l'opinion publique. Dans une orageuse discussion au sujet des pensions des Vendéens, M. Dubois, inspecteur général des études et député de la Loire-Inférieure, avait vivement attaqué le ministère. Le soir même de cette séance, il apprenait par une lettre de M. Guizot, qu'il avait cessé d'exercer ses fonctions d'inspecteur général de l'instruction publique. Le lendemain, à la tribune et dans une lettre au ministre, il protesta contre l'illégalité de l'acte et il en appela au Conseil royal, son juge naturel, d'une mesure prise contre lui en violation des formes déterminées par les articles du décret de 1808. Dans deux séances de la Chambre, d'éloquentes protestations retentirent au nom de l'indépendance du député fonctionnaire et au nom des droits d'un membre de l'Université. Je ne m'attache qu'à ce second point de la discussion ; je laisse la fameuse théorie du vote silencieux pour ne considérer que la défense du ministre contre l'accusation d'avoir méconnu les droits d'un fonctionnaire de l'Université. Le seul argument de M. Guizot fut la distinction des professeurs et des fonctionnaires de l'ordre administratif. Aux premiers seulement, selon lui, et non aux seconds, devaient s'appliquer les garanties d'inamovibilité que donne le décret.

La réfutation de la doctrine du ministre par M. Jouffroy, qui prit chaudement la défense de son collègue, est décisive. Ses principaux arguments méritent, aujourd'hui surtout, d'être remis en lumière. D'abord il rappelle que les décrets invoqués par M. Dubois sont la loi même de l'Université, et que le ministre n'a pas le droit d'y changer quoi que ce soit. Or la radiation, la réforme, même la mise à la retraite avant le temps, sont des peines que le Conseil seul peut prononcer, et que le ministre n'a pu appliquer de sa seule autorité sans dépasser tous ses pouvoirs. Où voit-on dans les décrets cette distinction, derrière laquelle il se retranche, entre les administrateurs et les professeurs ? Dans tous les articles cités, il n'est question que des membres de l'Université, dénomination qui s'applique également aux uns et aux autres. D'ailleurs, le corps entier de l'Université ne forme-t-il pas, à tous ses degrés, une seule et même hiérarchie de grades où on s'élève, par des titres et des services, des derniers rangs jusqu'aux premiers ? Ne serait-il pas étrange qu'un membre de l'Université, après avoir été couvert pendant la plus grande partie de sa carrière par des garanties qui faisaient sa sécurité et sa dignité, les perdît tout à coup, parce qu'il a été jugé digne de s'élever plus haut ? Si vous avez à vous plaindre d'un inspecteur général, la loi n'est-elle pas là qui vous donne un moyen de le frapper ? Traduisez-le devant le Conseil royal.

Enfin M. Jouffroy montre le lien étroit qui existe entre les garanties des fonctionnaires et celles des professeurs. « Les garanties des professeurs, dit-il dans un passage à méditer, consistent en grande partie dans celles des membres du Conseil, des inspecteurs généraux, des recteurs, des proviseurs eux-mêmes. Si donc vous enlevez à ceux-ci leur inamovibilité, vous l'enlevez à ceux qui jugent les professeurs, et, par là même, vous réduisez les garanties de ces derniers. Loin que le ministre donne aux professeurs l'inamovibilité que la loi donne à tous, les garanties de tous sont détruites par sa doctrine, car les juges de tous sont enlevés à leur inamovibilité... La loi n'a pas fait deux catégories ; elle a voulu couvrir des mêmes garanties ces deux classes de fonctionnaires, car l'inamovibilité des uns fait la sécurité des autres [1]. »

Si M. Guizot ne fut pas heureux dans cette discussion quand il voulut fixer la part d'indépendance qu'il jugeait à propos de laisser à un député fonctionnaire, il ne le fut pas davantage en essayant de défendre l'acte universitaire dont l'illégalité avait été si bien démontrée par M. Jouffroy. Lui-même, dans ses *Mémoires*, il avoue, avec bonne foi, qu'il n'avait pas été sans scrupules sur la légalité de la mesure, et sur la question de savoir si les droits du membre de l'Université ne suivaient pas M. Dubois à la Chambre ; il ne s'était décidé à passer outre, que pressé par le conseil des ministres [2]. La faute, d'ailleurs, fut bientôt réparée ; un mois plus tard, une note au *Moniteur* annonçait que M. Dubois avait été rappelé à ses fonctions. Sous le régime du bon plaisir ministériel et bureaucratique de l'Université d'aujourd'hui, que nous sommes loin de ce temps où il y avait encore, chez les ministres et les députés, quelques scrupules de légalité, quelque souci des garanties de tous, des professeurs et de ceux qui sont appelés à les juger !

Cependant toutes les garanties, quelles qu'elles soient, seraient à peu près illusoires, si un ministre avait le droit de mettre à la retraite un fonctionnaire qui ne lui plaît pas, pour peu qu'il avoisine l'âge fatal de soixante ans, quelque capable qu'il soit de continuer ses fonctions, et sans avoir été entendu par personne, sans nulle enquête, décision ou avis d'un Conseil quelconque. Ainsi les choses se passent actuellement, comme on le sait, et les retraites d'office

[1] Séance du 25 mars 1839.
[2] *Mémoires*, chap. XXI.

vont se multipliant au gré de la politique et des caprices ministériels; il n'en était pas ainsi, alors qu'on avait quelque respect des droits et des services des membres du corps enseignant. La retraite n'était pas une sorte de destitution ou de révocation plus ou moins mal déguisée, sans nulle forme de procès; ce n'était pas une arme au gré des passions politiques, des rancunes d'un ministre, ou de quelque directeur omnipotent. Dans l'ancienne Université, les professeurs n'étaient pas moins garantis contre cet abus, assurément un des plus redoutables, de la mise arbitraire à la retraite, que contre tous les autres abus ou excès de pouvoir. Arrêtons-nous un peu, la chose en vaut la peine, pour bien marquer le vrai caractère de la retraite et rappeler les conditions hors desquelles, d'après les constitutions de l'Université, elle ne pouvait être ni obtenue ni imposée.

Le titre d'émérite, qui était un honneur, n'était acquis, avec les droits à la retraite, qu'après trente ans de services non interrompus, et à l'âge de soixante ans La loi dit qu'à cet âge, et après cette durée de services, la retraite pourra être demandée; elle ne dit pas que le ministre pourra l'imposer quand il lui plaira; elle ne dit pas que quiconque sera arrivé à cet âge critique risquera d'en recevoir la nouvelle dans un journal, sans nulle autre explication et notification. Il fallait que la mise à la retraite fût sollicitée; c'était une faveur, c'était la récompense, le repos, mérités après de longs services, et non une arme et une peine; aussi n'était-elle accordée que lorsque le motif avait été jugé légitime par le Conseil, que lorsque les forces du fonctionnaire étaient épuisées et que le besoin de repos était impérieux. Un professeur n'était pas mis à la retraite, mais il était admis à y faire valoir ses droits qui étaient alors des droits véritables. On n'avait pas encore imaginé, là où la loi n'a pas fixé un maximum d'âge [1], de mettre d'office un fonctionnaire à la retraite sans autre raison que l'ancienneté des services, formule non moins vague et arbitraire que sèche et dédaigneuse, pour signifier leur congé à ceux qui ont voué leur vie à la cause de l'Université et qui ont de la force pour la servir encore. Par quel sophisme ministériel a-t-on pu ainsi tourner la faveur, le privilège bien acquis de faire valoir ses droits à la retraite, en un droit du ministre d'y mettre qui il lui plaît et quand il lui plaît, sans nulle loi ou règle, sans l'avis ou le jugement d'aucun Conseil, pour complaire à quelques-uns, à tel ou tel journal, à tel parti, ou tout simplement pour donner une place à quelque protégé ?

Comme une autre marque de sollicitude du fondateur de l'Université pour ses vieux serviteurs, je mentionnerai, en passant, quoiqu'il n'ait pas été réalisé, le projet d'une maison de retraite ou de l'institution de l'émérital. Les émérites auraient pu choisir entre la pension et le séjour dans cette maison de retraite, semblable à l'Hôtel des Invalides de la guerre et qui devait être élevée dans son voisinage. D'après un décret de 1812, l'emplacement en était marqué à côté du bâtiment des Archives, avec le palais du grand maître

---

[1] Là où il y a une loi pour la limite d'âge, comme dans la magistrature et dans l'armée, ou même comme aujourd'hui dans certaines catégories de fonctionnaires de l'Université, tels que les recteurs et les inspecteurs d'académie, chacun sait à quoi s'en tenir et nul n'a le droit de se plaindre, pourvu toutefois que cette loi, ce qui n'est pas, soit également appliquée à tous. Ce n'est pas contre les lois, c'est contre la violation des lois, c'est contre l'arbitraire que nous protestons.

de l'Université, l'École normale, les salles pour les distributions de prix, entre la place de la Concorde et le pont d'Iéna, sur la rive gauche de la Seine. De vastes jardins devaient y être annexés.

Je ne proposerais certainement pas de faire rentrer aujourd'hui un pareil projet dans quelque nouvelle loi des retraites, mais j'ai souvent rêvé, je l'avoue, avant même de connaître le décret de 1812, à une semblable maison de retraite, véritable abbaye des bénédictins, pour les émérites sans famille, avec un parc, et des jardins, avec beaucoup de livres et même quelques manuscrits.

Jamais, comme on vient de le voir, l'Université n'a été plus fortement, et j'ajoute plus libéralement constituée, que pendant cette première période de son existence ; jamais ses membres n'ont joui de plus de garanties que sous l'empire de ces décrets dont Cousin a pu dire : qu'il ne craignait pas de les mettre à côté des plus beaux chefs-d'œuvre de la raison humaine[1]. Elle perdit ces garanties, pendant les premiers jours de la Restauration, mais pour les recouvrer après quelques années de lutte et d'incertitude. Sous les divers régimes qui vont se succéder, nous avons à suivre les vicissitudes de ce Conseil placé avec le grand maître à la tête de l'Université, et à voir en même temps ce que sont devenues ces garanties dont il avait été constitué le sûr et fidèle gardien.

[1] *Défense de l'Université*, discours du 21 avril 1844.

CHAPITRE II

Le Conseil de l'Université sous la Restauration. — La commission de l'instruction publique. — L'ancien Conseil, le grand maître, le nom même de l'Université rétablis. — Le Conseil sous la monarchie de Juillet. — Son autorité. — Illustration de ses membres. — Victor Cousin. — Le meilleur gouvernement qu'ait eu l'Université. — Lutte de Salvandy contre le Conseil royal. — Le ministre revendique la gestion du personnel au nom du décret constitutif de l'Université. — Exposé des motifs et ordonnance du roi de 1845. — Les nouveaux conseillers annuels. — Projet de loi présenté le 25 janvier 1848. — Jugement sur la réforme de Salvandy.

Un des premiers soucis de la Restauration fut de détruire cette grande et belle institution de l'Université impériale et de revenir, en fait d'instruction publique, comme en tout le reste, à l'ancien régime. Une ordonnance de Louis XVIII, du 17 février 1815, déclarait abolies toutes les institutions existantes en fait d'enseignement, pour mettre à la place de l'autorité centrale et d'une université unique, dix-sept universités provinciales, à peu près indépendantes les unes des autres, chacune avec son Conseil propre, chacune avec un recteur qui faisait toutes les nominations et remplissait, dans sa province, les fonctions de grand maître. On conservait au-dessus de ces universités un conseil royal, chargé de surveiller la discipline de l'enseignement ; mais l'autorité de ce conseil ne pouvait être bien grande sur les universités provinciales s'administrant elles-mêmes avec leur Conseil et leur recteur. On voit cependant que si le grand maître était aboli, l'ordonnance elle-même du 17 février 1815 laissait encore subsister un Conseil analogue à celui de l'empire et conservant, au moins en apparence, les mêmes attributions [1]. Il est inutile d'insister davantage sur cette tentative malheureuse et sur ces projets rétrogrades de décentralisation que le débarquement de Napoléon empêcha de mettre à exécution, mais qui jetèrent un grand trouble dans l'organisation de l'instruction publique en France.

Après les Cent-Jours, Louis XVIII rendait, le 15 août 1815, une ordonnance plus sage, par laquelle il maintenait, au moins provisoirement, les anciennes académies, voulant surseoir, disait-il, à cause du malheur des temps, à l'établissement d'un système définitif. Le nom de l'Université était cependant aboli ; une commission était instituée pour exercer, sous la surveillance du ministre de l'intérieur, les anciens pouvoirs réunis du grand maître et du Conseil. Cette commission de l'instruction publique, placée sous l'autorité du ministre de l'intérieur, était composée seulement de cinq membres ; elle était plutôt, à vrai dire, un directoire qu'un Conseil. Par ce mélange des pouvoirs, elle échappait à tout contrôle, comme à toute responsabilité. Instituée provisoirement et pour préparer un régime autre que celui de l'Université impériale, les hommes éminents et modérés qui la composaient ne tardèrent pas à se convaincre de la nécessité de maintenir en France un sys-

---

[1] Ce Conseil était composé d'un président et de onze conseillers nommés par le roi, deux choisis dans le clergé, deux dans le Conseil d'État ou les cours souveraines, sept « parmi les personnes les plus recommandables par leurs talents et leurs services dans l'instruction publique. » Il y a lieu de remarquer ici que des personnes étrangères à l'enseignement étaient introduites pour la première fois dans le Conseil. L'innovation ne date donc pas de la loi de 1850.

tème d'instruction nationale. Cuvier, Sylvestre de Sacy, Gueneau de Mussy, l'abbé Frayssinous, Poisson, ayant à leur tête Royer-Collard, tels furent les membres de la commission royale de l'instruction publique. Dès 1817, Royer-Collard osait dire à la Chambre étonnée qu'il considérait l'Université comme toujours existante, comme devant toujours exister, et il la définissait même : le gouvernement appliqué à la direction de l'instruction publique. Ce sont ces hommes qui, par leur habileté, leur autorité et leur sagesse, sauvèrent l'Université dont ils avaient pour mission de préparer la ruine.

Les ministres du roi, les hommes les plus dévoués à la Restauration lui devinrent bientôt plus favorables ou moins hostiles. Ce retour de l'opinion royaliste en sa faveur est manifeste dans l'ordonnance du 20 novembre 1820, où le roi disait que, « voulant rétablir sur des bases fixes la direction et l'administration de l'instruction publique et en préparer une organisation définitive ; que voulant aussi marquer en même temps sa satisfaction aux membres de la commission, il lui conférait le titre de Conseil royal de l'instruction publique et l'autorisait à reprendre le rang et le costume des membres de l'ancien conseil de l'Université. »

C'est là que reparaissait pour la première fois, non pas encore en tête, mais seulement dans un des articles de l'ordonnance, ce nom d'Université, après cinq années de proscription. Par la même ordonnance, la commission était augmentée de deux membres, les pouvoirs du président étaient étendus et fortifiés. Les membres du Conseil continuèrent d'ailleurs à se partager les attributions du grand maître ; chacun avait, au sein de ce grand gouvernement de l'instruction publique, son domaine propre et son petit empire où il était à peu près un maître absolu. Une vacance avait-elle lieu dans telle ou telle branche du service, le conseiller qui en était chargé présentait deux candidats entre lesquels le président choisissait.

Comme pour effacer les dernières traces de la réaction de 1816, le titre même de grand maître était peu de temps après rétabli en faveur du président du Conseil, l'abbé Frayssinous, bientôt évêque d'Hermopolis. L'abbé Frayssinous reprit toutes les attributions de M. de Fontanes et partagea à peu près de la même manière l'autorité avec le Conseil, qui conservait toutes les attributions de l'ancien Conseil impérial, sauf qu'elles étaient concentrées entre un plus petit nombre de mains, et qu'il y ajouta, sinon en droit, au moins en fait, la présentation de candidats pour les places vacantes.

Notons encore, en 1824, la création du ministère de l'instruction publique et des affaires ecclésiastiques en faveur de l'évêque d'Hermopolis, qui garde le titre de grand maître, deux titres qui, jusqu'en 1848, ne seront plus séparés. Cette création devait avoir pour conséquence, plus ou moins prochaine, une limitation des pouvoirs du Conseil. En effet une ordonnance de M. de Vatimesnil, du 6 mars 1829, décidait que les délibérations du Conseil en matière administrative devaient être à l'avenir approuvées par le ministre responsable. On voit quelles ont été, sous la Restauration, les phases diverses par où a passé le Conseil royal et le retour progressif du système de l'instruction publique au régime, d'abord si décrié, de 1808 et de 1811.

Tel la Restauration l'avait laissé, tel le Conseil royal

de l'instruction publique subsista sous le règne de Louis-Philippe, au moins jusqu'en 1845. C'est l'ancien conseil impérial, sauf qu'il est moins nombreux, qu'il n'a que des conseillers titulaires et qu'il participe à la gestion du personnel avec le ministre grand maître.

De même qu'il n'eut jamais une autorité plus grande, de même aussi il n'eut jamais plus d'éclat par l'illustration de ses membres. Quel honneur pour l'Université de ce temps d'avoir eu à sa tête, après Royer-Collard, Cuvier et Poisson, des hommes tels que Cousin, Villemain, Thénard, Poinsot, Jouffroy, Saint-Marc Girardin, Dubois! Ajoutons à ces noms celui de Rossi, qui entra, en 1840, dans le Conseil pour y représenter le droit. Poisson avait eu Poinsot pour digne successeur. Nommé ministre au 3 mars 1840, Cousin fut remplacé par Jouffroy, qui mourut peu de temps après, et que Cousin remplaça à son tour après avoir quitté le ministère. Villemain, deux fois ministre, eut pour remplaçants Dubois et Saint-Marc Girardin. Comment l'Université pourrait-elle se défendre de quelque regret du passé en faisant la comparaison de ses chefs d'autrefois avec ceux qui leur ont succédé, surtout avec ceux qui la tiennent aujourd'hui sous leur absolue dépendance?

Non seulement ces hommes d'élite avaient l'éclat et l'autorité, comme les plus illustres représentants de la philosophie, des lettres et des sciences de leur temps, mais ils avaient en outre le dévouement à leurs fonctions, l'amour de l'Université, l'amour des fortes études scientifiques et littéraires, le zèle, pour ainsi dire, de la maison du Seigneur, le feu sacré qu'ils savaient communiquer à tous. Quelle sollicitude pour les jeunes professeurs, quelques-uns de nous s'en souviennent encore, placés sour leur tutelle ! Quelle connaissance du personnel, c'est-à-dire de la valeur, du mérite, du zèle, des titres, et des travaux de chacun ! S'agissait-il d'une place ou d'un avancement à donner à celui-ci ou à celui-là, ils ne se décidaient qu'en pleine connaissance de cause, et après avoir tout mis scrupuleusement dans la balance. Les professeurs de la province trouvaient toujours leur porte ouverte ; ils n'en sortaient qu'après avoir reçu les meilleurs conseils, les encouragements, les exhortations, les bonnes paroles d'un maître bienveillant, et avec le ferme désir de se faire des titres sérieux à un avancement qu'on ne pouvait alors espérer de l'intrigue et de la faveur.

Un portrait serait à faire de la physionomie originale de ces membres de l'ancien Conseil royal. Quelques vieux universitaires en ont gardé le souvenir [1]. Bornons-nous à quelques traits de celui de Cousin, le plus illustre de tous, celui de tous que nous avons le mieux connu et que nous avons eu l'honneur d'avoir pour maître et pour ami. Avant d'avoir affaire, comme professeurs, au membre du Conseil royal, nous l'avions connu, comme élèves, à l'École normale, dont il était directeur et où il nous faisait un cours de philosophie. Nous le retrouvions à tous les examens du dedans et du dehors, aux épreuves de la licence, aux épreuves finales et plus décisives de l'agrégation, puis au doctorat, puis encore aux concours de l'Institut. Sortis de l'École, près de lui ou loin de lui, il ne nous perdait pas de vue ; il suivait ses jeunes professeurs de philosophie, à leurs débuts et dans la suite de leur carrière, avec la plus affectueuse sollicitude. Au

[1] Voir le portrait de M. Dubois par M. Vacherot dans l'introduction à ses œuvres posthumes. 2 vol., 1879.

milieu de tous ses grands travaux, de ses nombreuses occupations administratives et politiques, il trouvait le temps de leur écrire des lettres d'encouragement et de direction morale et philosophique. Venait-on le voir, quelles longues, familières et merveilleuses causeries dans sa belle bibliothèque, dans la cour de la Sorbonne et à la promenade ! Il s'intéressait à la classe, aux travaux, aux progrès, aux plans de chacun ; il indiquait des sujets de thèses, d'études et de recherches. Il avait une manière à lui de distribuer l'éloge et le blâme ; mais, sous les formes vives ou paradoxales, dont il aimait à se servir, comme pour mieux graver son sentiment, il était toujours équitable au fond et il montrait un rare discernement des qualités et des défauts de chacun. Ce philosophe, ce grand professeur, cet orateur éloquent, était aussi un excellent administrateur. Il pouvait, à bon droit, se vanter, comme il le faisait, de bien conduire son régiment, suivant l'expression familière dont il aimait à se servir. Quel merveilleux excitateur et comme il nous encourageait tous ! Un professeur de chimie, de rhétorique, de philosophie, de mathématiques, pouvait-il avoir des juges plus compétents que Thénard, Cousin, Villemain, Saint-Marc Girardin, Dubois et Poinsot ?

Sans doute, ces hommes, quoique éminents, étaient faillibles ; malgré toutes leurs lumières et leurs bonnes intentions, ils ont pu quelquefois se tromper. Nous n'avons pas oublié qu'il y a eu contre cette oligarchie, comme on disait, plus d'une réclamation, plus d'une plainte ; mais le plus souvent elles sont venues d'ambitieux impatients, mauvais juges dans leur propre cause, mécontents et quelquefois même plus ou moins ingrats. Somme toute, quiconque en ce temps-là avait du talent, du zèle, des titres, faisait son chemin. Jamais les recommandations du dehors, pairs ou députés, n'eurent moins d'influence ; s'il y eut des faveurs, jamais il n'y en eut moins. On peut affirmer qu'à aucune autre époque de l'Université, la grande maxime que Cousin avait sans cesse à la bouche : A chacun suivant ses œuvres, n'a été plus près de recevoir sa complète application.

Cependant, quelque excellents que fussent les hommes, il faut convenir que l'institution avait quelque chose d'irrégulier et en désaccord avec les décrets constitutifs de l'Université, à cause de la confusion des deux pouvoirs distincts du grand maître et du Conseil impérial qui, de la commission de l'instruction publique de 1815, avait passé dans le Conseil royal, et qui s'accordait mal avec le principe de la responsabilité ministérielle. Les personnes venant à changer, il pouvait y avoir des inconvénients à ce que les nominations fussent aux mains d'un seul, sans contrôle et sans responsabilité, dans chacun des grands départements de l'Université. En effet, c'était, en réalité, le Conseil seul qui faisait les nominations ; le ministre n'avait plus qu'à y mettre sa signature. Si des ministres, comme M. Guizot, absorbés par les grandes affaires de la politique générale, avaient pu tolérer cet empiètement, d'autres, comme M. de Salvandy, plus jaloux de leur autorité, ou, si l'on veut, plus soucieux de leur responsabilité, ne purent s'en accommoder. M. de Salvandy eut le courage d'entrer en lutte avec ces hommes si puissants dans les Chambres, si considérables dans l'opinion publique et dans l'Université, et d'entreprendre de faire rentrer le Conseil, en lui ôtant la gestion du personnel, dans les limites de ses attributions primitives déterminées par le décret de 1808. De là une réforme du Conseil qu'il justifiait dans un rapport au roi du 7 septembre 1845. Rien de plus intéressant que cet exposé de motifs de la réforme de Salvandy pour l'histoire de l'Université.

Le ministre rappelle d'abord ce qu'était le Conseil impérial avant l'ordonnance de 1815, d'après le décret qui demeure, disait-il, comme l'avait dit Jouffroy, une loi de l'Université et de l'État. Il rend toute justice au Conseil, à ses lumières, à son zèle, à ses services ; mais c'est encore une manière de lui rendre hommage, suivant lui, que de le ramener à un ordre légal et régulier, en harmonie avec la loi constitutionnelle et avec les décrets qui l'ont fondé. La participation du Conseil à la gestion du personnel et de l'administration, voilà la grande irrégularité que signale M. de Salvandy. Pour mettre enfin un terme à cette confusion des pouvoirs, il demande qu'il y ait désormais un départ plein et entier du pouvoir dirigeant et du pouvoir délibérant, des fonctions administratives et des fonctions judiciaires. A ce prix seulement, la responsabilité du ministre, inscrite dans la Charte, cessera d'être une fiction.

Il montre une autre irrégularité, et aussi un grand inconvénient pour le bien du service, dans le petit nombre des membres du Conseil. « Le Conseil actuel, disait-il, n'est composé que de huit membres, dont plusieurs manquent à ses travaux. Un dévouement moins inépuisable serait distrait, par le travail de l'administration journalière et par celui du personnel, de cette surveillance constante sur les études qui est leur mission essentielle. Tout le monde sait que les lettres et les sciences n'ont pas de nom plus considérable ; mais fussent-ils tous présents, de nombreuses branches d'enseignement et de service ne seraient pas représentées. Celles qui le sont ne comptent qu'un seul représentant, si éminent que son autorité suffit assurément à toutes les difficultés, mais sans ce contrôle et débat entre pairs qui est une des garanties voulues en toutes choses par la constitution universitaire. Dans notre régime constitutionnel, tous les intérêts ont droit à un débat contradictoire et tous ont le devoir de l'accepter. » Il faut reconnaître que les raisons du ministre contre la constitution du Conseil, que ses plaintes sur le rôle amoindri que lui faisaient jouer des conseillers trop puissants, n'étaient pas sans quelque valeur.

Une loi n'ayant pas été jugée nécessaire pour revenir aux décrets constitutifs de l'Université, ce rapport était suivi d'une ordonnance en vertu de laquelle le Conseil reprenait sa constitution légale de 1808, en même temps qu'il était complété par la nomination de vingt conseillers ordinaires nommés tous les ans. Au nombre de ces nouveaux conseillers étaient Naudet, Dumas, Victor Leclerc, Pouillet, Guignaut et d'autres encore, nullement indignes de siéger à côté des anciens membres à vie. Ainsi le Conseil, comme au temps de l'empire, dut être composé de trente membres, qui furent partagés en plusieurs sections.

Quelque bien fondée, à ce qu'il semble, que fût la réforme de M. de Salvandy, elle ne put s'accomplir sans exciter le mécontentement et les protestations non seulement des anciens conseillers, privés d'un pouvoir qu'ils avaient longtemps exercé sans nulle opposition, mais d'une partie de l'Université. Cousin et Villemain, nous les voyons et les entendons encore, jetaient feu et flamme contre le ministre qui avait touché d'une main téméraire au plus grand de tous leurs privilèges; ils accueillirent même assez mal leurs nouveaux collègues. Tous les échos des Chambres et de l'Université, une partie de la presse, retentirent de leurs plaintes et de leurs récriminations, si bien que le ministre, pour en finir et pour mettre au-dessus de toute contestation cette nouvelle organisation, crut devoir la faire consacrer par un vote du Parlement et par une loi, au lieu de se contenter, comme il l'avait fait d'abord, de s'appuyer sur l'autorité, qui était contestée, des décrets impériaux. Il ne s'agissait plus de faire une réforme, mais de consacrer légalement une réforme déjà faite.

De là un projet de loi sur la constitution du Conseil royal, présenté à la Chambre des pairs, le 25 janvier 1848, presque à la veille de la révolution de février. L'exposé des motifs est au fond le même que celui du rapport au roi de 1845. Le ministre refait l'histoire du Conseil; il reproduit les mêmes critiques contre sa constitution irrégulière, et tout naturellement il célèbre son ordonnance de 1845, qu'il s'agit de convertir en loi. Grâce à elle, dit-il, toutes les difficultés laissées par la Restauration ont été tranchées : « Le Conseil reprit son nom véritable de Conseil de l'Université ; ses membres irresponsables rentrèrent dans la dignité, l'indépendance et l'autorité qui conseille, réglemente, juge, et qui ne doit avoir rien de commun avec la gestion quotidienne des choses et avec le gouvernement direct des personnes. Le chef retrouva toute son autorité, l'Université toutes ses garanties étendues et complétées par l'abandon des nominations provisoires. »

Le projet de loi qui suit cet exposé des motifs établit le Conseil dans les mêmes conditions que l'ordonnance de 1845. La seule différence est dans le nombre des conseillers ordinaires, réduit à douze, tandis que celui des conseillers titulaires à vie était élevé au même nombre. D'ailleurs, ce projet de loi, emporté par la révolution de février, ne devait, malheureusement pour l'Université, recevoir aucune exécution.

Placé à la distance où nous sommes des passions soulevées par la réforme de M. de Salvandy, nous inclinerions à l'approuver, malgré toutes les protestations des anciens membres du Conseil. Ce retour à l'organisation primitive, cette adjonction aux membres à vie de membres annuels qui, eux-mêmes, ne manquaient pas d'indépendance, soit à cause de l'inamovibilité de leurs fonctions, soit à cause de ces garanties générales qui protégeaient encore, comme nous l'avons dit, tout membre de l'Université, nous semblerait encore aujourd'hui ce qu'il y a de meilleur. Mieux valait en effet une représentation plus complète de toutes les branches de l'Université; mieux valait aussi un élément mobile, renouvelé d'année en année, à côté de l'élément immobile des conseillers à vie, afin que le Conseil ne risquât pas de demeurer fermé à l'esprit du temps, aux progrès et aux changements à introduire dans les études et les méthodes. Toutefois, si les nominations doivent appartenir au ministre responsable, ce n'est pas à dire qu'il les fera, s'il veut être éclairé, sans prendre l'avis du Conseil sur les droits, les titres et les services de chacun. Le droit de nomination ôté, le Conseil devait garder celui de faire des présentations et de dresser un tableau d'avancement. Nous n'osons pas affirmer qu'il en ait été longtemps ainsi. La réforme de Salvandy eut l'effet fâcheux de faire bientôt passer aux bureaux une influence qui ne devait pas cesser de s'accroître jusqu'au jour où elle deviendrait toute-puissante.

Ainsi il n'avait rien moins fallu que trente ans d'efforts, que toute la persévérance, l'habileté, la sagesse des hommes illustres qui se sont succédé dans la commission ou dans le Conseil de l'instruction publique, depuis 1815 jusqu'à 1848, pour remettre le corps enseignant en possession du gouvernement, de la juridiction, des droits et garanties, de la sécurité et de la dignité que, dès l'origine, le génie de son fondateur lui avait donnés. La période impériale, période de courte durée, mise à part, on peut bien dire que, malgré quelques nuages, malgré quelques fautes et quelques erreurs des hommes, comme il y en a toujours, la Restauration, dans ses dernières années, depuis M. de Vatimesnil, et tout le règne de Louis-Philippe ont été comme l'âge d'or de l'Université, du moins en comparaison de ce qui devait suivre. Nous allons voir encore un Conseil supérieur à la tête de l'Université, mais un Conseil d'une autre nature, qui ne sera plus exclusivement le sien propre et qui, chargé surtout de représenter et de maintenir la liberté de l'enseignement, ne pourra pas, à cause de sa constitution et de sa composition, défendre aussi efficacement les droits de ses membres, ses traditions, son système d'études, contre l'arbitraire des ministres qui changent ou contre la puissance toujours croissante des bureaux qui ne changent pas.

CHAPITRE III

Le Conseil supérieur sous le régime de la liberté d'enseignement, à partir de 1848. — La commission présidée par M. Thiers. — Loi de 1850. — Composition du Conseil en harmonie avec la liberté d'enseignement. — Principe de l'élection. — Changements apportés par le décret de 1852. — Plus d'élection ni de section permanente. — Ruine des anciennes garanties. — Adoucissement de cette législation vers la fin de l'empire. — Le Conseil supérieur sous la République. — Loi de 1873. — Discussions de la Chambre. — Naufrage de la section permanente. — Décret qui par compensation établit le comité consultatif des inspecteurs généraux. — Omnipotence des bureaux. — Comédie du Comité consultatif.

A partir de 1848 commence pour l'Université un nouveau régime, celui de la liberté d'enseignement. Malgré les alarmes affectées de faux et dangereux amis, elle a victorieusement soutenu la concurrence; elle n'a pas moins prospéré sous le régime de la liberté que sous celui du monopole. Déjà dans l'article 69 de la Charte de 1830, la liberté d'enseignement avait été inscrite parmi les réformes qui devaient être soumises aux Chambres [1]. La loi de 1833 introduisit la liberté dans l'instruction primaire; mais à cause de difficultés plus grandes, et de luttes plus vives, à cause des vicissitudes ministérielles, et malgré deux lois, l'une présentée par M. Guizot à la Chambre des députés, l'autre par M. Villemain à la Chambre des pairs, la promesse de la charte demeura sans effet dans l'enseignement secondaire.

Il ne pouvait en être de même après la Constitu-

[1] « Il sera pourvu dans le plus bref délai à l'organisation de la liberté d'enseignement. »

tion de 1848, bien autrement explicite sur ce point que la charte de 1830. En effet il y était dit : « L'enseignement est libre. La liberté d'enseignement s'exerce selon les conditions de capacité et de moralité déterminées par les lois et sous la surveillance de l'État. »

Une réforme devait nécessairement suivre dans la constitution du Conseil supérieur qui ne devait plus être le Conseil de l'Université, mais le Conseil de l'instruction publique chargé à la fois de représenter l'enseignement de l'État et l'enseignement libre. Tel était le principe du projet de loi présenté en 1849 à l'Assemblée constituante et dont le rapporteur était M. Jules Simon demeuré aujourd'hui fidèle, ce qui est si rare, à ses anciennes convictions. C'était la liberté pour tous, même pour les congrégations religieuses qui rentraient dans le droit commun et qui étaient soumises seulement à la surveillance de l'État. Tel fut aussi le principe de la loi votée en 1850 qui fut, comme on l'a dit, une espèce de concordat ou d'édit de Nantes entre des partis qu'il n'était pas facile de concilier. Cette loi de transaction a été le résultat auquel vint aboutir, après de longs et vifs débats, la grande commission présidée par M. Thiers. Là se sont rencontrés les plus fermes champions de l'Université aux prises avec les plus ardents défenseurs de la liberté d'enseignement, là ont lutté courtoisement Cousin, Dubois, Saint-Marc Girardin, le comte de Montalembert, Mgr Dupanloup, qui firent preuve, les uns et les autres, d'un esprit de conciliation sans lequel toute entente eût été impossible.

La loi, à l'origine, n'était destinée qu'à étendre à l'instruction secondaire la liberté d'enseignement déjà introduite dans l'enseignement primaire par la loi de 1833, mais les membres de la commission se trouvèrent peu à peu entraînés à renouveler la constitution de l'Université et à établir, à la place de l'ancien Conseil, un Conseil tout nouveau, bien différent par sa composition, par son esprit et par la présence de membres étrangers à l'instruction publique qui devaient y représenter tous les éléments de la société. Ajoutons qu'au lieu d'être en permanence, comme le Conseil royal, il devait se réunir seulement quatre fois par an. Ce Conseil est la seule partie que nous ayons à considérer dans la loi de 1850 qui comprend tant de choses et qui règle à nouveau l'enseignement public à tous ses degrés. Il reçut le nom de Conseil supérieur de l'instruction publique et fut composé pour la plus grande part de personnages indépendants du ministre par leur haute position et librement élus pour six ans par leurs pairs : quatre archevêques ou évêques, trois membres du Conseil d'État, trois de la Cour de cassation, cinq de l'Institut, des représentants des cultes dissidents, devaient en faire partie. Trois membres de l'enseignement libre étaient à la nomination du Président de la République. Les membres appartenant à l'Université n'y étaient qu'au nombre de huit, mais ils formaient une section permanente; ils étaient nommés à vie et recevaient un traitement comme les anciens membres du Conseil de l'Université. Dans cette section permanente prirent place tous les conseillers titulaires qui avaient fait autrefois partie de l'ancien Conseil royal dont elle n'était plus qu'une image affaiblie. En effet, perdus au milieu d'un grand nombre de membres, sinon hostiles, au moins indifférents et étrangers à l'Université, ils ne pouvaient avoir le même crédit et la même autorité.

Leurs attributions étaient expressément réduites à l'examen préparatoire des questions qui se rapportent à la police, à la comptabilité et à l'administration des écoles publiques. La section permanente donnait aussi son avis, mais seulement lorsqu'il lui était demandé par le ministre, sur les questions relatives aux droits et à l'avancement des membres du corps enseignant. D'ailleurs elle ne fut pas de longue durée ; à peine constituée, elle disparaissait, après le coup d'État, en vertu du décret de 1852, qui supprimait en même temps, non seulement l'élection, c'est-à-dire le gage de l'indépendance des membres du Conseil qui n'étaient pas nommés à vie, mais les garanties de tous les membres de l'Université. On sait comment ce décret est venu à la suite du 2 décembre et comment il a conféré une véritable dictature au Président de la République, bientôt empereur, et au ministre de l'instruction publique, sur tout le corps enseignant.

Le Gouvernement s'investissait lui-même par ce décret de tous les pouvoirs sur les fonctionnaires ou professeurs de l'enseignement public, sans nul contrôle, sans nul recours ou appel à un Conseil ou à un tribunal quelconque. Ces formes tutélaires de l'instruction et de la défense qui protégeaient, nous l'avons vu, tout membre de l'Université, même quand il s'agissait des peines les plus légères, ce jugement solennel du Conseil sans lequel la réforme ou la radiation ne pouvait être prononcée, toutes les franchises, tous les droits, étaient supprimés d'un simple trait de plume par le législateur de 1852. « Le Président de la République, disait le premier article du décret, nomme et révoque, sur la proposition du ministre de l'instruction publique, les membres du Conseil supérieur, les inspecteurs généraux, les recteurs, les professeurs de faculté, etc. » Ces fonctionnaires et ces professeurs, les membres eux-mêmes du Conseil supérieur, personne, on le voit, n'était épargné. Ils n'ont qu'un avantage assez médiocre sur les membres de l'enseignement secondaire, celui d'être révoqués, comme il est arrivé à mon éminent collègue, M. de Laprade, sous M. Rouland, par un décret de l'empereur. Pour les professeurs des lycées et les fonctionnaires d'un ordre moins élevé, ils sont directement à la discrétion du ministre. Réprimande, censure, mutation, suspension, révocation, le ministre seul prononce contre eux toutes ces peines directement et sans recours. A tous les degrés de la hiérarchie, c'est la même dépendance, la même privation de tout droit et de toute garantie contre les actes arbitraires du ministre. Je ne veux pas dire que les ministres de l'empereur aient abusé, autant qu'il était à craindre, autant qu'ils le pouvaient, de ces pouvoirs redoutables, ni même qu'ils en aient abusé plus que les ministres de la République, quoique non légalement revêtus de la même dictature ; mais alors, comme aujourd'hui, tous les membres de d'Université étaient à leur merci.

Toutefois, il est juste d'ajouter que, dans les dernières années de l'Empire, cette législation draconienne avait reçu quelques adoucissements ; les membres du corps enseignant, grâce à M. Duruy, étaient rentrés en possession de quelques garanties, au moins contre cette peine capitale de la révocation. D'après un arrêté de ce ministre, qui eut la généreuse initiative de bien des réformes et de bien des réparations, un comité de cinq membres, choisis dans le sein du

Conseil, fut appelé à donner son avis **motivé**, toutes les fois qu'il y aurait lieu à révocation d'un professeur titulaire de l'enseignement supérieur ou secondaire. L'inculpé devait être admis à présenter ses moyens de défense de vive voix ou par écrit, selon qu'il le jugerait préférable. C'était là comme une sorte de restitution qui, sans doute, eût été suivie de quelques autres.

Tout fut encore arrêté par la chute du second empire et par une nouvelle révolution. L'Université qui, nous le remarquons en passant, ne gagne rien aux révolutions, n'eut guère plus à se féliciter des suites de la catastrophe du 4 septembre que du renversement du trône de juillet, quoiqu'il semble qu'elle eut un meilleur sort à attendre de la part d'un gouvernement qui affichait si hautement ses préférences pour l'enseignement laïque en général, pour l'Université en particulier et pour toutes les libertés. Dans l'ardeur de ses réactions contre le gouvernement tombé, la République aurait dû se hâter, à ce qu'il semble, de rendre à l'Université tout ce que lui avait enlevé la loi de 1852. Il est bien vrai que l'article 76 de la loi de 1873 sur le Conseil supérieur abroge les dispositions dictatoriales du décret de 1852.

On fut désormais garanti contre le cas extrême de la révocation qui se présente bien rarement. Combien y en a-t-il eu sous l'Empire? Je n'en connais qu'un dans l'enseignement supérieur. L'arbitraire trouve au contraire largement à s'exercer sur tout le reste, déplacements, mutations d'emploi, mises à la retraite. Les mises à la retraite d'office, prématurées et non motivées, ne sont-elles pas des révocations déguisées? Donc on est en droit de dire que, malgré cette abrogation, la République, depuis neuf ans, non seulement n'a pas restitué à l'Uni—

versité les garanties qu'elle avait perdues, mais qu'elle semble même avoir plutôt pris à tâche, comme on le verra, d'en effacer jusqu'aux derniers vestiges.

Le Conseil impérial de l'instruction publique de l'Empire ayant été mis de côté, deux ans s'écoulèrent, depuis 1871, jusqu'au commencement de 1873, pendant lesquels l'instruction publique fut sans Conseil et le ministre sans l'ombre même d'un contrôle. C'est d'ailleurs une situation qui semble devoir se reproduire aujourd'hui. L'Université est de nouveau sans Conseil : voilà déjà plus d'un an, situation d'autant plus fâcheuse qu'elle a M. Ferry, et non plus M. Jules Simon à sa tête. Il y avait urgence cependant, même alors, à ne pas laisser le ministre gouverner plus longtemps à lui seul. M. le duc de Broglie, et quelques-uns de ses collègues, parmi lesquels je remarque MM. Saint-Marc Girardin, Wallon, Vitet, Beulé, Waddington, Jauréguiberry [1], prirent l'initiative, à l'Assemblée nationale, d'un projet de réorganisation du Conseil supérieur de l'instruction publique sur les bases de la loi de 1850, c'est-à-dire avec une section permanente et avec l'élection. Dans ce projet le cadre de l'ancien Conseil était élargi par l'adjonction d'un représentant élu des facultés des sciences, des lettres, de droit et

---

[1] On voit non sans quelque étonnement, dans cette commission, les noms de deux ministres qui, après s'être associés en 1873 à la proposition de M. le duc de Broglie, s'associent aujourd'hui aux deux projets de loi de M. Ferry. Notons encore une autre contradiction non moins étrange. Dans cette même discussion M. Ferry, qui était des opposants, se proclama néanmoins un zélé partisan de la liberté d'enseignement. Voici ses paroles : « Et puis, Messieurs, alors que vous venez de faire une très grande chose que j'ai faite avec vous, alors que vous venez de proclamer la liberté d'enseignement, etc. » Il semble qu'il considère aujourd'hui cette liberté comme une beaucoup moins grande chose.

de médecine. A la différence de celle de 1850, la section permanente ne devait pas être à vie; mais l'élection par le Conseil, à défaut de l'inamovibilité, devait assurer l'indépendance de ses membres à l'égard du ministre. La longue discussion à laquelle ce projet a donné lieu dans le sein de l'Assemblée nationale rappelle celle de 1850 dans l'Assemblée législative par l'importance et l'élévation des débats, par le talent des orateurs qui y prirent part, par les discours remarquables de MM. de Broglie, Dupanloup, Vacherot, Jules Simon, Wallon et d'autres encore.

La présence des évêques dans le conseil, la section permanente, ses attributions, sa composition, le nombre de ses membres, leur nomination par le ministre ou leur élection par le Conseil, voilà les points principaux sur lesquels porta la discussion dans les trois délibérations de janvier, de février et de mars 1873, et tels sont aussi ceux sur lesquels elle a porté dans la discussion à la Chambre des députés du projet de loi de M. Ferry. Les orateurs de la gauche réclamèrent alors principalement contre la présence des quatre évêques ou archevêques dans le sein du Conseil. Pas plus que le ministre et les députés actuels, ils ne comprirent que les évêques avaient nécessairement leur place, ainsi que les ministres des cultes dissidents, dans un conseil suprême de l'instruction publique, tout au moins comme représentants et défenseurs de la liberté d'enseignement. Ce ne fut pas seulement l'avis, qui pourrait être suspect, de Mgr Dupanloup, mais d'un sage et tolérant philosophe, nullement clérical, de M. Vacherot, qui plaida leur cause, non sans succès, à la tribune.

Les évêques cette fois sortirent victorieux de la lutte,

mais il n'en fut pas de même de la section permanente, au grand détriment de l'autorité du Conseil, de l'efficacité de son contrôle, des garanties et des traditions de l'Université. Avant de faire naufrage, cette pauvre section permanente, qui était le point le plus important de la loi, passa par d'étranges vicissitudes, ballottée dans tous les sens, de la gauche à la droite, de la commission au ministre et du ministre à la commission. D'après le projet primitif de la commission, elle devait se composer de sept membres élus par le Conseil dans son propre sein et rééligibles tous les deux ans. D'abord le ministre, M. Jules Simon, avait adhéré à cet article du projet, puis il s'était ravisé, de peur que l'autorité ministérielle ne souffrît quelque atteinte de l'indépendance trop grande que donnerait l'élection par le Conseil à une section permanente. Il voulait bien d'une section permanente, mais qui dépendît davantage du ministre. Il demanda donc à la Chambre de changer l'élection par le Conseil contre la nomination par le Président de la République, sur la proposition du ministre. A la suite d'un discours plein d'habileté et d'adresse, il l'emporta, mais seulement à une faible majorité. Ce qui convenait au ministre ne convenait plus à la commission ; elle ne se soucia pas d'une section permanente qui ne serait plus guère qu'une sorte de commission ministérielle. De son côté, le ministre, malgré sa victoire, consentit volontiers, d'accord avec la commission, à faire le sacrifice d'une section permanente même nommée par lui. En suivant cette curieuse discussion, il nous a paru qu'une entente n'eût pas été impossible pour conserver une section permanente qui aurait été, pour ainsi dire, le pivot du Conseil, et qui eût maintenu, avec une compétence plus particulière, grâce à la spécialité de ses membres, la tradition universitaire, les études, la discipline.

Faute de ce rouage essentiel d'une section permanente, l'action du Conseil, quoique composé d'une élite de la magistrature, du clergé, du Conseil d'État, de membres de l'Institut et de membres de l'instruction publique, n'a jamais pu être bien efficace ni son contrôle bien sérieux. Convoqué seulement à de longs intervalles, deux fois par an, la plupart des affaires, même celles qui eussent été de son domaine, se faisaient sans lui et sans le consulter, si ce n'est après coup. On lui demandait, par exemple, son avis sur la fondation d'un lycée ou d'un collège déjà fondés. Annihilé par le Ministre et les bureaux, il n'eut guère plus d'autorité que le Conseil supérieur de l'Empire, et il n'a fait, en général, qu'acquiescer, sauf en de rares circonstances, à ce qu'on voulait bien lui soumettre pour remplir la session, prenant les choses seulement par le côté où on voulait qu'il les prît. Toutefois, il est juste de rappeler l'échec que subit devant lui, sur le rapport de M. Patin, la fameuse circulaire du 27 septembre 1872, relative à une réforme des études classiques. Rendons hommage à la justice impartiale, éclairée, bienveillante de ce Conseil comme de celui de l'Empire toutes les fois qu'ils eurent à juger des affaires disciplinaires et des peines à prononcer contre des membres du corps enseignant.

Mais, dans le cours ordinaire des choses, il ne resta plus pour le gouvernement de l'Université que le ministre et les bureaux, ou plutôt que les bureaux et le ministre, comme le dit très bien M. Wallon, un des membres de l'Assemblée qui combattirent le plus vaillamment pour le maintien d'une section permanente.

L'accord, toutefois, n'avait été conclu entre la commission et le ministre qu'à la condition d'une sorte de compensation pour combler le vide de la section permanente, et pour donner, à son défaut, quelque gage à l'Université d'une appréciation équitable, par des juges compétents, des droits et des titres de chacun. Ce gage convenu était la formation d'un comité consultatif de l'enseignement public, composé de la réunion des inspecteurs généraux de tous les ordres.

Le même jour que la loi, paraissait au *Journal officiel* le décret qui, en vertu de cet engagement, instituait le comité consultatif. La chose au fond n'avait rien de nouveau ; de tout temps, les inspecteurs généraux, indépendamment de leurs rapports écrits, avaient été appelés à donner leur avis sur le personnel et sur les règlements relatifs aux études et à la discipline. Nous nous rappelons les nombreuses séances du comité présidées par MM. Duruy et Bourbeau, où les inspecteurs généraux donnaient leur avis sur le personnel, sur les promotions, les distinctions honorifiques et même les décorations. Tous les règlements d'études et, en particulier, l'enseignement spécial et ses programmes ont été longuement et consciencieusement discutés dans ces réunions. Le nouveau décret devait avoir pour effet de fortifier et de consacrer cette garantie en déterminant les attributions du comité. C'était, remarquons-le bien, un décret, par conséquent tout ministre était tenu de s'y conformer.

Il est étrange que ce soit à partir de ce décret et aussi, nous devons le dire, à partir de la retraite de M. Jules Simon, qui suivit de près, que les inspecteurs généraux aient été de moins en moins consultés, qu'ils aient été mis de plus en plus à l'écart pour les nominations les plus importantes, comme pour tous les règlements d'études. D'après l'article 4 du décret, le comité consultatif devait donner son avis « sur les projets de lois, de règlements, de programmes des études, sur les questions de contentieux et de discipline qui lui sont envoyées par le ministre. — Il est consulté sur les questions relatives à l'avancement des fonctionnaires et des professeurs. — Il dresse à la fin de l'année un tableau d'avancement de tous les membres du corps enseignant. »

Ainsi les choses devaient se passer; mais sous les successeurs de M. Jules Simon, en faisant toutefois une exception en faveur de M. Wallon, le comité consultatif n'a été, en réalité, qu'un leurre, qu'une véritable comédie pour abuser l'opinion de la Chambre et de l'Université, pour dissimuler l'omnipotence des bureaux ou l'arbitraire du ministre. Nul mieux que l'auteur de ce livre ne peut en parler en pleine connaissance de cause, surtout de la section de l'enseignement secondaire dont il a fait partie et qui représente plus particulièrement l'Université. Plus d'une fois, j'ai gémi du rôle qu'on nous faisait jouer; plus d'une fois, j'ai réclamé, j'ai protesté devant le comité et devant les ministres, mais toujours vainement, contre les violations continuelles du décret et contre le dédain qu'on faisait de l'inspection générale. L'obstacle n'était pas tant dans les ministres eux-mêmes que dans les bureaux qui circonvenaient, dès les premiers jours, chaque ministre nouveau, qui, par un sourd et constant travail, presque toujours couronné de succès, s'efforçaient d'écarter les seuls juges compétents des titres et des mérites de chacun, les importuns défenseurs des règles, du droit et de la justice. Ne fallait-il pas laisser le champ de plus en plus libre pour distribuer, à leur gré, les places et les faveurs, pour donner satisfaction aux recommandations de plus en plus multipliées des personnages influents du jour? Les convocations du comité, contrairement à la lettre du décret, devinrent donc de plus en plus rares et irrégulières. Deux mois, trois mois se passent, même pendant l'hiver, et lorsque tous les inspecteurs généraux sont à Paris, sans que le comité soit une seule fois convoqué, quoique les affaires ne manquent pas, quoiqu'il y ait de nombreuses nominations à faire. Pas une fois, à ma connaissance, au moins dans l'instruction secondaire, on ne nous a soumis des projets de lois, des règlements, des programmes d'études [1]. Les nominations les plus importantes nous ont été successivement soustraites et retirées. Le comité n'est plus guère appelé aujourd'hui qu'à faire des propositions pour la province, sauf bien des exceptions, sauf surtout les inspecteurs d'académie entièrement livrés aux préfets et à la politique et dont les choix sont de plus en plus déplorables. Quant aux places de proviseurs et de censeurs, aux chaires de philosophie ou de rhétorique dans les lycées de Paris, tout se passe dans le cabinet du ministre, de peur sans doute de quelque lutte à soutenir pour donner le pas aux protégés du Parlement ou même du conseil municipal. Sans craindre qu'on m'accuse d'exagération, sans craindre d'être démenti, j'ose dire qu'aujourd'hui, plus qu'en aucun autre temps, l'Université est en proie aux bureaux, aux solliciteurs influents, aux députés ou aux sénateurs qui se pressent, toujours de plus en plus nombreux, chez les ministres et chez les

---

[1] Les choses continuent à se passer ainsi. L'inspection générale n'a pas été consultée sur les nouveaux programmes d'études.

directeurs. Qui n'a reçu à ce sujet quelque triste confidence des ministres eux-mêmes, accablés par les sollicitations de sénateurs ou de députés [1] ?

Voilà quelle a été jusqu'à ce jour la fortune de l'Université sous un gouvernement qui lui a prodigué de si grandes marques de tendresse, mais qui s'est montré si peu soucieux de ses droits et de sa dignité. Que l'Université, d'ailleurs, ne se trompe pas à ces hypocrites démonstrations. Combien n'en est-il pas chez lesquels l'amour qu'on affecte pour elle n'est pas autre chose que la haine de la religion et du prêtre, sentiment qui s'allie très bien avec le régime arbitraire sous lequel, en la flattant, on veut la retenir ? Avec le prétendu progrès de toutes les libertés, il n'y aura bientôt plus d'autre liberté dans le corps enseignant que d'être ravi de tous les changements de programmes d'études, que de partager toutes les passions du jour et d'être, en toutes choses passionnément de l'avis du ministre. Peut-être même faudra-t-il bientôt des certificats de civisme, comme autrefois des billets de confession. Ce temps approche, si déjà il n'est arrivé. Déjà il est dangereux d'aller à la messe, et je ne conseille à aucun de mettre, je ne dis pas son fils, mais sa fille dans une maison religieuse, même en attendant les collèges de filles de M. Camille Sée.

---

[1] Un député fort connu de l'Isère, M. Marion, ne s'est-il pas vanté récemment dans les journaux d'avoir obtenu de M. Ferry le déplacement d'un inspecteur, envoyé, malgré lui, de Grenoble à Caen sur l'injonction dudit député, qui n'a pas craint par cette lettre de révéler la faiblesse du ministre ?

CHAPITRE IV

Projet de loi de M. Ferry sur le Conseil supérieur. — De la section permanente. — Les trois directeurs membres de droit. — Des autres membres de la section à la nomination du ministre. — L'élection fera-t-elle des conseillers plus indépendants ? — Ce qu'ils ont à craindre et ce qu'ils ont à espérer. — Trouble qu'exciteront les élections dans l'Université. — Les exclus du nouveau Conseil. — Les incompétents, les membres de l'Institut, les évêques, les magistrats. — La représentation de l'enseignement libre. — Le nouveau Conseil n'est qu'une œuvre de parti et une commission ministérielle.

Le projet de loi sur le Conseil supérieur de l'instruction publique présenté à la Chambre des députés par M. Ferry, quoique composé de cinquante membres appartenant tous à l'enseignement, fera-t-il à l'Université une situation meilleure, plus sûre et plus digne? Lui rendra-t-il enfin ce qu'elle a perdu depuis 1852 ? Après un examen attentif de ses dispositions principales, nous n'osons pas nous flatter d'une semblable espérance, ou plutôt nous avons la certitude qu'il ne faut en attendre aucun contrôle sérieux, aucune limitation efficace de la toute-puissance ministérielle et bureaucratique. Considérons d'abord le projet tel qu'il a été présenté par le ministre, puis nous suivrons ses destinées à travers les discussions et les amendements de la Chambre des députés et du Sénat. Le nouveau Conseil de M. Ferry, à la différence de celui de 1873, aura une section permanente entièrement composée de membres appartenant à l'instruction publique. C'est un retour à la loi de 1850 qui peut au premier abord sembler digne de quelques éloges. Mais ne nous arrêtons pas aux apparences.

Ce qui importe, ce n'est pas qu'il y ait ou qu'il n'y ait pas dans le nouveau Conseil une section permanente, ce sont les garanties d'indépendance qui lui sont données et la situation qui lui est faite. La compétence sans doute n'est pas à dédaigner, mais sans l'indépendance elle n'est qu'une bien médiocre garantie. La nouvelle section permanente aura-t-elle donc quelque chose de l'autorité de l'ancien Conseil royal? Quel espoir l'Université peut-elle fonder sur elle pour la défendre contre les excès du pouvoir, contre les faveurs ou les disgrâces imméritées, contre le bouleversement des études classiques dont elle paraît menacée [1]? Nous allons répondre à ces questions, les plus importantes de toutes, en examinant comment, d'après le projet, elle doit être composée et comment surtout elle sera nommée.

La section permanente, dans le projet de M. Ferry, n'a pas moins de vingt membres, nombre supérieur à celui des membres titulaires de l'ancien Conseil et de la section permanente de 1850 [2]. Mais, pour être plus nombreuse, il ne suit pas qu'elle soit plus autorisée, plus forte, plus unie, et surtout moins accessible aux influences des bureaux et des ministres. Jusqu'à quel point en effet ces membres si nombreux seront-ils au-dessus des disgrâces ou des faveurs ministérielles? Qu'ont-ils à espérer de leur complaisance ou à craindre de leur opposition? Tout dépend de là. Seule l'inamovibilité ou, à son défaut, l'élection, au moins

---

[1] J'écrivais ceci dans la *Revue de France* du 15 avril 1879.
[2] La Chambre des députés a introduit plusieurs changements, que nous apprécierons plus tard, dans le projet du ministre. Nous examinons ici le projet tel qu'il a été présenté à la Chambre.

3.

dans certaines conditions, aurait pu donner à ses membres de l'autorité et de l'indépendance. Malheureusement ils sont privés de l'une et de l'autre de ces deux garanties ; ni ils ne sont nommés à vie, ni ils ne sont élus par le Conseil lui-même, comme dans le projet primitif du duc de Broglie. C'est le ministre qui les nomme et pour six ans seulement. Il est vrai que le Président de la République signe leur nomination sur la proposition du ministre ; mais on m'accordera bien que cela ne change rien au fond des choses. Que leur nomination soit ou ne soit pas signée du Président de la République, ils n'en sont pas moins bien assurés de ne pas être nommés de nouveau si leur attitude n'a pas été jugée assez satisfaisante ou leur complaisance assez grande. D'ailleurs sans attendre ce terme de six ans, qui est un peu long au temps où nous sommes, les moyens ne manquent pas pour les tenir constamment et jusqu'au bout dans la bonne voie, s'ils étaient tentés de s'en écarter.

Parcourons la liste des membres de ce Conseil, à commencer par ceux qui doivent nécessairement en faire partie. Parmi ces membres privilégiés on voit d'abord avec étonnement les trois directeurs du ministère de l'instruction publique, puis le directeur de l'École normale et le vice-recteur de Paris. Les trois directeurs du ministère, qu'on appelait autrefois tout simplement des chefs de division, sont en tête de toute la liste ; rien de plus significatif, rien qui marque mieux aux yeux de tous le caractère purement ministériel et bureaucratique que le ministre a voulu donner à son nouveau conseil [1]. Jamais des chefs de division

[1] Nous verrons qu'ils en ont été exclus par la Chambre des députés, mais rétablis par le Sénat.

avaient-ils figuré dans aucun conseil ou section permanente, sinon à titre purement consultatif ? Avant tout, ce sont les hommes du ministre ; ils l'ont été de M. de Cumont ou de M. Brunet, comme ils le sont et le seront de M. Ferry. Quel que soit le chef, ils sont sous sa dépendance, sous sa main. Ne serait-il pas contraire d'ailleurs à toutes les règles de l'administration qu'ils eussent publiquement un avis, un vote contraire à celui du ministre ? Je ne leur conseille pas d'en faire l'essai. Pourquoi donc ne pas mettre à leur suite quelques commis de bureau pour mieux assurer l'indépendance de la section ? Le directeur de l'École normale, le recteur de Paris sont sans doute beaucoup mieux à leur place, mais ils ne sont pas moins dépourvus d'inamovibilité.

Quant aux autres membres de la section, le ministre, qui a le choix, ne nommera certainement que ceux dont il se croit bien sûr. D'ailleurs, une fois nommés, il lui sera facile de les retenir dans la soumission, sinon par l'espérance, du moins par la crainte. Il peut infliger une disgrâce à un recteur en le déplaçant ; il peut le mettre en disponibilité, comme nous l'avons vu récemment pour le recteur de Lyon, M. Dareste de la Chavanne, s'il a eu le malheur de déplaire ou bien à un préfet, ou bien à quelques étudiants tapageurs. Quant aux inspecteurs généraux, si on veut bien leur y faire une place, comme ils ont la plupart d'anciens services, on s'en débarrassera non moins facilement, pour peu qu'ils gênent ou déplaisent, en les mettant à la retraite sans qu'ils le demandent. Cette menace de la retraite ne s'étend-elle pas également à tous les membres du conseil, qu'ils soient élus, ou bien qu'ils soient à la nomination du ministre ? Pour peu qu'ils aient des cheveux blancs ou même des cheveux gris, M. Ferry ou ses successeurs ont droit sur eux, qu'ils y prennent garde, de vie et de mort, d'après la manière dont il lui plaît d'entendre la loi des retraites.

En dehors de la section permanente, je vois des professeurs de faculté, des maîtres de conférences, des agrégés, des proviseurs de lycée, des membres de l'enseignement primaire. Les professeurs de faculté pourraient être de tous les plus indépendants ; ils semblent un peu plus à l'abri d'une disgrâce ; du moins jusqu'à présent ils n'avaient pas à craindre un déplacement [1]. Mais en admettant qu'ils n'aspirent pas à des postes plus élevés, ils seront tenus, au moins ceux de la province, par quelque perspective d'élévation de classe et de traitement, par l'espoir d'un décanat ou d'un rectorat. Que sera-ce donc des maîtres de conférences ou des agrégés qui tous aspirent à devenir des professeurs titulaires ?

Quant aux membres de l'enseignement secondaire et de l'enseignement primaire, à moins qu'ils n'aient une âme bien trempée et toute stoïcienne, à combien plus d'appâts ne peuvent-ils pas se laisser prendre, à combien plus d'appréhensions ne peuvent-ils pas céder ? Tous ou presque tous, cela est à craindre, voudront mettre à profit, pour un avancement, tout au moins pour une décoration, une si bonne occasion. Personne ne voudra sortir du Conseil les mains vides. Combien même en est-il qui croiront désormais indigne d'eux de retourner en province ?

Le ministre a-t-il bien prévu toutes les ambitions qu'allait exciter dans l'Université son conseil de cin-

[1] Nous verrons plus tard qu'ils ont maintenant à le craindre, par suite d'un nouvel acte arbitraire de M. Ferry.

quante membres et à quelles obsessions il serait en butte? J'ose me permettre de lui donner un avis tout amical, celui d'insérer dans son projet un article, en vertu duquel aucun membre du Conseil ne pourrait recevoir d'avancement, sinon un ou deux ans après l'expiration de son mandat, à moins qu'on n'aime mieux, comme pour les députés, les faire reparaître, après chaque promotion, devant leurs électeurs des lycées, des collèges ou des écoles normales de nouveau convoqués.

Quelles agitations, quelles compétitions, quelles cabales toutes ces élections ne vont-elles pas exciter dans les lycées, dans les écoles normales, dans les collèges, au grand détriment de l'autorité des chefs d'établissement, du calme et de l'assiduité des professeurs, au préjudice des études, du bon ordre et de la discipline! J'aurai occasion d'en parler encore; mais combien les questions d'autorité et de discipline importent-elles peu à ceux qui nous gouvernent? Je m'étonne même que le ministre, pour avoir un conseil plus démocratique et encore plus dépendant, n'ait pas fait aussi une place aux maîtres répétiteurs et aux maîtres d'école, avec ou sans le brevet complet; sans doute, il a voulu laisser quelque chose à faire à un successeur plus radical que lui[1].

Que M. Ferry soit donc tranquille, il aura un Conseil, si les Chambres le lui accordent tel qu'il s'est plu à le composer, qui sera une machine commode, qui lui donnera toutes les garanties désirables de dépendance et de soumission. Il a voulu, dit-il, être éclairé,

---

[1] Nous allons voir que la Chambre y a introduit, non pas encore les maîtres d'étude, mais des professeurs de collèges communaux.

et non pas entravé ; il pourra être éclairé sans doute, s'il le veut ; quant à être entravé, il ne le sera pas, quoi qu'il fasse, quoi qu'il lui plaise de bouleverser ou de proscrire.

Nous venons de voir quels sont ceux qu'il a mis dans le Conseil ; parlons maintenant de ceux qu'il a exclus, ce qui n'est pas moins significatif, comme des éléments incompétents, ainsi qu'il les désigne dans son langage dédaigneux. Quels sont donc ces éléments incompétents retranchés par M. Ferry ? Ce sont d'abord les membres de l'Institut qui, au nombre de cinq, élus en assemblée générale, siégeaient dans le conseil précédent, puis les magistrats de la Cour de cassation, puis les évêques, comme aussi les ministres de tous les cultes reconnus par l'État, nommés aussi à l'élection par leur ordre. Il est inutile, je pense, de m'arrêter à démontrer contre M. Ferry la compétence des membres de l'Institut pour les lettres, l'histoire, la philosophie, les sciences et les beaux-arts. Il n'y a pas lieu, sans doute, de s'étonner moins de l'exclusion des magistrats dans un Conseil qui se change parfois en tribunal suprême appelé à prononcer de graves arrêts sur des membres de l'instruction publique. Au milieu de tant de juges inexpérimentés et peut-être passionnés, leur présence eût été une garantie, comme par le passé elle l'a toujours été, pour assurer aux prévenus toutes les formes tutélaires de la justice. Faut-il encore rappeler que lorsque l'Université a été le plus attaquée, c'est par des magistrats qu'elle a été le mieux défendue ? Bornons-nous à citer les noms de MM. Dupin, Portalis, Royer, Bonjean.

Encore moins que les membres de l'Institut, encore moins que les magistrats, les évêques devaient trouver grâce devant un si fougueux adversaire du cléricalisme. S'il s'agissait d'un Conseil purement universitaire, nous comprendrions peut-être que l'Université voulût faire ses affaires en famille, sans aucun membre étranger, comme elle les a faites autrefois avec l'ancien conseil royal. Il n'en est pas de même dans un Conseil qui ne doit plus représenter seulement l'Université, mais aussi ses concurrents, qui doit être le Conseil, non pas seulement de l'enseignement public, mais de l'enseignement libre. La preuve en est dans le projet même de M. Ferry, qui fait entrer dans le Conseil quatre membres de l'enseignement libre nommés par le Président de la République. Quels seront ces quatre membres de l'enseignement libre? Il peut exclure tous les chefs des établissements les plus considérables, ne choisir que des laïques, des maîtres de petites pensions, des spéculateurs en fait d'enseignement. Quelle médiocre, quelle ridicule garantie pour les membres de l'enseignement libre qui auront affaire devant un tribunal de cinquante membres dont plus de quarante appartiennent à l'Université! Ce sont leurs concurrents qu'ils auront pour juges. Ne convenait-il donc pas mieux d'y laisser une place à des membres du clergé qui, indépendamment de toute autre considération religieuse ou morale, sont à la tête des plus considérables établissements d'enseignement libre?

D'après M. Ferry, le nouveau Conseil ne serait qu'un Conseil d'études dans lequel ne doivent avoir place que des hommes spéciaux ayant, comme il le dit, une expérience technique. Quand le Conseil, en effet, ne serait qu'un simple Conseil d'études, ne se trouve-t-il donc pas aussi dans le clergé, dans l'Institut, dans la magistrature, des hommes qui ne sont pas tout à fait dépourvus d'une certaine expérience technique? N'y discutera-t-on que sur des programmes de chimie ou de géographie, que sur le thème grec, sur le discours latin ou les baccalauréats? Je m'imagine qu'il y aura lieu de discuter quelquefois sur des questions d'éducation morale et religieuse, de droit, de justice, d'équité, où la compétence ne manquerait certainement pas à ceux que M. Ferry veut mettre à la porte. Quant aux conseils académiques, ils sont faits à l'image du Conseil supérieur. C'est partout et à tous les degrés la même exclusion des magistrats, du clergé, de tous les hommes indépendants par leur position. Nous aurons d'ailleurs à revenir sur leur composition à propos de la discussion et des amendements de la Chambre des députés.

« Le projet de loi que nous soumettons aux délibérations des Chambres, dit M. Ferry au commencement de son rapport, n'est ni une loi de circonstance, ni une œuvre de parti. » Il a beau l'affirmer, personne, il peut en être bien sûr, ne le croira, soit qu'il s'agisse du projet sur le Conseil, soit qu'il s'agisse de l'autre projet de loi présenté en même temps aux Chambres et intitulé, sans doute par dérision, comme déjà chacun en a fait la remarque : Projet de loi relatif à la liberté de l'enseignement supérieur.

C'en est assez, croyons-nous, pour juger le projet relatif au Conseil supérieur de l'instruction publique, que la Chambre aura bientôt à discuter.

De cette histoire des divers conseils qui se sont succédé à la tête du corps enseignant, depuis 1808, comme de l'examen critique que nous venons de faire du projet de loi de M. Ferry, il doit être évident à tous que les vraies et sérieuses garanties pour les membres de l'Université ne dépendent pas seulement de l'existence d'un Conseil supérieur ni d'une section permanente, mais des conditions plus ou moins indépendantes des membres qui les composent. Quelque haut qu'ils soient placés, quelque compétents qu'ils soient, il ne peut, nous le répétons, y avoir d'autorité et d'indépendance pour eux qu'à l'une ou l'autre de ces deux conditions, l'élection ou l'inamovibilité. Or, tandis que les autres membres du Conseil, à part ceux de l'enseignement libre, sont élus, les membres seuls de la section permanente sont nommés par le ministre et nommés seulement pour six ans. Ils devraient être les plus indépendants ; tout au contraire, ce sont eux qui le seront le moins, d'après le projet de M. Ferry. Quelles que soient les attributions que le projet de loi donne à ce Conseil, qu'il le fasse juge des peines disciplinaires, des révocations, des programmes d'études, il n'y a rien là de sérieux, rien d'efficace. Après, comme avant, tout reste à la discrétion des bureaux et du ministre. Comment le Conseil pourrait-il donner des garanties aux membres de l'Université si, comme nous croyons l'avoir amplement montré, nul de ses membres n'en a pour lui-même? Que peut-il garantir si lui-même il n'est pas garanti? Ce n'est pas un Conseil, ce n'est qu'une commission, un docile instrument aux ordres du ministre [1].

[1]. Ces quatre chapitres ont paru dans la *Revue de France* du 15 avril 1879.

CHAPITRE V

Amendements de la Chambre des députés à la loi sur l'enseignement supérieur. — Rapport de M. Chalamet. — La pensée dominante est de rendre impossible toute résistance du Conseil au ministre. — La section permanente encore amoindrie et plus dans la main du ministre. — Extension du principe électif. — Les élections universitaires. — Élections de l'enseignement secondaire. — Élections de l'enseignement primaire. — Le trouble partout dans les études et la discipline. — Adjonction de deux représentants des collèges communaux. — Sages, maïs vaines paroles du ministre à cette occasion. — Les chargés de cours privés du droit de vote. — Quatre places pour les sénateurs et les députés. — Que devient le principe de la compétence ? — Les conseils académiques. — Inconvénients de leur nouvelle composition [1].

Telle était la loi présentée par M. Ferry ; voyons ce qu'elle est devenue à la Chambre des députés, ce qui nous sera l'occasion d'ajouter quelques détails omis dans une critique générale. Parlons d'abord du rapport de M. Chalamet au nom de la commission chargée d'examiner le projet de loi présenté par le ministre.

Ce rapport est animé du même esprit que l'exposé des motifs et le projet de loi Ferry. Ce sont les mêmes idées, les mêmes passions et le même langage. On voit que le rapporteur s'applique à reproduire le langage et le ton de M. Ferry lui-même.

La guerre au cléricalisme est le mot d'ordre de la commission et de son rapporteur. Cependant M. Chalamet, qui a été professeur dans plusieurs lycées de province, aurait dû savoir mieux que M. Ferry

---

[1] Extrait du *Moniteur universel* du 30 juin 1879.

quel péril cette imprudente guerre fait courir à l'Université. Pour quiconque juge des choses sans prévention, il est certain que les lycées seront à peu près entièrement vides le jour où on obligera à en sortir les aumôniers qui dépendent des évêques, et avec eux les pasteurs, les rabbins, c'est-à-dire le jour où l'enseignement religieux en sera banni. Oui, la plupart des familles, même parmi celles qui votent pour les radicaux, en sont encore là ; elles veulent, il faut bien en prendre son parti, une éducation religieuse, et non pas positiviste ou athée, pour leurs enfants. Rien donc assurément ne fait mieux les affaires des concurrents de l'Université qu'un langage hostile ou dédaigneux pour les croyances religieuses de la part de ceux qui sont à sa tête ou qui prétendent parler en son nom.

Mais si le projet de la commission est le même au fond, il diffère par certains détails qui ne sont pas sans quelque intérêt, soit en eux-mêmes, soit par la comparaison avec le projet du ministre. Outre les amendements introduits par la Chambre elle-même, quelques incidents de la discussion méritent d'être appréciés et signalés.

Dans son long rapport, M. Chalamet a d'abord refait à son tour l'histoire des divers Conseils de l'Université qui se sont succédé depuis 1808 jusqu'à celui que nous propose M. Ferry. Quoique député de la gauche républicaine, il rend un hommage légitime à l'ancien Conseil royal. Il se plaît à rappeler, comme nous l'avons fait nous-même, les noms qui l'ont illustré, sous la Restauration et sous la monarchie de Juillet : Royer-Collard, Cuvier, Poisson, Villemain, Cousin, Thénard, Poinsot, Dubois, Saint-Marc Girardin, Rossi ; il reconnaît l'influence heureuse que ces hommes éminents ont exercée sur les études et sur la direction des esprits. « Cette époque a été, dit-il, assurément la plus florissante et la plus heureuse de l'Université. Jamais l'enseignement secondaire n'a été plus fécond et d'une efficacité plus générale sur la jeunesse des collèges... Jamais les professeurs n'ont mieux senti qu'ils faisaient partie d'une grande famille. »

La comparaison faite par M. Chalamet avec ce passé glorieux de l'Université n'est pas assurément à l'avantage du temps présent; lui-même il a bien dû s'en apercevoir. Que s'il n'est pas possible de retrouver de pareils hommes, et en admettant qu'on voulût bien s'en servir, au cas où on les retrouverait, du moins aurait-il fallu chercher à se rapprocher, dans l'organisation du nouveau Conseil supérieur, de ces institutions qui ont fait autrefois, de son aveu, la force et la prospérité de l'Université. Or, c'est à quoi, comme nous allons le voir, nul apparemment n'a songé, pas plus dans la commission et dans la Chambre qu'au ministère.

D'après quelques-uns des changements que la commission a fait subir au projet ministériel, elle semblerait avoir eu le désir que le Conseil fût un peu moins dépendant du ministre que M. Ferry l'aurait voulu. Mais combien mal elle a atteint son but ! Que d'inconséquences, que de contradictions dans son œuvre ! Comme on voit qu'elle s'effraye beaucoup plus de la possibilité d'une résistance à tout ce que pourra entreprendre M. Ferry, ou tout autre ministre de la même couleur, contre le cléricalisme, que d'une docilité trop grande ou même de la servilité des futurs conseillers ! Il faut que l'accord existe à tout prix entre le Conseil supérieur et M. Ferry, comme entre le Conseil d'État et M. Le Royer : voilà la pensée qui a dominé dans la commission et dans la Chambre.

La commission, à notre avis, n'a fait qu'une seule chose bonne, laquelle a été ratifiée à l'unanimité par la Chambre, c'est l'exclusion des trois directeurs du ministère de l'instruction publique, qui semblaient, comme nous l'avons dit, avoir été placés par M. Ferry en tête de tous les autres membres du Conseil, et parmi les membres de droit de la section permanente, comme pour mieux marquer, aux yeux de tous, le caractère purement ministériel et bureaucratique du nouveau Conseil supérieur [1]. La section permanente, telle que la voulait le ministre, devait être composée de cinq membres de droit mais révocables, comme les directeurs, à la volonté du ministre, plus de quinze conseillers nommés par lui. C'était trop évidemment se faire la part du lion. Cette part a paru excessive même à la Chambre qui a réduit à neuf les conseillers nommés par le ministre. Ces neuf conseillers, avec six autres que le ministre pourra choisir, mais seulement parmi les membres élus du Conseil, doivent former la section permanente.

Le rapporteur a apprécié bien haut, et même avec une certaine emphase, l'importance d'une section permanente. « Elle est, dit-il, la clef de voûte du projet de loi. Sans elle, ces grandes assises de l'enseignement public qui ne se tiendront que deux fois par an seront inefficaces. L'Assemblée, flottant à tous les vents de l'opinion, sera comme un navire sans lest et sans boussole. Il n'y aura plus de véritable Conseil. » Mais pour jouer un si grand rôle, pour veiller aux tradi-

[1] Exclus par la Chambre des députés, ils ont été rétablis sur la liste par le Sénat.

tions, aux études, à la discipline, pour maintenir les droits de chacun contre tous, et même contre le ministre, pour tenir la place de cet ancien Conseil royal, si loué par M. Chalamet, voyons ce que la commission et la Chambre des députés ont imaginé.

D'abord elles ont réduit sur plus d'un point les attributions et l'autorité de la section permanente au profit du Conseil lui-même. Nous le regretterions sans doute si cette section, qui seule doit siéger toujours, qui seule peut bien connaître les hommes et les choisir, suivre et instruire les affaires, présentait les garanties sous lesquelles elle n'est plus qu'un dangereux instrument aux mains du ministre. Mais il semble que la Chambre a pris à tâche de rendre encore pire la conception de M. Ferry, comme on le verra, il suffit pour le montrer d'une rapide comparaison entre le projet du ministre et la loi votée par la Chambre. Quoique à la nomination du ministre, les membres dont cette section doit se composer présenteraient cependant des garanties d'indépendance, s'ils étaient nommés à vie, comme dans l'ancien Conseil royal ou dans la section permanente de 1850. Mais ce n'est pas lorsque l'inamovibilité de la magistrature elle-même est menacée, que la majorité, pas plus que le ministre, pouvaient avoir la pensée de créer quinze conseillers à vie. A tout le moins, leur dépendance à l'égard des ministres eût été moindre si leur mandat avait été de longue durée.

Dans le projet de M. Ferry, les fonctions des membres de la section permanente devaient durer six ans, comme les pouvoirs de tous les membres du Conseil. Ce temps a paru trop long à la commission et à la Chambre. Six ans, en effet, n'est-ce pas un bien long espace de temps au milieu de cette rotation des offices et de cette instabilité de toutes choses qui semblent jusqu'à présent le propre du gouvernement républicain ? Aussi les six ans ont-ils été d'abord réduits à quatre pour la durée des pouvoirs du Conseil. Il a paru sans doute à la majorité qu'il y aurait avantage à renouveler plus fréquemment l'agitation électorale dans tous les rangs de l'Université. Ces quatre ans eux-mêmes ont été jugés trop longs et reduits à deux pour la section permanente. Deux fois pendant les quatre ans dans la vie du Conseil, elle devra être nommée ou renommée par le ministre.

Pourquoi faire leur mandat si court? Pourquoi serrer ainsi la chaîne par où le ministre les tiendra? Le rapporteur a bien voulu lui-même nous en donner naïvement la raison et nous épargner la peine, qui n'eût pas été grande cependant, de la trouver nous-même. « Nous avons réduit, dit-il, à deux ans les pouvoirs de la section permanente, afin d'atténuer les inconvénients d'un conflit possible entre un ministre et une section permanente nommée par son prédécesseur. » Qui n'admirerait une si prévoyante sollicitude dans le but de prévenir toute velléité d'indépendance de la part de cette section bis-annuelle, si dérisoirement appelée section permanente, et pour empêcher toute opposition à un ministre républicain, quel qu'il soit, quand même il lui plaira de bouleverser dans l'Université ? N'cût-il pas été encore plus prudent et plus sage de décider qu'à l'avènement de chaque ministre nouveau, il y aurait une nouvelle section dite permanente, composée par lui, entièrement à sa guise, pour mieux assurer l'accord et l'harmonie ? Je ne crois pas qu'il fût possible de donner à entendre plus clairement que désormais l'Université devra être soumise à toutes les fluctuations de la politique ministérielle. Tout ce que voudra M. Ferry s'accomplira, sans nulle résistance, dans le sein du Conseil de l'instruction publique, comme dans le Conseil d'État. Les études classiques sont livrées aux caprices du plus incompétent de tous les ministres. On peut prédire dès à présent que le pire destin leur est réservé.

En vérité, je suis ici tenté, pour ne pas parler actuellement d'autres réformes signalées à l'avance, de plaindre, par exemple, le sort de ces pauvres vers latins sur lesquels s'exerce si fort la verve de tant de beaux esprits, parmi lesquels sont au premier rang M. Ferry et M. Chalamet lui-même, un ancien professeur de rhétorique, qui sans doute n'a jamais appris à les faire avec beaucoup de goût et de succès. Je ne savais pas, ce qui est bien fâcheux pour eux, qu'ils fussent chers aux évêques, comme M. Ferry nous l'a récemment appris; je savais seulement qu'ils étaient chers à beaucoup d'universitaires et des meilleurs, et qu'ils avaient été rétablis sur un rapport de M. Patin, ce que sans doute le ministre ignore, auquel l'Université presque tout entière, surtout celle de Paris, a applaudi. Mais où M. Ferry aurait-il appris l'histoire de l'Université? Il la connaît si peu, que dans un de ses récents discours il attribuait à M. Fortoul, le père, comme chacun sait, sauf lui, des grands rectorats qui subsistent encore aujourd'hui, la dislocation de l'Université en 89 académies [1]. Les vers latins ne succomberont pas seuls; je redoute un sort semblable pour toutes les études classiques, pour les exercices qui développent la pensée, le goût, l'imagination, sans me consoler par l'en-

[1] Discours à l'Association philotechnique. Voir le *Moniteur* du 22 juillet 1879.

vahissement de la géographie, ou d'une sèche et pédante philologie.

Que le ministre cependant ne craigne rien ; qu'il ose tout ce qu'il voudra et contre les personnes et contre les études ; il a tout bien combiné pour qu'aucun obstacle ne lui vienne de la part du Conseil et surtout de la section permanente. Si le conseil n'a pas d'autre lest et d'autre boussole, pour parler comme M. Chalamet, que cette section sans consistance, sans autorité et sans durée, je crains bien que sa destinée ne soit de flotter à tous les vents [2].

La Chambre a accepté tout cela sans protestation ; elle s'est contentée de cette ombre vaine et trompeuse de contrôle et de garantie qui semble en toutes choses ce qui convient le mieux à la politique de la majorité. Cependant voyons si, en dehors de la section permanente, l'élection ne doit pas donner quelque indépendance à la majorité du nouveau conseil, d'autant que la Chambre a fait au principe électif une part encore plus grande que le projet du ministre.

Des membres à vie pour la section permanente, des membres de droit désignés par leurs hautes fonctions, par leur ancienneté et, autant que possible, à l'abri des changements et des disgrâces, voilà, à notre avis, où il fallait chercher l'indépendance et l'autorité du Conseil. L'élection, quoique substituée au choix du ministre, ne nous semble qu'une médiocre garantie d'indépendance, elle est d'ailleurs achetée par les plus graves inconvénients. Il était bon et sage de procéder de la sorte dans la Cour de cassation, dans l'Institut, dans le Conseil d'État, dans le corps épiscopal, quand ils

---

[2] Toutes ces appréhensions, on le verra plus loin, ont été réalisées par le nouveau plan d'études.

avaient des représentants dans le Conseil. Mais il n'en est pas tout à fait de même dans les divers ordres d'enseignement et dans les diverses classes de fonctionnaires et de professeurs dont se compose l'Université. Les inconvénients sont d'autant plus grands qu'on va du haut en bas, que le nombre des électeurs augmente davantage, et que les élus ont à redouter puls de disgrâces ou à espérer plus de faveurs du ministre.

Dans les élections des facultés elles-mêmes on avait déjà pu déjà voir, en 1873, combien il était difficile de se concerter et de s'entendre d'une faculté à l'autre, de savoir au juste ce qui se passe ailleurs, de se mettre au-dessus des petites rivalités, d'être en garde contre les surprises et de ne pas perdre sa voix sur quelque candidat éloigné, qui n'a pour lui que la sienne, ou celle de ses cinq ou six collègues. Que sera-ce donc dans l'enseignement secondaire, dans les lycées, dans les collèges communaux et aussi dans l'enseignement primaire ? Comment les électeurs des lycées, pour ne pas parler encore de ceux des collèges communaux, c'est-à-dire comment tous les professeurs agrégés du même ordre, dispersés en plus de 80 lycées, pourront-ils s'entendre d'un bout de la France à l'autre [1] ?

Ne faudra-t-il pas des réunions électorales préparatoires dans les chefs-lieux de quelques académies, avec des frais de déplacement, avec la suspen-

---

[1] Dans un article du *Correspondant* du 10 novembre 1879 par M. Jourdain, nous trouvons une statistique intéressante des nouveaux électeurs de l'enseignement primaire et secondaire. Dix agrégés en exercice de chaque ordre d'agrégation seront élus au scrutin de liste par l'ensemble des agrégés fonctionnaires ou professeurs. Ces agrégés sont au nombre de 900, tandis que le nombre total des fonctionnaires des lycées est de 2849.

sion des classes et des études pendant les vingt ou trente jours de fièvre de la période électorale ? Je me rends encore moins compte de la manière dont une entente quelconque pourra s'établir entre les électeurs, non moins dispersés et de fonctions beaucoup plus diverses, de l'enseignement primaire, depuis le directeur de l'enseignement primaire de la Seine jusqu'aux déléguées des salles d'asile de Tarbes ou de Saint-Lô. Il est en effet bien digne de remarque qu'ici, à côté des électeurs, nous rencontrons des électrices. Pour rendre à chacun l'honneur qui lui revient, ajoutons que cette galante introduction des femmes dans le corps électoral de l'enseignement est du fait de la commission et de la Chambre, et non pas du ministre lui-même.

Quels sont ceux, on doit bien s'en inquiéter aussi, qui, dans ces scrutins universitaires, ont le plus de chance d'être élus ? Ce ne seront pas sans doute les inspecteurs ou les proviseurs les plus vigilants, les plus soucieux de la discipline, des règlements et des études. Ce ne seront pas ceux qui se seront permis de rappeler à l'ordre et au règlement des professeurs plus ou moins négligents qui arrivent en classe après l'heure, ou qui sont en retard pour la correction des compositions, ou qui n'annotent pas les devoirs de leurs élèves. On verra probablement se passer quelque chose d'analogue à ce qui eut lieu en 1870 pour l'élection des officiers de la garde mobile. Les suffrages se sont malheureusement portés sur les plus faibles et les plus indulgents en fait de discipline. On sait trop les fatales conséquences de ces élections. Puissent-elles être moins fâcheuses pour l'Université !

Quant aux professeurs, les élus ne seront peut-être

pas toujours les plus laborieux, les plus distingués, les plus dévoués à leurs fonctions. Les intrigants, les ambitieux, les brouillons, les correspondants de tous les petits *Progrès* ou petits *Réveils* de la province, les insoumis, c'est-à-dire ceux qui ont quitté leur poste ou refusé de s'y rendre, aimant mieux battre le pavé de Paris, avec un traitement pour ne rien faire, ont bien aussi quelque chance de l'emporter. Déjà j'ai exprimé des craintes sur les cabales, les divisions, l'insubordination, le relâchement de l'ordre et de la discipline qui pourront précéder, accompagner et suivre toutes les élections. Ces craintes ne peuvent qu'augmenter avec les amendements votés par la Chambre. Que restera-t-il d'autorité à un proviseur ou même à un recteur sur un professeur qui aura été élu membre du Conseil ou même qui aura seulement joué le rôle de grand électeur? Probablement, aussi, il y aura des candidatures officielles, des candidatures appuyées par les recteurs et les inspecteurs, sinon par les préfets et les conseils municipaux ; il y en aura qui seront appuyées ou combattues par tel ou tel journal. Combien la politique ne s'en mêlera-t-elle pas pour achever de tout brouiller et de tout gagner ? Quel trouble dans toute l'Université [1] !

Une fois élus, ces députés universitaires de tous les degrés auront-ils l'indépendance sans laquelle, encore une fois, la compétence n'est rien ? C'est une question qu'il est bien permis de se faire. S'ils ne sont

---

[1] Un journal, le *Bulletin de correspondance universitaire*, a été fondé sous l'influence de M. Ferry pour exercer une pression sur les élections et écarter tous les candidats dits non réformistes. Je ne m'attendais pas à voir parmi les candidats des professeurs de grammaire demandant la suppression de la grammaire, ni des professeurs de rhétorique celle de la rhétorique.

pas soumis et complaisants, que de disgrâces ils risquent d'encourir de la part du ministre, et que de faveurs, d'avancements de tout genre, de décorations ou de distinctions ils peuvent, au contraire, en espérer ! Je l'ai déjà dit fort sérieusement. Le Sénat ferait bien d'ajouter à la loi un article d'après lequel tout membre du Conseil ne pourrait recevoir aucune faveur, aucun avancement pendant toute la durée de ses fonctions, et même un an après, que ce petit article additionnel jetterait d'eau froide sur certaines candidatures, surtout dans l'enseignement secondaire et dans l'enseignement primaire [1] !

Quant aux diverses circonscriptions électorales, par établissements, par ordre ou par spécialité d'enseignement ; quant au nombre des électeurs et des députés, il y avait dans le projet du ministre un singulier défaut de proportion. Ici il ne fallait que dix ou douze électeurs, comme à l'école de Cluny, par exemple, pour un député ; là il en fallait au moins une centaine, comme dans les facultés des lettres et des sciences. Cela ressemblait à une loi électorale qui donnerait autant de députés au département de la Creuse qu'à celui de la Seine. La commission a cherché à diminuer un peu quelques-unes de ces inégalités, au moins les plus choquantes. Ainsi, elle a bien fait de donner deux représentants, et non pas un seul, à chaque ordre de facultés, des lettres, des sciences et du droit. La province pourra espérer avoir un représentant.

A propos des facultés, notons en passant que la Cham-

---

[1] Combien n'a-t-on pas déjà vu de décorations, de distinctions, de promotions, d'avancements, de cumuls en faveur des membres du Conseil supérieur et des Conseils académiques ! Combien n'en verra-t-on pas encore ?

bre, comme M. Ferry, a mis les facultés de théologie hors la loi, quoiqu'elles aient officiellement la préséance sur toutes les autres, malgré une contradiction évidente avec le principe qui donne un représentant à toutes les facultés, et malgré un amendement défendu par M. Beaussire avec autant de savoir que de force et d'habileté. C'est par des raisons qui nous ont paru meilleures et dont elle aurait bien pu faire une application plus étendue, qu'elle a retranché le député de l'École des hautes études et celui de l'École des langues orientales. On pouvait, je crois, retrancher aussi sans nul inconvénient l'École des chartes et l'Institut agronomique, qui n'ont qu'un bien médiocre rapport avec le gouvernement de l'instruction publique.

Nous aurions demandé un représentant des beaux-arts, à la place de la commission, à l'Académie et non à l'École des beaux-arts.

La question de savoir s'il convenait d'admettre des membres de l'Institut dans le nouveau Conseil, comme dans celui de 1873, a été agitée dans le sein de la commission, à ce que nous apprend le rapport ; mais, comme on devait bien s'y attendre de la part de ses membres, elle a été négativement résolue. Personne même dans la Chambre n'a défendu leur cause [1]. Si dans la commission on n'a pas osé prétendre, comme M. Ferry, qu'ils fussent incompétents, tous ont été d'accord à déclarer qu'il n'y avait point de place pour eux. Ils peuvent encore y entrer, mais ce ne sera que par quelque voie détournée, par le Collège de France ou par l'École normale ; le titre de membre de l'Institut ne sera pas un cas d'exclusion. Il y a

---

[1] Elle devait être plus heureuse au Sénat.

tant de gens qui pensent mal, ou qui pensent librement dans les cinq classes de cet Institut de France, qu'on ne saurait trop s'en défier.

Si les membres de la commission n'ont pas trouvé de place pour l'Institut dans ce Conseil de cinquente membres, ils en ont trouvé pour les professeurs des collèges communaux et pour eux-mêmes, c'est-à-dire pour les députés et aussi pour les sénateurs, auxquels il fallait bien faire une part égale. L'introduction dans le Conseil supérieur des professeurs des collèges communaux, des députés, et des sénateurs : voilà deux changements considérables au projet de M. Ferry.

C'est M. Millaud qui s'est fait le patron, à la Chambre, des professeurs des collèges communaux, qui, je crois, avaient eu le bon esprit de ne rien réclamer. Il a gagné leur cause, malgré l'opposition du ministre. Rendons cette justice à M. Ferry, qu'il a eu quelques sages paroles contre un collègue dont tout le tort était de vouloir aller plus avant dans les voies que lui-même il avait ouvertes. Comment, a-t-il dit, organiser en un corps électoral ces professeurs répartis par groupes de deux, de trois, de quatre au plus, entre 252 collèges? Si la difficulté est grande pour les professeurs des lycées, combien plus ne l'est-elle pas pour les professeurs des collèges communaux ? Quelque dignes d'intérêt qu'ils soient, il n'est pas besoin qu'ils aient des représentants spéciaux dans le Conseil pour les défendre. « Il s'agit, a bien dit le ministre, d'un conseil de l'instruction publique, et non pas de constituer des états généraux de professeurs de divers grades qui viendront exposer leurs doléances, dire pourquoi leurs traitements sont insuffisants et comment on peut les augmenter. » Mais c'est vainement qu'il a demandé que la Chambre maintînt le cens électoral de l'enseignement secondaire au taux de l'agrégation, à ce qu'il a osé appeler, il faut lui en savoir gré, l'aristocratie du grade, sans l'abaisser jusqu'au grade inférieur de la licence. « Si vous voulez, dit-il, exagérer le bon côté du projet, vous risquez de compromettre le progrès qu'il réalise, de le noyer dans cet océan de professeurs qu'on a dénombrés. » Enfin il conseille aux professeurs des collèges communaux, qu'il porte, a-t-il dit, dans son cœur, comme nous le leur conseillons aussi, de rester chez eux et de préparer l'agrégation d'où dépend leur avenir, au lieu de briguer la place autrefois réservée à des Cousin, à des Villemain, à des Cuvier ou des Thénard. Néanmoins, et quoique en cette circonstance il eut mille fois raison, M. Ferry a été battu : il y aura, malgré lui, dans le conseil deux délégués de collèges communaux nommés au scrutin de liste par tous ceux de leurs collègues qui sont licenciés. Le progrès, comme il l'a dit, sera noyé dans cet océan de professeurs.

Messieurs les régents des collèges communaux auront donc leur représentation spéciale au sein du Conseil. Mais voyez un peu la bizarrerie et l'inconséquence de nos inexpérimentés législateurs ; les chargés de cours n'en auront point. Cependant les chargés de cours qui sont bien plus nombreux que les agrégés qui professent dans des lycées et non dans des collèges, sont au-dessus des professeurs de collèges. Ce sont les meilleurs d'entre les licenciés, les meilleurs d'entre les régents, qui en récompense de leur mérite ont obtenu d'occuper, à défaut d'agrégés, une chaire dans un lycée. Tel lycée n'a pas un seul agrégé et n'aura pas un seul électeur. Parmi les chargés de cours il en est qui occupent les chaires les plus hautes, de rhétorique, de philosophie, de mathématiques. Pourquoi donc ne seraient-ils pas eux aussi des électeurs puisqu'ils sont licenciés ? Certes ils ont bien le droit de réclamer et d'être jaloux. Licencié dans un collège, on est électeur; licencié dans un lycée, on ne l'est pas[1].

Je m'étonne que quelque collègue de M. Millaud, renchérissant sur lui et enhardi par son succès, n'ait pas au moins immédiatement proposé d'ajouter deux délégués des maîtres répétiteurs nommés au scrutin de liste par tous les bacheliers de l'Université. Il faut en venir là quand on n'admet pas qu'un haut fonctionnaire, qu'un inspecteur général, qu'un recteur, qu'un doyen peut représenter et défendre l'instruction secondaire ou l'instruction primaire. Il faut prendre des représentants dans tous les rangs, jusqu'aux derniers, quand on n'admet pas que celui qui a passé par tous les degrés, depuis les rangs les plus humbles jusqu'aux plus élevés, auxquels il n'est parvenu qu'à force de services, de grades et de titres, est plus apte à juger des hommes et des choses que le professeur qui n'a jamais rien vu hors de sa classe, hors des murs de son lycée ou de son collège. Mais telle est la composition du Conseil, telles sont ses diverses catégories, que les sommités de l'Université elle-même n'y feront pas moins défaut que celles de la magistrature ou du clergé. On y verra les simples professeurs, les régents, les inspecteurs primaires en plus grand nombre que les inspecteurs généraux de tout or-

---

[1] Il y a à peu près dans les lycées 1400 professeurs ou fonctionnaires non agrégés, traités en parias, comme dit M. Jourdain, par la Chambre des députés; il y a dans les collèges 500 licenciés qui auront le droit de vote.

dre, que les recteurs ou les doyens, même de Paris.

Quant aux sénateurs et aux députés, la commission et la Chambre n'ont pu les introduire dans le Conseil sans donner le plus complet démenti au principe même sur lequel elles se sont appuyées, ainsi que le ministre, pour motiver leurs plus scandaleuses exclusions. « La commission, nous dit le rapporteur, a applaudi à l'article premier du projet de loi, faisant cette déclaration si juste et qui devrait être naïve à force d'être vraie, à savoir que le Conseil supérieur de l'enseignement se compose de personnes appartenant à l'enseignement... » Ailleurs encore, pour justifier l'exclusion des membres de l'Institut, des magistrats et des évêques, M. Chalamet nous dit : « Prendre un fonctionnaire civil pour en faire un colonel, ce serait détruire dans l'armée la hiérarchie. C'est ce qu'on fait dans l'Université. »

Que fait donc la commission et la Chambre d'accord avec elle, quand elle ouvre les portes du Conseil à deux députés et à deux sénateurs ? Est-elle bien sûre que ces élus du Parlement seront toujours des membres de l'enseignement, que ce sera, par exemple, M. Chalamet, ou M. Duvaux, ou M. Barodet, et non pas quelque avocat, quelque financier, quelque agriculteur ou quelque ancien colonel ? Que devient donc le grand argument de la compétence, de l'expérience technique, auquel tout à l'heure elle applaudissait si chaleureusement, et que M. Ferry n'a pas osé défendre à la tribune, de peur, sans doute, de déplaire à ses collègues ? Pour atténuer cette contradiction, le rapporteur ne fait que balbutier les plus misérables raisons. « Ils parleront, dit-il, entre autres choses, au nom des pères de famille. » N'y a-t-il donc que messieurs les députés et les sénateurs qui puissent parler au nom des pères de famille dans le Conseil de l'instruction publique? Les magistrats, pour n'en pas citer d'autres, ne peuvent-ils donc pas parler aussi en leur nom ?

On trouve une inconséquence du même genre dans les dispositions relatives aux conseils académiques dont l'organisation nouvelle est tout entière à l'image de celle du Conseil supérieur. Là aussi on a exclu, toujours sous prétexte d'incompétence, les chefs de l'administration, de la magistrature et du clergé, avec lesquels ne se rencontraient pas sans avantage pour les intérêts de l'instruction publique, pour l'échange des lumières, pour de bons et utiles rapports, les membres de l'Université, les doyens et les inspecteurs de l'académie. Des liens se formaient de mutuelle bienveillance et d'estime; de part et d'autre plus d'un préjugé s'effaçait : tel en sortait favorable à l'Université qui y était entré prévenu contre elle. Je ne parle pas des principaux et des professeurs de collèges communaux qu'on va mettre à leur place ; on me dirait sans doute qu'ils ont en leur faveur, sinon le prestige, au moins la spécialité et la compétence [1]. Mais que dire de ces deux membres des conseils généraux et des conseils municipaux qui doivent être nommés par le

---

[1] Leur présence dans le Conseil académique est un grave inconvénient pour la liberté de critique, d'éloge et de blâme. L'intérêt principal des sessions du Conseil était l'examen de leur gestion et de leur enseignement. Comment faire aujourd'hui devant eux un pareil examen? Il faudra changer la nature des affaires et des questions sur lesquelles ces conseils auront à délibérer ou bien ôter tout intérêt à leurs sessions. Il est vrai que M. Ferry leur réservait une autre besogne, comme on l'a déjà vu à Toulouse, celle de lui servir d'auxiliaires dans son œuvre de persécution et de violence.

ministre pour en faire partie? Qui m'assure que ce ne sera pas, pour citer encore M. Chalamet, comme si on prenait un fonctionnaire civil pour en faire un colonel? Espérons que le ministre veillera à ne pas y introduire par cette porte ouverte des gens incompétents en fait de pédagogie. Cependant, si par hasard il n'y avait pas de professeurs dans les conseils généraux ou municipaux de tel ou tel ressort académique, comment fera-t-il pour ne pas se démentir encore ici lui-même, pour ne pas aller contre ses grands arguments de la spécialité et de la compétence, de l'expérience technique?

En voilà assez pour montrer que, malgré quelques modifications, le projet voté par la Chambre ne vaut pas mieux, s'il n'est pire, que le projet présenté par M. Ferry et qu'il laisse subsister, quelques-unes même avec plus de force, toutes les critiques que nous avions déjà faites du projet ministériel. Si l'Université tient à des garanties sérieuses, semblables à celles dont elle a joui autrefois sous l'ancien Conseil royal, elle n'a plus d'espoir, comme aussi les défenseurs de la liberté d'enseignement, que dans la sagesse du Sénat.

CHAPITRE VI

Projet de loi sur la liberté de l'enseignement supérieur. — Style et rédaction. — Hypocrisie du titre. — Incohérence des matières. — Collation des grades, suppression des jurys mixtes. — Y avait-il lieu à une revendication des droits de l'État ? — Prépondérance qu'il s'était réservée dans la constitution des jurys mixtes. — Petit nombre d'examens devant ces jurys. — Nul péril en la demeure. — Inconvénient d'une loi changée du jour au lendemain. — Des facultés libres. — Moyens détournés et perfides pour les détruire. — Perte de leurs inscriptions et de leur nom. — Gratuité des inscriptions. — Plus de scolarité ni dans les facultés libres ni dans celles de l'État. — Toute liberté donnée à des conférences ou cours isolés [1].

Nous passons à l'examen du projet de loi sur la liberté de l'enseignement supérieur voté, comme le précédent, à une grande majorité, sur le rapport de M. Spuller, par la Chambre des députés, malgré les efforts des défenseurs de la liberté d'enseignement. Comme les modifications que la Chambre, animée du même esprit que le ministre, y a introduites, se réduisent à quelques changements dans la rédaction, à la substitution fort insignifiante de la dénomination d'établissements privés à celle d'établissements libres, nous n'aurons pas à nous en occuper d'une manière spéciale.

Quelle que soit la petite camarilla, car il est certain que ce n'est aucun conseil digne de ce nom, au sein de laquelle s'improvisent et se fabriquent les projets de loi et les exposés de motifs de M. Ferry, qu'elle se compose de républicains de la veille ou bien du jour, nous

---

[1] Extrait de la *Revue de France* du 15 mai 1879.

leur voudrions plus de sagesse et d'expérience, en de si importantes et si délicates matières, et surtout moins d'empressement à se faire applaudir par des journaux et des députés du radicalisme le plus pur. A défaut de conseillers plus expérimentés et plus sages, le ministre ne pourrait-il au moins s'enquérir de quelque rédacteur plus habile à formuler et à disposer les articles d'une loi, et capable d'en exposer les motifs en un meilleur langage, plus digne de l'Université, des Chambres et du pays? Les négligences de rédaction, l'absence de méthode nous ont paru encore plus sensibles dans ce second projet que dans le premier; si bien que le rapport de M. Spuller, si rempli d'erreurs, a pu paraître à la presse radicale un chef-d'œuvre en comparaison, pour la pensée comme pour le style ; nous en donnerons amplement la preuve par quelques citations que nous serons obligés de faire.

S'il nous a été facile de démontrer combien étaient trompeuses et mensongères les garanties que le nouveau Conseil donnerait à l'Université, il nous sera plus facile encore de faire voir que l'autre projet est à la fois la ruine de la liberté, non seulement de l'enseignement supérieur, mais de l'enseignement secondaire. En l'intitulant, nous ne savons pourquoi : Projet relatif à la liberté de l'enseignement supérieur, M. Ferry n'a pu raisonnablement espérer donner le change à personne. Le piège en vérité est trop grossier. Ce titre est deux fois menteur, non pas seulement à cause du mot de liberté, mais parce que la loi a pour objet, non pas tant l'enseignement supérieur que l'enseignement secondaire auquel elle touche si profondément, comme par surprise. Il eût été plus net et plus franc, à ce qu'il semble, d'appeler les choses par leur nom, de ne pas employer le mot de liberté pour signifier la suppression de la liberté, ni celui d'enseignement supérieur lorsqu'il s'agit de l'enseignement secondaire. Avec un peu plus de scrupule en fait de méthode, M. Ferry eût fait trois lois au lieu de deux, ce qui lui aurait valu un titre de plus aux yeux de ceux qui admirent son activité féconde et son heureuse initiative.

Mais, sans insister plus longtemps sur les vices de forme, quelque choquants qu'ils soient, allons au fond même des choses. Ce que le projet de loi supprime en premier lieu, c'est la participation des facultés libres à la collation des grades. J'avoue que je n'ai jamais eu de penchant pour la collation des grades par d'autres jurys que des jurys d'État, même en un temps où les jurys mixtes n'excitaient pas, parmi les libéraux les plus ardents, la même répulsion qu'aujourd'hui. On se rappelle que la grande commission instituée, à la fin de l'Empire, pour résoudre la question, et composée de personnages qui, après s'être tenus à l'écart pendant toute la durée du règne, s'étaient plus ou moins ralliés à l'Empire libéral [1], avait conclu à un partage de la collation des grades entre l'État et les facultés libres. Mais, pour en revenir au temps présent, cet abandon une fois fait, en vertu d'une loi récente, sur la foi de laquelle les universités libres se sont organisées à grands frais, nous aurions eu peut-être quelques scrupules à l'abolir, sans nulle transition ou ménagement,

---

[1] Cette commission, dont faisaient partie MM. Guizot, de Rémusat, Saint-Marc Girardin, Valette, Prévost-Paradol, Bersot, etc., avait abouti, après bien des débats, à un projet autrement dangereux, à notre avis, que celui des jurys mixtes. Elle avait imaginé de faire deux jurys, en face l'un de l'autre et indépendants, l'un jury de l'État, l'autre jury libre, entre lesquels les candidats auraient pu choisir.

sans nulle indemnité, par une autre loi, comme l'a déjà vainement tenté M. Waddington, au bout d'une seule année, comme M. Ferry va le faire, sans doute avec plus de succès, grâce aux nouveaux sénateurs. NN. SS. les évêques sont sévèrement et justement punis d'avoir eu quelque confiance dans la stabilité des institutions et des lois de la République.

La revendication des droits de l'État, voilà le grand mot de M. Ferry et de M. Spuller, voilà le principal argument invoqué dans la discussion de la Chambre des députés. Ce mot est-il donc ici tout à fait à sa place? On dirait, à le prendre à la lettre, qu'il s'agit de reconquérir des droits qui ont été ravis à l'État malgré lui, de reprendre ce dont il a été dépouillé par la violence ou par la ruse. Oublie-t-on donc que c'est l'État lui-même, que c'est le Gouvernement républicain qui, d'accord avec la Chambre, en avait fait l'abandon? C'est seulement sous cette réserve qu'il faut accepter le terme impropre de revendication des droits de l'État. La vérité est qu'il plaît à la majorité aujourd'hui de reprendre ce qu'il lui a plu hier de concéder ou de se laisser prendre. Comment, après un pareil changement, du jour au lendemain, quelqu'un, désormais, aurait-il foi dans l'avenir? Comment oser édifier quoi que ce soit sur la durée des lois et des engagements de la république?

Y avait-il d'ailleurs quelque urgence à détruire si vite les jurys mixtes à peine institués? La question même de la collation des grades, avec les restrictions et les garanties dont elle est environnée par la loi de 1875, avec les limites dans lesquelles elle est circonscrite, méritait-elle qu'on en fît un si grand bruit? Je me rappelle bien que quelques universitaires zélés, mais un peu trop prompts à s'alarmer, ont jeté les hauts cris, et prédit la ruine de l'Université avec d'épouvantables malheurs, à propos de la loi de M. Wallon. Mais, en dépit de leurs prophéties sinistres, nulle grande calamité n'est survenue, que je sache, au moins de ce côté ; l'Université est encore debout, sans avoir éprouvé aucun sensible préjudice. L'expérience, d'ailleurs, au bout de si peu de temps, n'est pas encore faite ; ce n'est pas moi qui le dis, mais M. Ferry lui-même dont je cite les propres paroles : « L'institution est trop récente pour que ses inconvénients aient jusqu'à ce jour frappé l'opinion, mais nous ne sommes encore qu'au début, et les difficultés qui se sont produites sont assez sérieuses pour que les pouvoirs publics se tiennent pour avertis. »

Quelles sont ces difficultés sérieuses qui déjà se seraient produites? Quels sont ces inconvénients dont l'opinion publique n'a pas encore eu le temps d'être frappée? M. Ferry ne juge pas à propos de nous les apprendre.

Quant à nous, nous avons cherché, et nous ne les avons pas trouvés. Cela tient sans doute à ce que ces inconvénients, comme M. Ferry l'avoue, sont encore à l'état latent. Sans doute, en homme d'État qu'il est, il sait les voir à l'avance et il veut, dès le début, couper le mal dans sa racine. Avant tout, il conviendrait de ne pas exagérer l'importance de la part faite aux facultés libres dans la participation à la collation des grades. Ce qu'il y aurait eu de plus grave, c'est l'abandon, non pas de la licence ou du doctorat, mais du baccalauréat, qui est le grade le moins élevé, il est vrai, mais celui qui ouvre la porte de toutes les carrières et auquel prétend quiconque a fait des études classiques. Les évêques, les facultés libres n'ont pas élevé leurs prétentions jusqu'à une part quelconque dans la collation du baccalauréat, que d'ailleurs on ne leur eût probablement pas concédée. Ce sont donc les facultés de l'État qui seules et sans partage confèrent ce premier grade par où tous doivent passer pour arriver aux grades plus élevés.

Il n'y a de jurys mixtes que pour la licence et le doctorat dans les divers ordres du droit, de la médecine, des sciences et des lettres. Ajoutons que ces jurys n'ont encore rendu qu'un bien petit nombre de verdicts. Je ne crois pas qu'ils aient encore reçu, si ce n'est peut-être tout récemment, un docteur en médecine et même un licencié ès sciences. L'enfantement n'est pas, à ce qu'il paraît, sans de grandes difficultés. C'est seulement à Paris et une seule fois, du moins à ma connaissance, qu'un jury mixte a examiné des candidats à la licence ès lettres. La Faculté libre tenait beaucoup à ce qu'une session de licence eut lieu par-devant un jury mixte, ne fût-ce que pour constater son droit. Deux candidats seulement, élèves de l'école des Carmes, se sont présentés ; encore ce n'a pas été sans peine, ni même, nous assure-t-on, sans l'intervention d'une autorité supérieure, qu'on est parvenu à vaincre leurs répugnances pour ce tribunal de nouvelle espèce. Les élèves des Carmes, les ecclésiastiques en général, aiment encore mieux que le jury mixte, le jury d'État et la Sorbonne où ils ont toujours rencontré des juges impartiaux et bienveillants, autant que compétents, dont ils sont les premiers à se louer. Sur ces deux candidats, un seul a été admis qui le méritait bien, au jugement des uns et des autres. Ce n'est pas sans doute encore là qu'est le grand danger, ni pour les études, ni pour le pays.

S'il est quelque part, il ne pourrait être, jusqu'à présent du moins, que dans les examens de droit plus nombreux qui déjà ont eu lieu à Paris et dans trois ou quatre villes de province. Toutefois le nombre des diplômes de licenciés délivrés depuis 1876, par tous les jurys spéciaux de la France, s'élève à peine à cinquante. Il est vrai que ce nombre doit augmenter à mesure que les diverses générations d'étudiants achèveront leurs trois années d'études[1]. Mais pour calmer de trop grandes alarmes, il faut encore rappeler ici quelles sont les garanties auxquelles l'État n'a pas renoncé en abandonnant une partie de ses droits aux

[1] Voici, d'après nos renseignements, une statistique de ces examens à Paris et dans quelques Universités de province :

Les jurys spéciaux n'ont commencé à fonctionner à Paris qu'en juillet et août 1876, et à la même époque à Douai et à Lille, à Lyon en 1877, à Angers en 1878.

Depuis 1876 jusqu'au mois de janvier 1879, 27 licenciés ont été reçus à Paris par le jury spécial ou mixte. Il faut ajouter que, pendant le même temps, 7 élèves de l'Université libre ont mieux aimé se présenter devant la Faculté de l'État. D'après le nombre d'examens de baccalauréat subis l'année dernière, on peut prévoir que le nombre des licenciés de l'Université libre de Paris s'élèvera de 40 à 50, chiffre qui parait devoir être à peu près dorénavant le chiffre normal. L'Université libre d'Angers, pendant l'année 1877-1878, a donné 5 licenciés, dont trois par devant le jury spécial et 2 devant la Faculté de l'État de Paris, sans compter ceux qui ont pu se présenter devant les Facultés de l'État de Rennes ou de Poitiers. La Faculté libre de Lyon n'use guère du droit que lui accorde la loi. De 1876 à 1878, la plupart de ses élèves se sont présentés, non devant le jury spécial, mais devant le jury de l'État, à Lyon même et surtout à Grenoble. C'est à Grenoble que vont maintenant se présenter tous ceux qui reculent, et ils sont nombreux, devant le jury spécial. Ce n'est donc pas à ce jury qu'il faudrait attribuer surtout l'affaiblissement des études juridiques. Les renseignements nous manquent sur les facultés libres des autres départements. De la statistique de 1878, il résulte qu'un grand nombre d'élèves des facultés libres continuent à se présenter, et avec succès, devant les jurys d'État et non devant les jurys mixtes. C'est ainsi qu'aujourd'hui les choses continuent à se passer.

facultés libres. Il n'est nullement exact de dire qu'il ait abdiqué ni qu'il ait renoncé au contrôle qui lui appartient ; s'il a abdiqué, ce n'est que partiellement. Les jurys mixtes seraient même plus exactement dénommés des jurys d'État spéciaux à cause de la part prépondérante que l'État s'y réserve. Dans un jury ordinairement composé de quatre membres, s'il y a deux juges de la faculté libre, il y a deux juges de l'État ; d'ailleurs le président devant être choisi parmi ces deux derniers, et ayant voix prépondérante en cas de partage, c'est toujours en définitive à l'État qu'appartient le dernier mot de l'examen [1]. N'oublions pas que les deux juges de la faculté libre sont au choix du ministre.

Je veux bien que les juges des facultés libres, qui sont en général des avocats, métamorphosés de la veille en professeurs de droit et en examinateurs, ne sachent pas tous bien interroger, ou qu'ils inclinent à une trop grande indulgence en faveur de leurs élèves ; on peut néanmoins se rassurer quelque peu en songeant qu'ils ne sont pas les maîtres de l'examen. Il dépend toujours de leurs deux collègues de la faculté de l'État, pourvu qu'ils le veuillent fermement, de les tenir en échec et de faire pencher la balance de leur côté. Tout d'ailleurs, jusqu'à présent, au moins à Paris, sinon partout en province [2], s'est passé de la façon la plus courtoise entre les examinateurs des deux camps et avec une condescendance convenable des plus nou-

---

[1] Quand il y a cinq membres, trois doivent être des professeurs de l'État.

[2] Il y a un règlement de M. Brunet relatif à quelques difficultés de préséance survenues dans un ou deux jurys mixtes des départements. Sont-ce là les difficultés sérieuses signalées par M. Ferry ?

veaux pour les plus anciens et les plus autorisés. Il n'y a eu là ni tiraillements au sujet des préséances, ni démarches occultes pour faire exclure tel ou tel professeur de l'État réputé plus sévère qu'un autre.

Le jugement le plus juste sur les jurys spéciaux nous semble celui d'un professeur de l'Université catholique dont nous citons les paroles : Il est certain qu'ils ne peuvent marcher que par le bon vouloir des professeurs de l'État, et si ce bon vouloir existe, il n'y a pas de raison pour ne pas les accepter comme juges exclusifs.

J'insiste sur cette organisation et sur ces détails, non pas tant, je le répète, pour approuver la loi telle qu'elle est, que pour montrer, d'abord que l'expérience n'est pas faite, puis que la question n'a pas toute l'importance qu'on lui attribue de part et d'autre. Concluons que, s'il y a quelque péril en la demeure, le péril n'est pas grand, moins grand sans nul doute que l'inconvénient de changer les lois du jour au lendemain. Quoi que dise M. Ferry, il y a dans l'État de plus grands dangers à redouter que celui-là. Si cependant le ministre s'en fût tenu là, il est probable, d'après tout ce qui précède, que les évêques se seraient, sans trop de peine, résignés à ce sacrifice.

Mais, non content d'enlever aux facultés libres la participation à la collation des grades, sans laquelle à la rigueur elles auraient pu continuer de vivre, il leur retranche tout moyen d'existence par une série de mesures, non moins efficaces, mais moins franches, qu'une abolition pure et simple. Pour dire librement notre avis sur les uns comme sur les autres, nous croyons que le clergé, dans son propre intérêt, eût peut-être sagement fait de ne pas entreprendre, malgré son droit, de se faire sa place dans l'enseignement

5.

supérieur, et de se contenter de la part bien autrement importante qu'il avait déjà dans l'enseignement primaire et dans l'enseignement secondaire. Quel si grand intérêt avait-il à créer des facultés de droit en face des facultés de l'État? Les professeurs de droit lui faisaient-ils la guerre? Quelle était l'urgence d'opposer un enseignement à leur enseignement? Je dirai la même chose des facultés des lettres et des sciences, d'autant que nul, pour aucun grade, n'est tenu d'en suivre les cours. Le seul ordre de facultés qu'il eût vraiment quelque intérêt à organiser à côté de celles de l'État, ce sont les facultés de médecine. Mais il est plus difficile de faire une faculté de médecine qu'une faculté de droit, de lettres ou de sciences; jusqu'à présent tous ses sacrifices et ses efforts n'ont abouti qu'à la création de la faculté de médecine de Lille.

C'est le désir d'user jusqu'au bout de la liberté d'enseignement qui lui était acquise et d'avoir des juges à lui dans les examens, qui a poussé le clergé dans cette entreprise un peu téméraire. Les élèves des maisons religieuses avaient-ils sérieusement à se plaindre de la partialité des jurys de l'État? La répugnance des élèves de l'école des Carmes pour les jurys mixtes, le nombre des élèves des facultés libres de droit qui se présentent devant les facultés de l'État, sont la preuve du contraire. D'ailleurs, à quoi les évêques ont-ils abouti avec les universités catholiques ou libres? Il ne suffit pas de fonder des chaires de haut enseignement, il faut avoir des professeurs capables de les occuper et de rivaliser avec les professeurs de l'État. Une pareille lutte n'était guère possible, surtout à Paris. Quelques professeurs à la retraite, quelques rares transfuges de l'Université, les uns pour des motifs d'intérêt ou de mécontentement, les autres pour des motifs plus respectables, par conscience et par dévouement, des universitaires en un mot, voilà quelles ont été les meilleures recrues des chaires des facultés libres. Mais si les facultés libres ont en général manqué, faute de professeurs, d'éclat et de relief, si elles n'ont pas eu de grands succès, n'ont-elles pas contribué à susciter de nouvelles défiances, à accroître d'anciennes haines? Ne sont-elles pas pour quelque chose dans la tempête actuelle, c'est-à-dire dans l'article 7 et la proscription dont les congrégations religieuses ont été frappées[1].

Achevons d'énumérer les moyens détournés employés par M. Ferry pour ruiner totalement, sans cependant avoir l'air de les proscrire, les universités libres. Laissons-le d'abord parler lui-même, ne serait-ce que pour justifier ce que nous avons dit, en commençant, de son style ou de celui des rédacteurs actuels des projets de loi du ministère de l'instruction publique: « Si l'on tentait, dit-il dans l'exposé des motifs, d'opposer à la revendication des droits de l'État la théorie des droits acquis, il suffirait de répondre que si les établissements libres ont besoin pour vivre de faire monnaie des droits de l'État, l'urgence n'en est que plus certaine de faire rentrer l'État dans son domaine, et, tout en laissant la liberté, de retirer le privilège qui a la vertu d'une subvention. » Qu'est-ce à dire? Les droits acquis ne le sont-ils pas en vertu d'une loi toute récente émanée de la République elle-même, et non des lois de la vieille monarchie de Louis XV ou de Charles X, ou même de Philippe le Bel, pour lesquelles M. Ferry, nous le verrons, semble

---

[1] La faculté libre des lettres de Paris vient de cesser d'exister.

avoir beaucoup plus de respect? Est-il exact de dire qu'il y a un privilège là où il y a une loi, même quand ce privilège a la vertu d'une subvention, pour parler comme M. Ferry?

Passons de là aux articles 2 et 3 de la loi, dans lesquels se voit clairement toute sa pensée. D'après l'article 2, « les élèves des établissements publics et *libres* d'enseignement supérieur sont soumis aux mêmes règles d'études, notamment en ce qui concerne les conditions d'âge, de grades, d'inscriptions, etc. » C'est tout dire, à ce qu'il semble, et à moins d'avoir un goût bien prononcé pour les répétitions, on ne comprend pas ce qu'ajoute l'article suivant, en vertu duquel les élèves des établissements libres d'enseignement supérieur sont tenus de prendre leurs inscriptions, aux dates fixées par les règlements, dans les facultés de l'État.

Toutefois, M. Ferry déclare libéralement qu'il n'a nullement l'intention de taxer les étudiants des facultés libres; ils sont obligés de prendre leurs inscriptions dans les facultés de l'État, mais ils n'auront rien à payer : « Les inscriptions, dit le projet de loi, seront gratuites pour les élèves de l'État et pour les élèves libres. » En serions-nous déjà à la gratuité de l'enseignement supérieur réclamée par certains candidats ou membres du conseil municipal de Paris? Qui payera cette générosité, et faudra-t-il combler le déficit, ajouté par cette nouvelle gratuité à la gratuité déjà bien lourde de l'enseignement primaire, par quelque nouvelle élévation des droits d'octroi, par quelques nouveaux impôts sur le pain, le vin ou la viande? Ce n'est pas, à ce qu'il paraît, la pensée de M. Ferry. La gratuité des inscriptions sera compensée, largement sans doute, par l'élévation du tarif des examens. Il n'y a donc pas à s'inquiéter de l'État, qui saura s'arranger de manière à ne rien perdre ; mais où sera la compensation pour les facultés libres qui n'auront plus aucune part dans les examens ?

Si le ministre ne veut pas taxer les étudiants des facultés libres, il ne veut pas non plus leur imposer, il est encore trop libéral pour cela, l'assiduité dans les écoles de l'État. Croirait-on que, sans s'apercevoir de la contradiction, il déclare en même temps que les inscriptions sont une garantie nécessaire, indispensable de scolarité ? « Elles attestent la durée et la persistance des études ; elles écartent des examens les étudiants de passage, les cerveaux bourrés de connaissances hâtives, qui sont le fléau des examens. » C'est bien penser, sinon bien parler. Mais quelle mesure prend-il pour atteindre un but si désirable ? Il détruit complètement la scolarité au moment même où il en fait un si grand éloge. Les étudiants libres et ceux de l'État, par une inévitable conséquence, n'auront plus désormais à fournir aucune preuve d'assiduité à des cours quelconques, ni d'un côté ni d'un autre, comme les candidats au baccalauréat n'ont à fournir aucun certificat d'études. Les inscriptions ne représentent plus, même d'une manière fictive, l'assiduité à des cours, pas plus à une faculté qu'à une autre. Pourquoi ne pas dire, cela éviterait des voyages inutiles, que chacun pourra les prendre dans sa mairie ?

Hélas ! nous ne serons donc pas encore débarrassés, tant s'en faut, « de ces cerveaux bourrés de connaissances hâtives », que nous n'aimons pas mieux que M. Ferry, mais que nous n'aurions garde d'encourager et d'autoriser comme lui. N'oublions pas d'ajouter qu'il supprime le nom même de facultés ou d'universités libres, que leur accordait la loi de 1875, pour ne leur laisser que celui d'écoles libres[1]. Ainsi, il les dépouille, non seulement de toute part aux examens, mais de leur nom, de leurs inscriptions et de leurs recettes ; d'ailleurs, il les laisse parfaitement libres de continuer à vivre, ce qui lui permet de dire, comme à M. Spuller, que le principe de la liberté d'enseignement est intact. Il eût été plus simple et plus franc de se borner à déclarer que la loi de 1875 était abolie.

Si M. Ferry n'est pas libéral, comme on vient de le voir, envers les groupes de cours dont l'ensemble forme une faculté ou une école libre, il l'est davantage à l'égard des cours isolés que chacun, sans grand attirail, sans frais, peut s'aviser d'instituer tout seul, en un lieu et sur un sujet quelconque. C'est là même que tout son faux libéralisme se montre. La loi de 1875, par une sage prévoyance, à ce qu'il nous semble, avait voulu assujettir aux lois sur les réunions publiques les cours isolés dont la publicité, disait-elle, ne sera pas restreinte aux auditeurs régulièrement inscrits. Cette exigence d'auditeurs réguliers et inscrits paraît excessive à M. Ferry ; il veut bien que ces cours restent fermés aux passants, mais il leur accorde de n'avoir que des auditeurs bénévoles, sans être, pour cela, soumis à la loi des réunions publiques. Je voudrais bien savoir quelle est la différence spécifique entre un auditeur bénévole et un passant. N'est-ce pas un auditeur des plus bénévoles que ce passant qui entre, attiré par la curiosité ou par le seul bruit de la parole de l'orateur, et qui s'assied quelques instants pour écouter ? Entre l'un et l'autre, on doit en convenir, la nuance est assez

---

[1] Le Sénat leur a laissé celui de faculté.

délicate. M. Ferry nous dit bien qu'il ne faut pas que le premier venu, sous prétexte d'enseignement, ait le droit de prendre publiquement la parole sur un sujet quelconque; il voudrait même, ce qui n'est pas moins louable de sa part, séparer le domaine de l'enseignement de celui de la politique. Mais comment prévenir cette dangereuse intrusion de la politique en supprimant les anciennes garanties ? Au lieu de conférences, tel ou tel orateur, échappé des clubs, fera de prétendus cours de deux ou trois leçons pour s'affranchir de toute autorisation et de toute surveillance. On y parlera sur n'importe quoi, sur le divorce, sur l'amnistie plénière, sur la nécessité d'épurer encore davantage les fonctions publiques, sur l'élection de tel ou tel arrivant de Nouméa, sur une religion nouvelle ou contre l'ancienne, sur la réforme sociale, etc. Qu'importe ? La liberté avant tout. C'est M. Ferry lui-même qui tient ce langage et qui enfle ici la voix pour nous rappeler tous aux grands principes de la tolérance et de la liberté, si nous avions le malheur de les oublier. Il nous étonne encore davantage, s'il est possible, quand il ajoute : « L'intérêt public commande de susciter les initiatives individuelles, de laisser à toutes les intelligences une place au soleil. Prévoir des garanties est pour nous le devoir strict, surtout en matière d'enseignement; mais, si nous voulons sincèrement la liberté, gardons-nous de multiplier des obstacles sur son chemin. »

Certes, voilà de bien nobles sentiments. Comment ne pas louer un ministre qui veut si ardemment les initiatives individuelles, qui semble aimer la liberté d'un si grand amour, qui se montre si attentif à ne pas multiplier les obstacles sur son chemin, et qui veut que chacun ait sa place au soleil ? Le désenchantement est prompt. Cette profession de foi si libérale sert en effet de préface à l'article 7, odieux, non pas seulement au clergé, mais à tous les amis de la liberté. Quel est le but de cet article déjà fameux, sinon d'enlever leur place au soleil, pour reprendre les expressions du ministre, à toutes les congrégations religieuses enseignantes non autorisées, comme si tous, jésuites ou non, n'avaient pas, au même titre, le droit d'enseigner, depuis que la liberté d'enseignement est devenue un des grands principes de nos constitutions ?

CHAPITRE VII

L'article 7. — Persécutions et orages dont il est gros. — Les vieilles lois de la monarchie invoquées contre la liberté décrétée par la Constitution de 1848. — Profonde atteinte à la liberté de conscience, la première de toutes, et aux droits du père de famille. — Ce que vaut l'argument des deux Frances ? — Faudra-t-il tous penser comme M. Ferry afin qu'il n'y ait qu'une France ? — Idéal de despotisme. — Combien la liberté de la presse fait plus de Frances diverses que la liberté de l'enseignement. — Rien ne vaut plus pour la concorde et l'unité que la tolérance. — Ni l'unité nationale, ni l'amour de la patrie ne sont en péril. — Belle conduite du clergé et des élèves des établissements congréganistes pendant la guerre. — Les frères de la doctrine chrétienne chassés de l'Alsace par M. de Bismarck.

Après avoir vu ce que devient avec M. Ferry la liberté de l'enseignement supérieur, nous allons voir ce que devient celle de l'enseignement secondaire qui se rencontre ici, on ne sait comment, à propos de la collation des grades et des facultés libres. Comment dans une loi sur l'enseignement supérieur se trouve-t-il un article qui ferme les établissements libres d'instruction secondaire, du moins les plus considérables, presque tous dirigés par des congrégations religieuses non autorisées? L'article n'a que trois lignes, mais il est bien gros de difficultés et d'orages que M. Ferry et ses légers conseillers semblent ne pas avoir tous prévus. A cause du bruit qu'il fait, et du bruit plus grand encore qu'il fera, l'article 7 mérite bien d'être d'abord textuellement cité : « Nul n'est admis à participer à l'enseignement public ou libre ni à diriger un établissement, de quelque ordre qu'il soit, s'il appartient à une congrégation religieuse non autorisée. » Pour plus de sûreté la commission a ajouté : « Ou à y donner l'enseignement. » Comme il n'y a en France de congrégations d'hommes autorisées que celle des frères de la Doctrine chrétienne voués à l'enseignement primaire et, je crois, celle de Saint-Sulpice, qui n'a que des séminaires, toutes les autres, non pas seulement les jésuites, mais les dominicains, les maristes, les oratoriens, seront obligés de cesser d'enseigner et de fermer les portes d'établissements qui, par le nombre des élèves, rivalisaient, en plus d'un endroit, avec les lycées les plus prospères de l'Université. Voilà bien des maisons fermées, voilà des milliers d'élèves enlevés à leurs maîtres de prédilection, une foule de familles inquiètes et troublées dans ce qu'elles ont de plus cher !

Le respect des lois, tel est le grand et le seul argument invoqué dans le projet à l'appui de cette proscription. Ce respect est quelque chose de tout à fait nouveau, quelque chose d'étrange de la part de révolutionnaires comme M. Ferry ou M. Spuller. En outre, de quelles lois invoquent-ils l'autorité? Non pas des lois de la République, de la première, de la seconde ou de la troisième, mais, qui l'aurait cru, des lois de la vieille monarchie et de la Restauration, de Louis XV ou de Charles X! Plus savant encore que M. Ferry, M. Spuller fait intervenir Henri IV. Le nom même de Philippe le Bel a été invoqué à l'appui de la cause de l'enseignement laïque. La grande autorité qu'invoque M. Ferry, ce n'est pas celle de quelque conventionnel d'autrefois ou de quelque radical du temps présent, mais le rapport du comte de Portalis à la Chambre des pairs sur la fameuse pétition de M. de Montlosier. Je n'ai nullement l'intention d'examiner ces lois, ces ordonnances, ces rapports, ni d'entamer à leur sujet une discussion avec des jurisconsultes qui paraissent aussi versés dans la connaissance du vieux droit monarchique français. La question est de savoir si toute cette législation surannée n'est pas tout entière implicitement et moralement abolie, et non de discuter en particulier tel ou tel texte de ces lois monarchiques si pieusement exhumées par M. Ferry, qu'on serait tenté de le prendre pour quelque vieux et fidèle serviteur de la royauté légitime. Quoi, ce sont les hautains contempteurs de tout le passé, de toutes les traditions, de toutes les gloires de la France, les frères de ceux qui mettent à bas les colonnes, monuments de nos triomphes, les statues de nos grands rois et de nos grands hommes, les proscripteurs de Charlemagne comme de Napoléon, qui répudient les noms glorieux de tous ceux qui, comme a dit Virgile :

> . . sanguine nobis
> Hanc patriam peperere suo,

ce sont ceux-là qui aujourd'hui, pour satisfaire leurs

haines, se mettent à invoquer l'autorité des décrets de Charles X ou même de Louis XV ! Je ne vois pas que la Convention, leur modèle et leur idéal, se soit donné pareil ridicule, et qu'on puisse lui reprocher, en aucune circonstance, et pour justifier aucune de ses prescriptions, une semblable contradiction. Elle y allait plus franchement. La loi des suspects lui suffisait ; elle pouvait suffire à M. Ferry, s'il eut eu un peu plus de hardiesse et de franchise.

Sans doute l'ordre des jésuites, qui l'ignore ? a été anciennement aboli par différentes lois. La question, encore une fois, n'est pas de savoir si ces lois ont existé, mais si elles existent encore. « Ce qui était vrai, dit M. Ferry, il y a cinquante ans l'est encore aujourd'hui ; car c'est le droit. » Il se trompe ; avec la proclamation de nouveaux principes, avec de nouvelles Constitutions, avec les progrès de la philosophie et de la tolérance, ce n'est plus le droit ; l'ancien droit a changé. Tout comme la liberté des cultes a anéanti toutes les lois anciennes contre les protestants ou les juifs, même quand elles n'ont pas été explicitement abolies par des lois spéciales, de même la liberté de l'enseignement a supprimé toutes les lois coercitives de cette liberté d'enseigner que le ministre remet si mal à propos en lumière.

Liberté de conscience, liberté des cultes, liberté d'enseignement, ce sont des libertés qui se tiennent de près, ou plutôt qui s'enchaînent nécessairement les unes aux autres. Quoi de plus sacré que la liberté de conscience, cette première des libertés, celle qui touche au plus profond du cœur de l'homme et pour laquelle tant d'individus et même tant de peuples ont bravé la mort et la ruine ! On m'objectera sans doute qu'elle n'est pas encore menacée, pas plus que la liberté des cultes, qui en est la première manifestation. Il est vrai que M. Ferry n'oblige encore personne à signer un *credo* au rebours, ni quelque formulaire impie et athée. Sans doute les portes des églises ne sont pas encore fermées et, depuis l'entrée de l'armée de Versailles à Paris, les soutanes noires peuvent jusqu'à ce jour circuler encore dans les rues, sauf toutefois quelques outrages et quelques injures. Après les congrégations religieuses proscrites, il restera le clergé séculier. Il n'en est pas moins vrai que la liberté de conscience est déjà profondément atteinte chez le père de famille auquel vous enlevez le droit de choisir pour les maîtres de ses enfants ceux qui lui semblent présenter le plus de garanties d'une bonne éducation morale et religieuse, en conformité avec ses sentiments et sa foi. C'est une atteinte à sa propre conscience à travers la conscience de ses enfants. A quelles anxiétés, à quelles tortures, songez-y donc, vous soumettez ce père que vous obligez à confier ce qu'il a de plus cher à des mains qui, à tort ou à raison, lui sont suspectes! Quels sacrifices ne serait-il pas disposé à faire plutôt que celui-là! Que M. Ferry et ses imprudents conseillers y prennent garde; ils touchent, sans trop avoir l'air de s'en douter, à ce qui émeut le plus profondément le cœur, non pas seulement du noble, du riche et du bourgeois qui ont leurs enfants chez les jésuites ou les dominicains, mais du pauvre, de l'artisan et du laboureur qui mettent les leurs chez les Frères ou les Sœurs, parce qu'ils les aiment mieux là que partout ailleurs. Combien de mères de famille les maudissent dans le fond de leurs cœurs, combien d'autres encore les maudiront! En vérité, je me demande ce qu'a fait la République à ce ministre qui se dit républicain pour lui susciter ainsi de gaieté de cœur tant d'ennemis ardents et irréconciliables. C'est à tort que M. Ferry se moque[1] des pétitions qui se signent partout et que, dans son ardent libéralisme, il voudrait interdire; c'est à tort que M. Spuller et lui osent en contester l'autorité morale[2]. Pourquoi M. Ferry ne met-il pas aussi le droit de pétition, avec la liberté d'enseignement, parmi ces libertés qu'il déclarait, à la Sorbonne, incompatibles avec l'unité nationale? Ils eussent été moins scrupuleux sur la valeur de ce million et demi de signatures, s'il se fût agi de pétitions signées dans les cabarets en faveur de l'amnistie plénière ou de la suppression du Sénat.

J'imagine que par un de ces renversements des choses, comme il en arrive de notre temps, survienne quelque dictateur, non moins absolu en son sens que M. Ferry dans le sien, qui l'oblige lui et tous ses amis politiques à mettre leurs enfants chez les jésuites ou chez les Frères. Ils crieraient bien fort sans doute à la tyrannie, et non pas sans raison ; qu'ils jugent par ce qu'ils souffriraient eux-mêmes de ce qu'ils veulent faire souffrir aux autres, et quelle est la tyrannie qu'ils s'apprêtent à faire peser sur eux ! Laissons donc de côté les vieilles lois tombées en désuétude par le progrès de la raison publique, non moins que par les chartes et les Constitutions, pour ne considérer que ce qui est conforme à l'équité, à la tolérance et à la liberté, et n'abandonnons pas la défense d'une liberté, au prix de laquelle toutes les autres ne sont rien.

[1] Discours aux Sociétés savantes à la Sorbonne. Voir le *Journal officiel* du 20 avril 1879.
[2] Elles ont dépassé le chiffre de 1,600,000. C'est une des plus imposantes manifestations de l'opinion qui aient eu lieu depuis bien longtemps en France.

En faveur de l'article 7, M. Ferry ne donne ici d'autre argument que le respect des lois anciennes, vain prétexte qui cache mal le vrai et unique mobile, lequel n'est au fond que la tradition jacobine, la haine de la religion et des prêtres. Mais ailleurs il a fait valoir d'autres griefs qui ont un certain cours dans la foule et dont s'autorisent même quelques prétendus libéraux pour accueillir avec faveur des mesures tyranniques et révolutionnaires contre les congrégations religieuses [1].

Si vous souffrez plus longtemps qu'une partie de la jeunesse reste aux mains des congrégations religieuses, tandis que l'autre est à l'école de l'Université et de maîtres laïques, il y aura deux jeunesses divisées en deux camps sous des drapeaux différents, il y aura deux nations, deux Frances au lieu d'une seule ; vous préparez la discorde sans remède, les guerres intestines, *plus quam civilia bella*. Voilà ce que disent gravement les plus habiles et les plus sages en apparence, avec je ne sais quel air de politique et de philosophie profonde ; voilà ce que M. Spuller développe tout au long dans son rapport, pour justifier l'odieux des proscriptions de M. Ferry. Si le ministre lui-même n'a pas fait intervenir ce grand argument des deux Frances, dans son exposé des motifs, c'est sans doute parce qu'il en réservait la primeur, comme l'à-propos, pour sa récente harangue aux délégués des sociétés savantes dans l'amphithéâtre de la Sorbonne. « Ce que veut établir la démocratie moderne, dit M. Ferry, c'est un gouvernement fondé sur la liberté, mais fondé aussi, ne l'oublions pas, sur l'unité natio-

---

[1] Discours à la Sorbonne et au Conseil général d'Épinal en 1878.

nale... Nous n'avons pas voulu de l'unité dans le pouvoir absolu, de celle qu'avait réalisée l'ancien régime ; nous avons voulu l'unité dans la liberté, mais méfions-nous des prétendues libertés qui mettent en péril l'unité nationale. »

Pour un ministre qui dans le même discours, quelques lignes plus bas, déclare à propos des pétitions des partisans de la liberté d'enseignement qu'il n'aime pas les sophismes, ce passage embrouillé est vraiment merveilleux. Il veut de l'unité, mais laquelle ? Il déclare ne pas vouloir de celle de l'ancien régime, alors même qu'il se sert des lois et des armes de l'ancien régime pour établir cette unité à sa façon. Il veut l'unité avec la liberté, mais non avec les libertés qui le gênent ; celles-là il les tient pour incompatibles avec l'unité nationale, c'est-à-dire sans doute avec lui : « Méfions-nous, s'écrie-t-il, de ces prétendues libertés qui tendent à dissoudre l'unité morale de la France. Méfions-nous-en, car cette liberté ne peut exister de créer deux Frances là où il n'y en a qu'une et de faire deux parts dans la jeunesse française, ayant la même origine, étant de même race, mais n'ayant les mêmes idées ni sur le passé de la France, ni sur son avenir, et qui, bien que parlant la même langue, finiraient par ne pas se connaître et ne plus se comprendre. Cette liberté-là, nous la rejetons, car ce n'est pas une liberté qui se défend, mais une servitude qui se prépare, et c'est un despotisme qui grandit. »

Il paraît, si toutefois nous en croyons le *Journal officiel*, qu'il ne faut croire qu'à moitié, que ces idées et que ce langage, quoique si peu à leur place en pareille assemblée, auraient été accueillis par de vifs applaudissements. Quels sont donc les délégués, vrais ou prétendus, des sociétés savantes qui ont pu applaudir ces paroles ? De quelle académie nationale, de quelle Société, petite ou grande, étaient-ils les représentants réguliers ? Combien en est-il qui se sont délégués eux-mêmes et de leur propre autorité, s'ils ne l'ont pas été par M. Ferry lui-même pour faire applaudir son article 7 ? Dussé-je, par cette remarque chagrine, diminuer le contentement de M. Ferry, je demande si ce seraient les mêmes, au moins en partie, qui, depuis M. Rouland, ont chaque année non moins vivement applaudi, sous l'Empire et sous la République, tous les ministres, lorsqu'ils venaient ainsi tour à tour exposer devant eux leur politique et célébrer fastueusement les faits et gestes de leurs règnes de quelques mois.

Que signifient tous ces grands mots ? Qu'entend-on par cette unité que mettrait en péril, que diviserait en deux, l'enseignement des congrégations religieuses ? Si l'unité nationale ne peut exister, comme on le dit, qu'à la condition des mêmes maîtres, de la même éducation pour tous, sans aucune diversité de méthode, ou même d'esprit et de direction ; si une nation est divisée contre elle-même, alors que tous les citoyens ne sont pas jetés dans le même moule, élevés à penser de la même manière, à avoir les mêmes idées sur le passé et sur l'avenir, comme le veut M. Ferry, les mêmes sentiments et les mêmes croyances ou la même absence de croyances ; il faut plus que l'article 7 pour se rapprocher de cet idéal, il faut revenir à la monarchie absolue et à sa devise : une foi, une loi, un roi ; il faut imiter Philippe II, la Convention, la Terreur, ou bien retourner en arrière dans l'antiquité jusqu'à Sparte, ou bien encore prendre pour modèle la République rêvée par Platon. Quelle est la nation, même la plus unie et la plus forte des temps modernes, dont on ne pourra pas dire aussi qu'elle est divisée en plusieurs nations et en plusieurs camps? L'Angleterre forme-t-elle plusieurs nations, quoique l'enseignement libre y ait plus de place que l'enseignement de l'État, quoique les catholiques, les protestants, et tant de sectes diverses, soient en présence? Trouve-t-on que la Prusse, malgré ses établissements confessionnels, manque d'unité? Pour espérer obtenir cette espèce d'unité qu'on rêve, dans la jeunesse d'abord, puis dans la nation, il faudrait aller encore plus loin que le projet de M. Ferry, c'est-à-dire jusqu'à l'étouffement, par la force, de toutes les dissidences entre les citoyens, demander à chacun un certificat de civisme et ne pas s'arrêter à la proscription de quelques congrégations religieuses autorisées et non autorisées. Quelques-uns sans doute, autour du ministre, si ce n'est le ministre lui-même, en ont la pensée; s'ils sont vainqueurs, ils ne s'en tiendront pas à un premier succès. La persécution ira plus loin.

Quoi donc! Cette diversité des opinions et des croyances, dont on se plaint, n'est-elle pas l'effet naturel de la liberté, de toutes les libertés, et non pas seulement de la liberté de l'enseignement? Il faudrait toutes les anéantir, pour n'avoir plus en France que des citoyens qui pensent, ou du moins qui eussent l'air de penser comme M. Ferry ou comme le conseil municipal de Paris. Que ce jour-là sera beau pour la France, que nous serons unis, grands, forts et glorieux au sein d'un abaissement universel! Mais, avant tout, c'est la liberté de la presse qui devrait disparaître pour ne laisser subsister que les journaux opportunistes suivant le cœur de M. Ferry. Combien, en effet, cette liberté n'engendre-t-elle pas et n'entretient-elle pas de Frances diverses ! Elle n'en fait pas deux seulement comme la liberté d'enseignement, mais une cinquantaine au moins, depuis l'*Univers* ou la *Gazette* jusqu'à la *Lanterne* ou au *Mot d'ordre*, en passant par le *Temps* et les *Débats* ou le *XIX° Siècle*.

Croit-on, d'ailleurs, que le remède imaginé par M. Ferry puisse avoir par lui-même quelque efficacité pour combattre, même en une certaine mesure, ce mal aussi vieux que le monde, de la division des esprits, et pour établir une unité, une harmonie qui probablement n'existeront jamais que dans les cités imaginaires des philosophes ou les rêves de l'âge d'or des poètes ? Quelle illusion de s'imaginer que la jeunesse, violemment arrachée aux maisons religieuses, ira tout aussitôt doubler la population des lycées et des établissements laïques ! Les uns resteront dans leurs familles où ils recevront un enseignement privé ; les autres, ce qui est plus fâcheux, s'en iront peut-être à l'étranger et suivront dans l'exil, en Suisse, en Belgique, en Angleterre, des maîtres que la persécution leur aura rendus plus chers ; d'autres enfin, en plus grand nombre, iront dans des pensionnats ecclésiastiques. Il est probable que les pensionnats tenus par des prêtres séculiers vont remplacer les pensionnats tenus par des religieux, par des jésuites, dominicains ou autres. Qui sait même si, avec l'autorisation du pape, il n'y aura pas des jésuites, des dominicains, des maristes ou des oratoriens, déliés de leurs vœux, qui se transformeront en prêtres séculiers, et si le dominicain en robe blanche de la veille n'aura pas une robe noire le lendemain ? M. Ferry a-t-il prévu ces transformations? Vous croirez saisir un jésuite et vous mettrez la main sur un prêtre séculier. Comment s'y prendra-t-il pour les déconcerter ou les empêcher? Rétablira-t-il le serment, qu'on ne demande plus à personne, pour faire jurer à quiconque enseigne, non seulement qu'il n'appartient pas, mais qu'il n'a jamais appartenu à aucune congrégation religieuse non autorisée? Je ne vois pas qu'on puisse se tirer de la difficulté et appliquer l'article 7 dans toute sa rigueur sans une odieuse inquisition, ou bien en faisant la guerre à toutes les soutanes de toutes les couleurs, à toutes les congrégations autorisées comme à celles qui ne le sont pas. C'est là évidemment où l'on va, c'est là où l'on tend, en dépit de toutes les protestations, pour ne pas trop alarmer à l'avance ceux qui gardent encore quelque scrupule, quelque pudeur d'un reste de libéralisme. Singulier moyen de faire régner la concorde et l'unité parmi tous les citoyens de la République ! Combien plus efficace est la tolérance avec le respect de tous les droits !

Cette diversité que M. Ferry a en horreur, et qui n'est pas autre chose que la liberté elle-même, est-elle, d'ailleurs, véritablement un danger pour l'unité nationale ? Y a-t-il donc diversité dans les deux camps quand il s'agit de la patrie et de l'amour de la France?

Malgré la division des esprits, malgré la diversité des idées et des sentiments, il n'y a pas deux nations, il n'y en a qu'une seule pourvu que l'amour de la patrie batte également dans tous les cœurs. Je concevrais les défiances et les hostilités, si ces religieux, auxquels on fait la guerre, pouvaient être soupçonnés d'élever la jeunesse dans des sentiments peu patriotiques, s'ils étaient accusés, avec quelque vraisemblance, de chercher à leur inspirer de secrets attachements pour les ennemis de la France. En d'autres temps, pendant la Révolution, et par la faute de la Révolution, quand les églises étaient fermées, le culte proscrit, les prêtres chassés, emprisonnés, massacrés ou conduits à l'échafaud, le clergé est devenu suspect de faire des vœux secrets pour les libérateurs du dehors contre les oppresseurs ou les bourreaux du dedans. Quelle vertu surhumaine n'aurait-il pas fallu pour s'en abstenir en de telles circonstances, pour ne pas souhaiter la délivrance, et quel homme équitable aurait le courage de les condamner? Mais aujourd'hui, parmi les plus méfiants, les plus radicaux, les plus jacobins, nulle voix ne s'élève pour accuser le clergé actuel, les religieux ou les prêtres séculiers, de nourrir au fond du cœur quelques sympathies pour les ennemis de la France. La haine a inventé contre eux bien des accusations, mais pas encore celle-là. Où est celui qui, pendant la guerre, ait accusé un seul prêtre de pactiser avec les Prussiens et d'adresser des prières au ciel pour le triomphe de l'ennemi? Ne les a-t-on pas vus, au contraire, partout fermes et intrépides à leur poste, depuis l'évêque jusqu'au plus simple desservant, soit dans leur palais épiscopal, soit dans leur presbytère, au milieu des ennemis, sur les champs de bataille, dans les ambulances, ou debout sur les ruines de leurs villages pillés et brûlés, donnant à tous l'exemple du courage, bravant la mort, prodiguant à tous les soins et les consolations? Je veux bien que la différence des religions y soit pour quelque chose, mais c'est là une garantie de plus, s'il en était besoin, de la force et de la vivacité de leur patriotisme.

Les élèves des maisons religieuses n'ont pas été indignes des maîtres. Officiers, soldats, volontaires, n'ont-ils pas bravement répondu à l'appel de la patrie en danger ? Ils sont accourus même de Rome, ils ont quitté même le pape pour servir la France, quoique sous Gambetta. Se sont-ils montrés sur les champs de bataille moins dévoués à la patrie, moins braves que la jeunesse des écoles laïques ? Entre les uns et les autres a-t-on remarqué quelque différence à leur désavantage ? Voyez combien sont longues, dans leurs archives et sur le marbre de leurs chapelles, ces listes glorieuses d'anciens élèves tués à l'ennemi ! Les murs de la cour d'entrée de la rue des Postes en sont couverts [1]. Quel plus significatif et quel plus mémorable témoignage en faveur de leur amour de la France que la défiance, que la haine du plus clairvoyant et du plus redoutable de nos ennemis, de M. de Bismarck, dont M. Ferry semble vouloir suivre l'exemple en France en faisant la guerre aux jésuites ? Sans les fureurs et les haines jacobines qui se sont emparées d'un grand nombre d'esprits, la persécution de la Prusse devrait suffire à les faire respecter parmi nous de tous les partis. L'Allemagne les a chassés ; ce devrait être pour nous une raison, indépendamment de toutes les autres, de ne pas les exiler nous aussi, et de ne pas achever chez nous, aux applaudissements d'outre-Rhin, une œuvre de désunion et de désorganisation, sous le prétexte de l'unité, de la paix et de la concorde.

Faisons le même éloge des Frères de la doctrine chrétienne, qui ne sont pas moins en cause que les jésuites, qui ont, il est vrai, l'avantage d'être autorisés par une loi, d'avoir le peuple pour clientèle et non les

---

[1] Voir l'ouvrage du P. Chauveau : *Au service du pays*, Souvenirs de l'école de Sainte-Geneviève.

hautes classes de la bourgeoisie, mais qui sont pourchassés à Paris et dans presque toute la France par des conseils municipaux non moins acharnés contre la liberté de l'enseignement primaire, que M. Ferry contre celle de l'enseignement supérieur ou secondaire. Ces instituteurs religieux des classes populaires n'ont pas moins de patriotisme. Je ne parlerai pas de leur belle conduite, que tout le monde connaît, pendant le siège de Paris, mais je suis bien aise de citer en leur faveur un éclatant témoignage, à l'encontre de ces municipalités radicales, images enlaidies, échos grotesques des passions et des haines d'une partie du Parlement, qui, sans nul souci du vœu des familles du peuple, leur font, dans presque toute la France, une guerre aussi misérable qu'acharnée.

Le témoignage a d'autant plus de valeur qu'il est de M. de Bismarck lui-même; il est d'autant plus intéressant qu'il s'applique à des écoles de l'Alsace-Lorraine, devenue prussienne, et de cette malheureuse ville de Metz, à laquelle personne ne semble plus songer parmi nos hommes politiques, nos députés, nos sénateurs et nos journalistes républicains. Ce dont il s'agit, pour eux, et ce qui importe sans doute bien davantage pour la grandeur et la revanche de la France, c'est de chasser les jésuites et les Frères. J'emprunte cette citation à une brochure publiée en 1877 par M. Charles Abel, membre de l'académie de Metz, député au Reichstag et toujours Français de cœur [1].

L'école, pour les gouvernants de l'empire d'Allemagne, dit M. Abel, n'est pas autre chose qu'une ma-

[1] Notice lue devant l'académie de Metz sur Henri Maguin, membre de l'académie de Metz, ancien conseiller général de la Moselle, etc. Nancy, 1877.

chine à germanisation, un instrument de conquête. Ils avouent qu'ils s'en servent ainsi. Le pays conquis s'étant plaint de la fermeture des écoles des Frères de la doctrine chrétienne, voici ce que le chancelier répondit dans un discours du 16 mai 1873 : « Je n'ai pas « autre chose à dire, sinon que les autorités de l'Alsace-« Lorraine ont agi uniquement d'après leur convic-« tion que l'activité de ces Frères est encore plus pré-« judiciable au pays et à la population que le manque « d'instituteurs, et qu'un enseignement pervertissant « l'esprit de la population et empoisonnant l'*esprit* « *allemand* en Alsace, serait pire que l'absence d'en-« seignement. »

Ainsi les Frères de la doctrine chrétienne sont proscrits par M. de Bismarck en Alsace et en Lorraine, comme hostiles à l'œuvre de la germanisation ; ainsi ils empoisonnent l'esprit allemand. Quoi de plus propre à rassurer ceux qui s'inquiètent tant des deux nations divisées, ceux qui sans cesse nous les représentent comme les sujets d'un prince étranger, prince, il est vrai, sans États et sans soldats. Il se peut qu'ils ne servent pas les idées et les passions radicales, qu'ils ne propagent pas dans les classes populaires la haine des classes supérieures, le goût des révolutions, le mépris de la loi et de l'autorité. Peut-être parlent-ils des devoirs encore plus que des droits et surtout du droit d'insurrection. Ils ne sont pas parfaits, je le veux bien ; mais que tous du moins leur rendent cette justice, même leurs ennemis, qu'ils aiment aussi la patrie, et que si, le jour du combat venu, il y avait par malheur deux nations en une, ce ne seraient pas eux qui en auraient la responsabilité. Il y a aussi des gouttes de sang français dans les veines de tous ces religieux. Pourquoi, d'ailleurs, ne verrait-on pas des deux côtés, chez les maîtres et les élèves, une émulation croissante, une noble concurrence de généreux sentiments et de bonne volonté pour l'amour et la défense du pays?

CHAPITRE VIII

Avantages d'une loyale rivalité entre les deux enseignements. — Rivalité de patriotisme. — Ce que devrait être l'enseignement historique dans l'Université. — Oubli de nos frontières anciennes dans l'enseignement géographique. — De quelques préjugés contre l'enseignement congréganiste. — Qui a le plus falsifié l'histoire, des jésuites ou des jacobins? — La concurrence empêche le relâchement ou l'immobilité. — Des avantages de l'Université dans cette lutte. — Ce qu'elle doit éviter et ce qu'elle doit faire pour triompher de ses concurrents sans l'article 7. — Des libéraux qui ne concèdent la liberté qu'à ceux qui pensent comme eux.

Appelons de tous nos vœux une rivalité pour le bien entre l'enseignement public et l'enseignement libre.

Loin que le patriotisme ait quelque chose à perdre à cette prétendue division en deux Frances, il devrait y gagner par une noble émulation entre les deux jeunesses également animées de l'amour du pays. L'Université elle-même fait-elle de son côté tout ce qu'elle devrait faire pour ranimer, comme il le faudrait, les sentiments courageux et patriotiques? J'écris ici ce que j'ai dit plus d'une fois dans mes tournées d'inspection générale. Peut-être n'est-elle pas à l'abri de tout reproche de tiédeur et d'indifférence patriotique. Dans l'intérêt du pays et des jeunes gens qui demain seront des soldats, rien n'importe plus que de développer dans les lycées, de fortifier les exercices militaires. C'est l'opinion de l'auteur de l'*Armée en* 1879, sur laquelle je suis heureux de pouvoir m'appuyer. Tous, selon plus d'une prescription ministérielle, ne devraient sortir du lycée que dressés pour être des soldats ou même au besoin des sous-officiers. Cependant, comme il est malheureusement arrivé à la fin de l'empire et quoiqu'on ait eu à s'en repentir, ces exercices ne tarderont pas, en plus d'un lycée et d'une académie, à tomber en désuétude, si on ne réveille sur ce point l'attention et le zèle des proviseurs et des recteurs.

Il n'est pas d'enseignement qui, plus que celui de l'histoire, puisse avoir une influence salutaire sur les sentiments patriotiques de la jeunesse. Il serait à désirer que nul professeur ne prît à tâche de dénigrer notre passé, que tous eussent à cœur, autant qu'ils le devraient, de faire aimer la France, d'exciter, de relever les courages, de faire admirer le dévouement de nos soldats dans la défaite, comme dans la victoire, à Malplaquet et à Waterloo, comme à Denain ou à Austerlitz, de montrer à leurs élèves la France se relevant toujours de ses défaites. J'ai bien peur que, soit par amour de la critique, soit par esprit de parti et passion politique, il n'en soit pas ainsi dans un certain nombre de classes d'histoire. Ce n'est pas seulement à l'histoire, mais même à la géographie, dont l'enseignement est aujourd'hui si envahissant et si fort à la mode, qu'on peut trouver quelques torts au point de vue patriotique. Il ne s'agit que d'un détail, mais d'un détail qui nous paraît avoir une certaine importance. Qu'on parcoure la plupart des géographies de la France à l'usage de nos lycées et de nos écoles supérieures, ainsi que les cartes, les atlas qui les accompagnent, on voit avec étonnement, avec douleur, que la France, telle qu'elle était avant 1870, est déjà oubliée, et que nos anciennes limites ne sont plus même indiquées sur nos cartes nouvelles. Les seules frontières marquées sont celles qui nous ont été imposées à la suite de nos défaites, comme si tout souvenir des anciennes devait être effacé le plus tôt possible dans l'esprit et le cœur des enfants de la France, comme si le dur sacrifice était consommé pour jamais ! Était-il donc pressant à ce point de mettre nos cartes de géographie en conformité parfaite avec celles de nos vainqueurs ? Un professeur, qui en était justement ému, me disait que, dans un récent concours de géographie à Paris, les élèves semblaient n'avoir plus la connaissance de nos frontières d'avant 1870. Il est mauvais d'habituer les yeux de nos enfants à considérer comme définitif ce grand retranchement, cette mutilation profonde de la patrie. Avant d'avoir conquis nos provinces, les Prussiens les marquaient déjà sur leurs cartes comme conquises ; imitons leur exemple et continuons de marquer comme nous appartenant encore, ou plutôt comme devant nous revenir un jour, nos provinces perdues. Il suffit, pour concilier le patriotisme avec la vérité géographique et historique du moment présent, de tracer par quelques points les limites de l'occupation provisoire, il faut du moins l'espérer, d'une partie du territoire français par l'ennemi [1]. Ce que nous

---

[1] Dans un discours à la distribution des prix du collège de Vanves en 1872, je disais : N'oubliez pas, je vous en conjure, ces anciennes frontières, ces villes si françaises, ces départements perdus, aujourd'hui sous le joug de l'Allemagne ; conservez-les bien dans votre mémoire, aimez-les comme s'ils étaient encore Français, comme s'ils devaient tôt ou tard le redevenir ! C'est l'espérance

avons perdu en des jours de malheur, ne pouvons-nous espérer le reprendre en des jours plus heureux? Grâce à Dieu, comme s'écrie Turnus dans Virgile :

> Habet fortuna regressum.

Si, entre les deux enseignements, religieux et laïque, se développait cette rivalité de patriotisme, d'esprit militaire, les choses n'en iraient pas plus mal; le pays, loin d'en être affaibli, n'en serait que plus fort. L'amour commun de la France, voilà quel est le lien entre les uns et les autres; voilà ce qui fait l'unité nationale au sein de ces diversités qu'on ne pourrait faire disparaître, sans détruire, avec la liberté d'enseignement, toutes les autres libertés. Ce prétendu dédoublement en deux nations ennemies, en deux Frances, ce niais ou hypocrite argument de despotisme ne résiste donc pas à la discussion et ne peut faire impression sur des esprits sérieux. Quand il n'y aurait que des maîtres laïques dans toute la France, et que des écoles sans Dieu, pense-t-on que nous serions plus à l'abri des divisions, des factions, des émeutes et même des révolutions? Il est même à croire qu'il y en aurait encore davantage.

Une autre erreur, assez généralement répandue, est de croire que les établissements ecclésiastiques, même ceux des jésuites, sont absolument hostiles à l'esprit et aux lumières du temps, qu'ils sont fermés à toute espèce de progrès. N'allez pas croire que, par respect pour le principe de la légitimité, on y enseigne, si jamais on y a enseigné, que le marquis de Bonaparte a commandé

que tous, grands et petits, jeunes et vieux, nous gardons dans le fond de notre cœur.

en qualité de lieutenant général des armées du roi. D'ailleurs, il siérait bien vraiment au parti radical de se montrer sévère contre les altérations de la vérité historique, au profit de telle ou telle secte, de telle ou telle doctrine. Qui plus que la Convention a défiguré l'histoire de France? Quel jésuite, quel père Loriquet a plus travesti, et plus couvert d'injures cette grande figure de Napoléon que tel ou tel historien républicain qu'on pourrait citer? Qui donc a abattu la colonne, abattu les statues et effacé partout sur les plaques de nos places et de nos rues le nom de Napoléon et même celui de ses victoires sur l'étranger, puisqu'on ne peut les effacer de l'histoire. Interrogez nos grands libraires classiques, ils vous diront que les maisons religieuses, non moins que les lycées, sont en quête des meilleures éditions en tout genre et qu'il y est fait bon accueil à nos ouvrages les plus accrédités d'histoire et de philosophie. Toute lumière et toute raison ne sont pas d'un côté, tandis que de l'autre il n'y aurait que ténèbres et superstition; les oppositions sont moins violentes; elles se prêtent plus facilement à des rapprochements et à des conciliations.

Pourquoi d'ailleurs vouloir détruire la concurrence dans l'éducation de la jeunesse? Ici, comme en tant d'autres choses, elle a de bons effets qui ne sont pas à dédaigner. Peut-être s'observerait-on moins, peut-être aurait-on moins d'ardeur à faire mieux si, en face de soi, il n'y avait pas des concurrents et des rivaux plus ou moins redoutables. Cela est évident pour les écoles primaires laïques et congréganistes; cela est vrai également pour les lycées et pour les établissements religieux. Il m'est plus d'une fois arrivé de répondre à tel ou tel proviseur se plaignant avec amertume de la concurrence des établissements libres du voisinage : Je ne doute pas que si, dans toute la contrée, vous n'aviez point de concurrents, et que si on vous amenait les élèves de force, votre lycée serait rempli. Mais ce n'est pas ainsi que nous devons vouloir les remplir. Non seulement le mérite ne serait pas grand, mais le relâchement serait bientôt à craindre parmi les fonctionnaires et les professeurs. Je ne me fais pas, je l'avoue, à cette idée que l'Université, telle que je la connais depuis bien longtemps, ne puisse l'emporter, comme on a l'air de le croire, qu'à cette condition d'une loi qui supprime ses rivaux. L'Université ne peut-elle donc soutenir la lutte avec ses propres forces, sans qu'on lui vienne en aide avec des lois de proscription?

Le clergé a sans doute de grands avantages de son côté, que nous ne méconnaissons pas, mais combien grands aussi sont les avantages de l'Université dans cette lutte déjà ancienne et où il ne semble pas qu'elle ait de plus grands risques à courir que par le passé, n'étaient les folies et les violences de celui qui la gouverne. Elle représente l'État; elle a pour elle l'autorité, les ressources, le trésor de l'État. Sans avoir à craindre, comme de simples particuliers, d'être obligée un jour de fermer ses portes et de risquer une faillite, elle peut se permettre d'avoir des élèves qui coûtent plus qu'ils ne rapportent. Là où il y a un déficit, l'État n'est-il pas là pour venir aussitôt à son secours par des subventions? Presque tous les lycées, même ceux qui semblent le plus florissants, reçoivent annuellement une subvention plus ou moins considérable. Tout élève de l'État a l'avantage de jouir ainsi, sans même s'en douter, d'un sixième ou même d'un cinquième de bourse. A ces avantages matériels s'ajoute celui d'un personnel enseignant d'élite, de tous ces professeurs de tous les ordres, éprouvés par les examens et les concours, licenciés, élèves de l'École normale, agrégés, docteurs, parmi lesquels elle a le choix pour toutes ses chaires, depuis les premières jusqu'aux dernières, et auxquels l'enseignement libre, à part les exceptions, ne peut rien opposer. Où d'ailleurs les professeurs de mérite trouveraient-ils plus d'avantages, plus de garanties, quoique aujourd'hui déjà bien diminuées, d'une carrière honorable et sûre que dans l'Université? Ne semble-t-il donc pas que l'Université est bien suffisamment armée pour la lutte, si elle veut faire tout ce qui dépend d'elle pour la soutenir et pour triompher?

Indiquons rapidement quelques-unes de ces choses qu'elle aurait à faire pour s'assurer encore une plus grande et une meilleure part, sans nulle contrainte, sans nul *compelle intrare*, dans l'éducation de la jeunesse française. Il n'est pas besoin, à notre avis, comme nous le dirons ailleurs avec plus de détail, qu'elle se transforme, qu'elle bouleverse ses méthodes et ses programmes, suivant le dessein de M. Ferry qui, impatient de signaler son passage au ministère par le trouble de toutes choses, ne manquera pas, s'il en a le temps, de porter une lourde main sur les études classiques. C'est une faute dont les maisons ecclésiastiques, comme on l'a déjà vu en d'autres temps, sauront bien profiter en gardant, ou en reprenant avec ostentation, ce que nous aurons changé ou abandonné. Est-il d'ailleurs besoin de dire que, plus que jamais, elle doit se garder de tout relâchement, de toute négligence, dans l'éducation comme dans l'instruction, dans la discipline comme dans les études? Qu'elle se tienne à l'écart de la politique, autant qu'elle le pourra; qu'elle ne se laisse pas envahir par l'esprit sectaire de M. Ferry et des siens; qu'elle ne joue ni ne chante la *Marseillaise*, et qu'elle ne fasse pas étalage dans ses parloirs des bustes en plâtre de la République. Nous lui recommanderions surtout d'avoir en grande suspicion ces quelques professeurs dont l'occupation principale est, à ce qu'il semble, de dénoncer leurs chefs à tel ou tel journal qui nomme ou qui révoque, ni plus ni moins qu'autrefois M. Fortoul en vertu du décret de 1852, et qui semble le siège d'un gouvernement occulte dont la rue Bellechasse exécute docilement les arrêts sans appel.

S'il faut à l'Université des professeurs de talent et irréprochables, comme elle n'en manque pas, il lui faut aussi des fonctionnaires, des administrateurs intelligents et dévoués. Il semble que généralement les ministres de l'instruction publique ne se préoccupent pas assez de l'importance, pour la prospérité des lycées, d'un bon administrateur, affable aux familles, suffisamment homme du monde, entendu aux études comme à la discipline, aimant la jeunesse et soucieux de la former aux bonnes et belles choses. Quelle différence cependant, pour la fortune d'un établissement, entre un bon proviseur et un proviseur médiocre! Où l'un fait le plein, l'autre fait le vide.

Les classes nombreuses, les classes de cinquante élèves et même plus, non pas seulement pour la philosophie et la rhétorique, mais pour des enfants, surtout à Paris et dans les grands lycées de province, sont un grief légitime de bien des familles contre l'Université. Il n'est pas impossible d'y porter quelque remède[1]. Pourquoi aussi

[1] On essaie en ce moment de faire cette réforme.

multiplier à l'infini les lycées et en mettre partout, même à Guéret, ou autre ville de la même importance, à la demande des députés de l'endroit? Placés à côté les uns des autres, et la clientèle étant à peu près la même, ils se font, les uns aux autres, comme les facultés de droit de l'État, une concurrence bien autrement redoutable que celle des établissements ecclésiastiques. L'Université devrait tenir à honneur, non pas de compter un si grand nombre de lycées dont quelques-uns sont nécessairement médiocres et ne peuvent subsister qu'avec de ruineuses subventions, mais avant tout de n'avoir que des établissements modèles. Il s'agit bien moins pour elle de créer de nouveaux lycées que d'améliorer ceux qui déjà existent.

Je suis loin de prétendre qu'il n'y ait nul progrès à faire pour l'éducation morale, quoique tout aille peut-être moins mal que ne se plaisent à le dire les ennemis de l'Université; mais il est évident que pour la tenue des élèves et pour l'installation matérielle, nous ne sommes pas à l'abri de tout reproche. Trop souvent le contraste est fâcheux et suffit, sans nulle autre considération, pour faire pencher d'un autre côté les mères de famille plus ou moins indécises.

Le seul aspect de quelques-uns de nos lycées éloigne bon nombre de familles et d'élèves. Plusieurs ne donnent la préférence aux jésuites ou aux dominicains qu'à cause des sites mieux choisis, plus riants, plus salubres, où ils ont l'esprit d'installer leurs belles maisons, et à cause du bon air, du soleil, d'un vaste parc et de beaux ombrages.

Cependant il serait facile, et sans des frais considérables, de s'installer ailleurs qu'au centre infect des villes, d'une manière moins défavorable et plus hygiénique, et de faire cesser cette cause d'infériorité. Mais c'est là un point d'une grande importance que nous traiterons spécialement dans un autre chapitre.

Voilà, pour n'en citer que quelques-unes, des mesures, des réformes, des améliorations qui seraient de bonne guerre, de bonne politique sans porter atteinte à la liberté, qui seraient dignes de l'État et de l'Université, au lieu de la proscription, sous le prétexte jésuitique du retour à la légalité. Que messieurs les jésuites veuillent bien me pardonner l'emploi de l'inconvenante épithète qui vient de m'échapper en raison de ce qu'elle aura de désagréable pour les oreilles de M. Ferry. Il ne s'agit pas de chasser des concurrents dont le succès semble beaucoup trop émouvoir quelques-uns d'entre nous, de disperser violemment maîtres et élèves, de mettre sur leurs maisons d'éducation un écriteau : *à vendre ou à louer*, pour satisfaire aux plus mauvaises passions des plus mauvais partis ; il s'agit de redoubler d'efforts pour attirer à soi les familles qui vont à eux ; il s'agit, pour tout dire en un mot, de s'appliquer encore davantage à faire mieux. M. Ferry n'a-t-il pas dit lui-même : « L'État libre et démocratique que nous avons fondé n'a pas besoin d'exercer cette légitime suprématie du monopole de l'enseignement. » Pourquoi donc agir comme s'il en avait besoin ?

Peut-être, parmi mes anciens collègues de l'Université, quelques-uns, se souvenant qu'en d'autres temps j'ai passé pour l'adversaire de ceux que je défends aujourd'hui, s'étonneront d'un langage que je n'aurais pas assurément tenu, il y a un certain nombre d'années. Est-ce donc véritablement un changement, un retour à d'autres idées, une sorte de conversion sur le tard? En aucune façon. Ce n'est pas nous qui avons changé, ce sont les hommes et les choses autour de nous. Dans un temps où le clergé, les congrégations religieuses, et ce qu'on appelle le parti clérical, n'avaient rien à craindre de la populace ameutée ni des proscripteurs, dans un temps où ils semblaient plus près du rôle de persécuteurs que du rôle de persécutés, il était naturel qu'un ami de la tolérance et de la liberté philosophique ne se mît pas parmi leurs défenseurs. En est-il de même aujourd'hui? Les rôles ne sont-ils pas visiblement intervertis en fait de liberté, de tolérance, en fait de menaces de persécution? Pour être fidèle à soi-même, pour rester vraiment philosophe, pour ne pas changer enfin, il faut se résigner à avoir l'air de changer aux yeux d'un certain nombre. *Variata sunt tempora, non fides,* comme dit saint Augustin. Notre devoir est de nous porter aujourd'hui du côté opposé à celui d'où souffle le vent de la persécution, là où est le péril pour la liberté religieuse, pour la liberté de conscience, dont nous avons montré que la liberté de l'enseignement était une des plus immédiates manifestations, plus encore aujourd'hui que jamais, à cause des tendances de l'État. Si M. Ferry reste quelque temps le grand maître de l'Université, bientôt les lycées auront cessé d'être un terrain neutre où pouvaient se rencontrer des enfants de familles de toutes les opinions et de toutes les croyances, où tous, catholiques, juifs, protestants, républicains, bonapartistes, légitimistes, vivaient en paix et en frères. Puisqu'on ne veut plus de l'enseignement religieux dans les murs de l'école primaire, jusqu'à quand tolérera-t-on des aumôniers, et des pasteurs protestants, des rabbins, dans les murs d'un lycée?

A moins de fermer de nouveau les églises pour en faire des clubs, à moins de forcer à renier leur foi une mère et un père de famille chrétiens et convaincus, catholiques ou protestants, quelle violence plus grande à leur conscience que de les contraindre à confier leurs enfants à des maîtres qui ne sont pas selon leur cœur et selon leur foi !

Quelques-uns m'ont dit: vous êtes bien généreux de prendre la cause de nos ennemis et d'invoquer la liberté en faveur de ceux qui n'en veulent pas pour les autres. S'il était vrai qu'ils ne fussent pas sincères, serait-ce donc une raison pour nous de ne pas l'être davantage? Le beau mérite de ne vouloir la liberté que pour ceux qui pensent comme nous ! Que les jeunes professeurs de l'Université, que les pseudolibéraux qui tiennent ce langage prennent exemple sur des hommes tels que MM. Littré, Jules Simon, Vacherot ; qu'ils apprennent ce que c'est que la fidélité aux principes, ce que c'est que le vrai libéralisme ; qu'ils apprennent que, sans être un clérical, on peut bien ne pas aimer l'article 7. Il suffit d'avoir dans l'âme quelque respect pour la liberté et pour la conscience des autres.

Nos préférences, pour tout résumer en quelques lignes, ne sont pas en faveur de l'enseignement des jésuites et des congrégations religieuses; elles sont pour la liberté. Nous avons été de l'Université et nous lui demeurons fidèle, quoique mis hors par M. Ferry, mais notre conscience se révolte contre cette persécution religieuse sans franchise, hypocritement dissimulée sous l'apparence de l'amour de l'unité nationale et d'un respect pour les lois de la monarchie légitime qui semble dérisoire de la part de M. Ferry et des siens.

Peut-être sommes-nous moins républicain que lui; mais, à coup sûr, nous n'avons pas un respect aussi superstitieux pour les lois de l'ancienne monarchie. Quel manque d'à-propos, quelle contradiction dans l'évocation des lois et des maximes de cet ancien régime, objet de tant de pitié et d'exécration, et dont on travaille avec une haine furieuse à abolir la mémoire dans tous les esprits ! Ne faut-il pas que tous, parmi nous, pensent comme lui, sur le passé et l'avenir de la France. Il n'y aura plus qu'un seul pasteur et qu'un seul troupeau ; un pasteur qui sera M. Ferry, un troupeau qui sera nous tous, si toutefois nous voulons bien nous laisser lâchement conduire là où il lui plaît de nous mener ?

CHAPITRE IX

Discussion au Sénat de la loi sur le Conseil supérieur. — Le rapport de M. Barthélemy Saint-Hilaire. — Protestations et doctrines difficiles à concilier. — Le respect à la religion, le droit des pères de famille et l'article 7. — Principales idées fausses qui dominent la loi. — La représentation de tous les degrés d'enseignement, la spécialité technique, le principe de l'élection. — Différence entre la compétence et la spécialité technique. — Inconséquences dans la loi. — La représentation par les pairs proclamée pour tous n'est pas accordée à tous. — Les parias de l'Université. — L'enseignement primaire mis au régime du suffrage restreint [1].

Il y a déjà plus d'une année qu'ont pris fin, sans qu'ils aient encore été remplacés, les pouvoirs du Conseil supérieur de 1878 ; un intervalle encore plus long, mais beaucoup mieux justifié par les événements et

[1] Extrait de la *Revue de France* du 15 février 1880.

les circonstances, s'était écoulé depuis le dernier conseil de l'Empire jusqu'à celui de 1873. Il importait de ne pas laisser se prolonger davantage, contrairement à la loi, ce gouvernement sans contrôle du ministre de l'instruction publique. Telle est la raison sans doute pour laquelle la discussion de la loi sur le Conseil a précédé, au Sénat, la discussion de la loi sur l'enseignement supérieur. Nous serions les premiers à nous réjouir de voir enfin un Conseil à côté du ministre et à la tête du corps enseignant, si, tel qu'il sera, il nous était possible de nous faire quelque illusion sur son indépendance, et si l'enseignement public, pas plus que l'enseignement libre, devaient trouver en lui les garanties auxquelles l'un et l'autre ils ont droit. Mais plus nous songeons à cette première des lois Ferry, bien qu'améliorée en certains points par le Sénat, plus nous y découvrons d'inconvénients et de dangers de toute sorte. Il est vrai qu'elle n'est pas encore définitivement votée, qu'une seconde délibération doit avoir lieu, et qu'à cause des amendements déjà adoptés ou qui peuvent l'être encore, elle reviendra à la Chambre des députés. Mais il est probable que la grande lutte ayant eu lieu à la première délibération, la seconde n'aura pas la même importance. Toutefois plusieurs orateurs ont fait leurs réserves; quelques amendements doivent être présentés sur différents articles; espérons donc encore quelques améliorations. Quant à la Chambre des députés, il nous paraît vraisemblable qu'elle acceptera sans trop de difficulté les amendements du Sénat, pourvu qu'elle ait satisfaction sur ce qui lui tient le plus à cœur, à savoir l'exclusion des évêques et des magistrats[1]. Il est

[1] La Chambre des députés a, en effet, accepté la loi amendée

vrai qu'elle va trouver introduits dans la place les membres de l'Institut, dont elle ne se souciait guère, et qu'elle avait si lestement mis dehors comme convaincus d'incompétence. Mais si M. de Rozière, dans un discours habile, a réussi à les faire agréer, ce n'est qu'en leur donnant une couleur pédagogique qui sera d'un bon effet à la Chambre des députés, comme au Sénat.

Sorti mauvais des mains du ministre, le projet de loi sur le Conseil était devenu plus mauvais encore à la Chambre des députés. Il a été sans doute quelque peu amélioré dans la discussion du Sénat, grâce à quelques amendements que nous apprécierons, grâce à la brèche faite, en faveur des membres de l'Institut, au grand principe de la spécialité technique pour laquelle ont vainement combattu jusqu'au bout M. Ferry et M. Barthélemy Saint-Hilaire. Toutefois, malgré les efforts, malgré les arguments les plus décisifs, malgré toute l'éloquence des membres les plus autorisés du Sénat, le projet a passé à une bien faible majorité, il est vrai, avec les dispositions fondamentales qui le gâtent, non pas seulement dans quelques détails, mais dans son essence même. Si ce n'est pas un succès complet, c'est un demi-succès pour M. Ferry. Faut-il en conclure qu'il emportera de même la seconde loi avec l'article 7 ? Sans doute il y a entre les deux lois une connexion, comme M. Barthélemy Saint-Hilaire n'a pas eu de peine à le démontrer dans son rapport. Toutes deux en effet sont animées du même esprit d'intolérance et d'exclusion ; l'une peut être considérée comme la préface de l'autre. Mais comme il ne s'agit ici,

par le Sénat et même l'introduction des membres de l'Institut dans le Conseil.

en apparence du moins, que d'une question plus spécialement universitaire, quelques-uns ont pu ne pas saisir la gravité de la première tout aussi bien que de la seconde. La loi sur le Conseil de l'instruction publique porte atteinte sans doute à la liberté d'enseignement en ne lui donnant, comme on l'a si bien fait voir au Sénat, que des garanties dérisoires, mais elle l'atteint d'une manière moins directe. Elle exclut les représentants de l'enseignement religieux d'un Conseil où doivent être représentés, dit-on, tous les ordres d'enseignement, mais elle n'édicte pas la proscription et l'exil; elle trouble sans doute les consciences religieuses, mais en moins grand nombre et pas au même degré. Ce qu'elle trouble, ce qu'elle ébranle surtout, c'est notre enseignement public tout entier, ce sont les garanties de ses membres, ses traditions et sa discipline. Où le besoin est plus grand de stabilité, de suite et de calme, grâce à M. Ferry et à son nouveau Conseil, il y aura l'agitation et l'intrigue, au détriment de l'autorité des chefs, de l'accomplissement consciencieux des devoirs professionnels, au grand détriment de toutes les études, quels que soient les programmes et quelles que soient les méthodes. C'est une loi de désordre, une loi d'anarchie, comme il nous sera facile de le démontrer.

La discussion qui vient d'avoir lieu au Sénat a fait honneur, de l'aveu de tous, à la tribune française ; elle a rappelé les plus belles discussions de 1850, de 1873 et de 1875 sur ce grand sujet de l'instruction publique. Au nom de la politique, au nom de la tolérance religieuse, au nom du libéralisme et de ses vraies traditions, au nom du bon ordre universitaire, au nom de l'enseignement libre, le projet de loi, dans ses principes et dans ses détails, a été frappé mortellement par MM. le duc de Broglie, Wallon, Chesnelong, Laboulaye, Jules Simon, Bocher, de Parieu, Paris et Oscar de Vallée. Comparez cette discussion à celle de la Chambre des députés ; combien la différence est grande et que la comparaison est peu flatteuse pour les élus directs du suffrage universel ! Il n'est pas jusqu'à M. Ferry lui-même qui, pour lutter contre de pareils adversaires, ne se soit élevé un peu au-dessus de ce qu'il est dans l'autre Chambre.

Cette mémorable discussion a été ouverte par le rapport de M. Barthélemy Saint-Hilaire. Nous sommes loin d'en approuver l'esprit, les principes et les conclusions, mais nous rendons hommage au savoir, au talent, aux fermes convictions de l'honorable rapporteur. Il mérite d'ailleurs des éloges pour la façon dont il parle, quoique homme de la gauche, de la religion en général et du christianisme en particulier. Dans son rapport et dans sa réponse au duc de Broglie, il a tenu le même langage que dans ses savants ouvrages sur Mahomet et sur Bouddha, et tout récemment, dans son introduction à la traduction de la *Métaphysique* d'Aristote. Sans crainte d'être accusé par les siens de cléricalisme, et à l'exemple de ses illustres amis Cousin et Thiers, il professe hautement de son respect profond, de son admiration, ce sont ses paroles, pour le christianisme et pour le catholicisme qui en est, selon lui, la plus vraie expression. Comme un autre républicain, M. Jules Simon, et avec non moins de sincérité, il avertit charitablement la République de ne pas faire la guerre à la religion, de peur que cela ne lui porte malheur. Voilà le langage d'un philosophe spiritualiste, qui ne ressemble guère au ton de MM. Paul Bert, Spuller, Ferry ou Chalamet.

Pourquoi donc, alors qu'il pense si différemment sur la religion, est-il si complètement en accord avec eux sur l'exclusion de l'élément religieux du nouveau Conseil, sur l'article 7 et sur la guerre aux jésuites, par une contradiction qu'a bien relevée M. Chesnelong ? Il nous a même paru qu'en fait de haine contre les jésuites, M. Barthélemy Saint-Hilaire dépassait peut-être M. Spuller, ou même M. Paul Bert. Avec quelle hâte, avec quelle sorte d'âpreté, avant même que leur tour soit arrivé, et par anticipation sur l'article 7, il fait contre eux, comme les auteurs de tout le mal, un vrai réquisitoire, non moins violent et implacable que hors de propos ! Ce n'est pas, je le veux bien, le langage d'un incrédule ; ce serait plutôt celui d'un gallican ou d'un janséniste. N'a-t-il pas, d'ailleurs, invoqué contre eux l'autorité du parlement de Paris, comme d'autres celle de Charles X ou de Louis XV?

Non moins bien que de la religion, mais pour ne pas mieux conclure, il a parlé du droit du père de famille, si bien qu'au premier abord on aurait pu s'y tromper et le prendre pour un adversaire des lois Ferry, non moins résolu que M. le duc de Broglie ou M. Chesnelong.

En effet, il déclare qu'on doit reconnaître tout d'abord que l'éducation de l'enfant, par le vœu même de la nature, appartient au père de famille. Sur ce point, dit-il, nulle difficulté, et nous tenons à dire hautement, même à travers tant de déclamations semblables, que pour nous le foyer de la famille est inviolable et sacré, et que la République doit le respecter autant et plus, s'il est possible, qu'aucun autre gouvernement. Grâce à Dieu, le traducteur de la *Politique* d'Aristote n'a aucun goût, on le voit, pour la république de Platon, et, s'il veut nous amener aux projets de loi de M. Ferry, il ne veut pas cependant nous ramener en arrière jusqu'à Sparte et à Lycurgue.

Cependant, contre ce droit sacré du père de famille, il fait aussitôt intervenir l'État et son droit, avec la définition qu'il en donne et avec les six acceptions diverses, au compte de M. Laboulaye, dans lesquelles il le prend tour à tour ; si grand même et si entier fait-il ce droit de l'État qu'il ne reste presque rien du droit du père de famille.

Quoi ! je n'aurai pas le droit d'envoyer mon enfant à telle école plutôt qu'à telle autre, chez des prêtres ou des frères, plutôt que chez des laïques, et vous dites que vous respectez mon droit de père de famille ! Rien ne sert d'admettre en même temps, ce que personne, d'ailleurs, je crois, ne nie de part et d'autre, le droit du père et le droit de l'État, si on ne parvient à s'entendre sur les limites réciproques de ces deux droits. Laissons donc de côté les généralités qui ont tenu une grande place dans la discussion, sans lui apporter beaucoup de lumière, et surtout sans persuader personne, pour considérer la loi en elle-même, telle qu'elle vient d'être votée par le Sénat.

La condition de la spécialité technique pour chaque membre du Conseil, la présentation dans son sein de tous les degrés de l'enseignement depuis les plus élevés jusqu'aux plus humbles, l'élection, sinon pour tous, au moins pour les trois quarts des conseillers : voilà les principales idées fausses qui dominent toute la loi. Le Conseil devait-il être composé de représentants de tous les degrés de l'enseignement ? Telle est la question que nous allons d'abord examiner. Elle ne se sépare pas de celle de la spécialité technique dont tout ce que nous allons dire sera la réfutation directe ou indirecte.

Tous les degrés de l'enseignement n'étaient pas représentés dans l'ancien Conseil royal : l'enseignement, dans toutes ses branches, en était-il moins bien dirigé et gouverné ? J'en appelle à M. Chalamet, qui en a fait un si grand éloge, et à M. Barthélemy Saint-Hilaire, l'ancien chef de cabinet de Victor Cousin. Les lumières étaient-elles insuffisantes, la sollicitude était-elle moindre pour toutes les classes enseignantes, quoiqu'un simple agrégé de philosophie ne siégeât pas à côté de Cousin ou de Jouffroy, un agrégé des lettres à côté de Villemain ou de Saint-Marc Girardin, un agrégé de physique et de chimie à côté de Thénard, un professeur de mathématiques à côté de Poinsot ou de Poisson, ni un maître d'école à côté de Rendu ? Dans ce temps-là, les professeurs faisaient leurs classes ; ils préparaient l'agrégation ou le doctorat ; ils concouraient pour les prix de l'Institut, tandis que des conseillers inamovibles, aidés des inspecteurs généraux, gouvernaient l'Université, où tout allait mieux pour les études, pour les garanties des droits de chacun, pour l'appréciation des titres et des services dont il n'est plus fait cas dans les bureaux ministériels.

L'universitaire qui aura passé par tous les divers degrés de l'enseignement et de l'administration, d'abord professeur dans un lycée, puis dans une faculté, proviseur, inspecteur d'académie, recteur, inspecteur général, ne connaîtra-t-il pas mieux les besoins, les intérêts du corps entier, ne sera-t-il pas meilleur juge des réformes à faire dans l'enseignement public, dans les méthodes et les programmes, dans les règlements et les lois, que celui qui ne connaît ni l'administration, ni les affaires, ni le monde, qui n'a rien vu au delà de sa classe de grammaire, au delà des murs de son collège ou de son école? Élevé tout d'un coup, par les caprices de l'élection, au rang suprême de membre du Conseil supérieur de l'Université, quelle autorité et quelles lumières y apportera-t-il? Des réclamations contre son proviseur ou son principal, des demandes de diminutions d'heures de classe ou d'augmentations de traitement : voilà sans doute quelles seront ses vues propres et le principal objet de ses préoccupations, en y joignant un vif désir de quelque promotion, de quelque distinction honorifique, pendant les quatre ans que durera son mandat et qu'il tâchera de mettre à profit.

Quoi donc! Pour tout homme de bon sens n'est-il pas clair qu'en fait d'instruction primaire un inspecteur général, ou même un inspecteur primaire expérimenté, doit en savoir plus que le plus habile des maîtres d'école? De même dans l'enseignement secondaire, quel ne sera pas l'avantage d'un recteur ou d'un inspecteur général sur un agrégé qui, encore une fois, ne sait rien hors de la sphère étroite de ses leçons, de ses élèves, de son programme annuel, qui n'a aucune idée de l'administration? Sur l'organisation de l'armée, un général n'en sait-il pas plus qu'un simple soldat ou même un sergent; sur la marche du navire, le capitaine plus que le matelot? Si celui qui peut le plus peut le moins, la réciproque n'est nullement vraie. Il n'était pas possible d'entendre d'une manière plus étroite et plus fausse ce principe de la compétence au nom duquel la porte du Conseil a été ouverte à ceux-ci ou fermée à ceux-là.

Combien ne diffèrent pas ces deux choses qu'on a confondues à plaisir, la spécialité technique et la compétence, l'une particulière, exclusive et restreinte, l'autre qui doit s'étendre à toutes les questions d'instruction publique, d'éducation privée et nationale? Quelle incompétence générale ne va pas résulter de l'agglomération de ces spécialités techniques, et de toutes ces petites compétences particulières! Cette équivoque de la spécialité technique et de la compétence, deux choses si peu semblables, se sont retrouvées, dans les deux Chambres, au fond de toutes les argumentations du ministre et des gauches.

Cependant, une fois le principe admis, que nul ne peut être représenté que par ses pairs, il fallait oser, sous peine d'inconséquence, aller jusqu'au bout; il fallait donner des représentants dans le Conseil à toutes les classes, même les plus modestes, de fonctionnaires et de professeurs qui font partie de l'enseignement public. M. Ferry, déjà nous l'avons dit, malgré tout son républicanisme, n'avait pas voulu d'abord que le cens électoral universitaire descendît au-dessous de l'agrégation; nul dans son projet primitif ne devait être électeur, s'il n'était agrégé. L'agrégation était comme les deux cents francs des électeurs de Louis-Philippe. C'était là où, suivant lui, il fallait s'arrêter, sous peine de tomber dans la confusion et la démagogie. M. Ferry avait osé, mais vainement, défendre le cens aristocratique de l'agrégation; il avait même dit à cette occasion quelques paroles fort sages que nous avons louées, mais il a paru les avoir complètement oubliées dans la discussion du Sénat. Il a conjuré la Chambre des députés de ne pas prêter l'oreille à M. Millaud; mais au Sénat, éclairé par je ne sais quelle nouvelle lumière, il a tenu un tout autre langage. Il a supplié les sénateurs de ne pas faire cette grave injure aux professeurs des collèges communaux de les mettre hors du Conseil, comme s'ils en avaient déjà réellement fait partie avant le vote définitif de la loi, et comme si toutes les bonnes raisons qu'il avait données, quelques mois auparavant, pour les exclure, avaient perdu leur valeur. Comment se fait-il que cet océan de professeurs où se noie le progrès, pour reprendre ses métaphores, il s'y résigne si facilement aujourd'hui après y avoir vu un si grand danger? En vérité, les contradictions ne lui coûtent guère! Heureusement le Sénat n'a pas dit son dernier mot, et il pourrait bien encore d'une main secourable sauver M. Ferry de ce débordement de professeurs « qui viendront faire entendre leurs plaintes et réclamer quelque augmentation de traitement. » En attendant, malgré l'opposition de M. Ferry devant les députés, et avec son adhésion devant les sénateurs, le cens électoral universitaire est tombé de l'agrégation à la licence, jusqu'à ce qu'il tombe sans doute de la licence au baccalauréat.

De l'adoption de l'amendement de M. Millaud il est résulté une grave incohérence dans la loi et un véritable déni de justice à l'égard des chargés de cours, classe non moins nombreuse et plus intéressante que les professeurs de collèges communaux. La Chambre des députés n'avait pas même paru se douter de l'existence des chargés de cours. M. Barthélemy Saint-Hilaire, dans son rapport, a cherché à justifier leur exclusion par des raisons qui nous ont semblé de peu de valeur. D'après des chiffres que j'emprunte à M. Jourdain, qui connaît si bien l'administration et le personnel de l'Université, il y a 539 licenciés dans les collèges communaux ; mais il y a un bien plus grand nombre de licenciés chargés de cours dans les lycées qui sont privés du droit de voter.

Selon la dernière statistique officielle, il y a dans les lycées, sans compter les maîtres d'études, 2,349 fonctionnaires. Or, sur ce nombre, 913 seulement sont **agrégés ou docteurs**, c'est-à-dire que 913 seulement seront électeurs. Les autres sont en majorité de simples licenciés qui portent le titre de chargés de cours. Dans certains lycées de troisième catégorie, il n'y a pas un seul agrégé, y compris le proviseur ; toutes les chaires, même les plus hautes, sont occupées, à défaut d'agrégés, par des chargés de cours qui sont à un rang plus élevé dans la hiérarchie universitaire que les professeurs de collèges communaux. Ce sont les meilleurs d'entre les simples licenciés, d'anciens élèves de l'École normale, non encore agrégés, auxquels on confie des chaires dans un lycée. Passer dans un lycée comme chargé de cours, c'est l'ambition et la récompense des meilleurs professeurs des collèges communaux. Parmi ces chargés de cours, il en est plus d'un, au moins dans les sciences, qui a deux, ou même trois licences, la licence ès sciences mathématiques, la licence ès sciences physiques et la licence ès sciences naturelles. Ainsi tel professeur, deux ou trois fois licencié, ne sera pas électeur, uniquement parce qu'il est plus haut placé, parce qu'il est dans un lycée et non dans un collège communal. Combien cependant, parmi ces modestes chargés de cours, de professeurs consciencieux dont les classes ne valent pas moins que celles de leurs collègues agrégés ? Pourquoi donc en faire des parias, pourquoi les rayer des listes électorales universitaires, lorsqu'ils ont un grade auquel, dans des établissements de moindre importance, on attache le cens électoral ? Quelle injustice et quelle contradiction !

Les collèges communaux représentent « une partie distincte et essentielle de l'enseignement secondaire » ; voilà ce qu'allègue M. Barthélemy Saint-Hilaire pour prouver que la contradiction n'est qu'apparente. Mais d'abord l'équivalence du grade n'en subsiste-t-elle pas moins, avec la supériorité des services et du savoir, en faveur des chargés de cours ? En outre, est-il exact de faire des collèges communaux une branche distincte de l'enseignement ayant droit à une représentation spéciale, de même que la physique, l'histoire ou la philosophie ? L'enseignement des collèges communaux n'a rien de distinct et de spécial ; ce n'est que la reproduction plus ou moins affaiblie de l'enseignement des lycées. Enfin, si les licenciés sont au premier rang dans les collèges, les chargés de cours n'y sont-ils pas dans bien des lycées, où ils occupent même des chaires de philosophie et de rhétorique ? Donc, la contradiction est bien flagrante, quoi que dise le rapport de la commission. Si nous plaidons ainsi la cause des chargés de cours, c'est pour mieux faire voir toutes les incohérences du projet de loi qui donne ou enlève arbitrairement les droits électoraux, et qui met les professeurs des lycées au-dessous des professeurs des collèges communaux. Quant à nous, notre sentiment est qu'il faut laisser les uns et les autres à leur classe et à la préparation de l'agrégation.

Mais pourquoi M. Millaud, qui a sans doute quelque collège communal dans son arrondissement, s'est-il arrêté en si beau chemin ? N'y a-t-il donc plus rien dans l'Université après les professeurs licenciés des collèges communaux ? Pourquoi, par exemple, n'avoir pas songé aux professeurs non licenciés, maîtres répétiteurs, qui sont au nombre de plus de mille dans les lycées ? Puisque tous les degrés de l'enseignement doivent être représentés, pourquoi n'enverraient-ils pas leurs délégués au Conseil supérieur ?

Après les maîtres répétiteurs, je réclamerais en faveur des maîtres d'école. Pourquoi donc, eux aussi, n'auraient-ils pas le droit de vote et une représentation spéciale, si tous, sans exception, doivent être représentés et défendus par leurs pairs ? M. Ferry a réclamé en faveur de ce qu'il appelle si improprement le tiers état de l'Université ; nous, nous réclamons, au nom du principe même de la loi, au nom de la logique démocratique, en faveur des simples bacheliers, en faveur de tous ceux qui sont munis d'un brevet quelconque, supérieur ou non ; nous réclamons, enfin, en faveur du peuple universitaire. On dit qu'ils sont quarante mille. La raison est mauvaise. Comment se fait-il que ces grands partisans, du moins partout ailleurs, du suffrage universel, ne veulent dans l'enseignement primaire que le suffrage restreint et pas d'autres électeurs que les dignitaires et les chefs ? S'ils sont si nombreux, c'est une raison de leur donner un plus grand nombre de délégués, et non pas de les priver du droit de voter. Pourquoi eux seuls, entre tous les membres du corps enseignant, ne seraient-ils pas représentés par leurs pairs, suivant le grand principe de la loi ? Je m'étonne que les gauches des deux Chambres n'aient pas pris leur cause en main ; c'était une assez belle thèse démocratique à soutenir.

Enfin, pour n'oublier personne, et comme l'a dit

ironiquement un membre du Sénat, pourquoi les élèves aussi n'auraient-ils pas leurs délégués dans cette assemblée de tous les corps d'état du monde de l'enseignement public? Sans doute ils n'auraient pas à réclamer d'augmentation de traitement, comme la plupart des autres membres du Conseil, mais que d'autres demandes ils auraient à faire ! la mise à la raison de leurs maîtres, la diminution des devoirs, l'augmentation des sorties, la rentrée à minuit, l'indépendance enfin qui convient à de jeunes citoyens sous une république.

CHAPITRE X

Suite de la discussion de la loi sur le Conseil. — Principe de l'élection. — Ses inconvénients et ses difficultés croissent à mesure que le nombre des électeurs augmente, depuis les facultés jusqu'aux écoles primaires. — Difficulté de s'entendre. — Un aveu du ministre. — Les femmes introduites dans le corps électoral universitaire. — Peut-on compter sur l'indépendance des membres élus ? — Les députés et sénateurs exclus. — Les membres de l'Institut et les professeurs de théologie admis. — De la nouvelle composition des conseils académiques. — Nulle garantie pour les membres de l'enseignement libre devant un pareil tribunal. —Agitation électorale dans l'Université. — Inconvénient pour la hiérarchie et la discipline. — Comment le Conseil aurait dû être composé.

La nomination des trois quarts des membres du Conseil remise à l'élection ne nous semble pas une idée moins fausse que la représentation de tous les degrés de l'enseignement. Insistons sur les difficultés et les inconvénients de toute sorte inhérents à ces élections. A part neuf membres de la section permanente, à part les quatre membres de l'enseignement libre nommés par le Président de la République, tout le Conseil doit être élu. C'étaient bien aussi des membres élus qui composaient la majeure partie des Conseils de 1850 et de 1873; mais les élections avaient lieu seulement dans la Cour de cassation, dans le Conseil d'État, à l'Institut, parmi les évêques, là où tous les électeurs sont égaux et indépendants, où tous se connaissent, où les brigues et les cabales sont peu à redouter. La loi de 1873, il est vrai, avait aussi introduit les élections dans l'Université, mais pas ailleurs que dans les facultés. D'après la loi nouvelle, elles vont avoir lieu, non seulement dans les facultés, mais dans les lycées, dans les collèges et dans l'enseignement primaire, avec des inconvénients et un trouble de plus en plus grands, à mesure que le nombre des électeurs va en croissant, à mesure qu'ils se connaissent moins, et qu'il y a entre eux plus de différences de position et plus de distinctions hiérarchiques, à mesure enfin qu'on descend davantage, depuis le sommet jusqu'aux degrés inférieurs.

Où les facilités sont plus grandes et les inconvénients moindres, c'est au sommet, parmi les membres de l'enseignement supérieur, qui sont disséminés en un moins grand nombre de centres, qui sont plus connus de tous, qui se connaissent davantage et peuvent mieux entrer en relation les uns avec les autres. Toutefois, par une première expérience, on a déjà pu voir, en 1873, que, même dans les facultés, l'entente n'était pas facile. D'abord les facultés des lettres de province avaient cherché à s'entendre pour envoyer un des leurs au Conseil, Paris devant être d'ailleurs suffisamment représenté; elles ne purent y réussir, quoiqu'elles fissent la majorité, chacune, ou à peu près, voulant avoir son candidat à elle. Ainsi fut assurée l'élection de l'excellent doyen de la faculté de Paris, M. Patin. Dans les sciences, M. Paul Bert a échoué contre M. Milne-Edwards. Mais là encore on a pu voir que l'exactitude de certains avis sur les dispositions de telle ou telle faculté n'était pas facile à contrôler du nord au midi, surtout à la veille de l'élection. Cette fois d'ailleurs le vote des professeurs de faculté ne présentera ni les mêmes facilités ni les mêmes garanties d'indépendance, à cause de l'adjonction des maîtres de conférences, qu'on a multipliés dans toutes les facultés et qui, n'étant nommés que pour un an, sont complètement à la discrétion du ministre.

Que sera-ce donc dans les 90 lycées et dans les 250 collèges communaux de l'enseignement secondaire ? Comment les mille électeurs des lycées, même répartis en huit séries, comment les cinq cents électeurs licenciés des collèges communaux, même partagés en deux groupes, parviendront-ils à se concerter plus ou moins et à faire un choix qui ne soit pas le pur effet du hasard ou de l'intrigue, entre des candidats à peu près également inconnus ?

N'est-ce pas encore M. Ferry qui a dit avec le plus merveilleux aplomb : « Tous les agrégés se connaissent. » La vérité est que, sauf quelques camarades d'agrégation ou d'école, sauf quelques collègues du même lycée, ils s'ignorent complètement. Ceux-là seuls en général sont connus parmi les professeurs des lycées ou des collèges qui écrivent dans les journaux et qui ne font pas leur classe.

Voyez-vous l'embarras de ces deux ou trois électeurs perdus dans un lycée ou dans un collège, sans lien d'aucune sorte, non seulement avec leurs collègues d'une autre académie, mais avec le lycée ou le collège le plus voisin; ils consulteront sans doute l'annuaire de Delalain, mais cet annuaire ne leur donnera que des noms et rien de plus. Honnêtes et consciencieux, ils voudraient bien ne faire que de bons choix, ne nommer ni des intrigants, ni des brouillons, ni des ambitieux impatients des lenteurs d'un avancement régulier, avides de promotions, de palmes ou de croix; mais comment les connaître, comment discerner le froment de l'ivraie? Dans toute élection de quelque importance il y a des réunions électorales préparatoires. Comment auront-elles lieu dans l'Université, sauf dans deux ou trois grandes villes où il y aura, je ne parle pas de Paris, douze ou quinze électeurs ou plus dans le même lycée? En outre, ces électeurs se diviseront en huit groupes selon les ordres d'agrégation, de telle sorte que le morcellement électoral atteindra la dernière limite. Les électeurs universitaires ne demanderont-ils pas à se réunir au moins au chef-lieu de l'académie? Ne faudra-t-il pas leur donner quelques frais de déplacement, comme aux délégués pour les élections sénatoriales? Les classes ne devront-elles pas être suspendues pendant la période électorale, au préjudice des études, comme de la caisse de l'Université?

Le ministre, dans la séance du 30 janvier, a bien été obligé de faire l'aveu, précieux à recueillir, « que la première formation sera peut-être un peu chaotique, orageuse et troublée. » Quant à nous, dans nos plus vives critiques, nous aurions peut-être bien osé aller rappeler la tour de Babel, mais non pas le chaos. Cette image du chaos n'épouvante d'ailleurs aucunement le ministre qui, dans son optimisme, nous affirme que tout s'arrangera, que tout ira pour le mieux. On s'entendra par correspondance, nous disent encore M. Ferry et M. Barthélemy Saint-Hilaire.

Cela est bien facile à dire, mais ne résout aucune difficulté, ou plutôt c'est dans cette correspondance elle-même qu'est la grande difficulté. Beaucoup de lettres sans doute seront échangées de part et d'autre, mais peut-être sans faire le concert et la lumière qui importent pour le choix et pour le succès des meilleures candidatures.

A qui écrire et où ? Auquel des quatre-vingt-dix lycées ou des deux cent cinquante collèges communaux, et à qui dans chacun de ces lycées ou collèges ? Pourquoi plutôt ici que là, à celui-ci plutôt qu'à celui-là, ou même à tel petit comité qu'à tel autre ? C'est une correspondance multiple et sans fin pour qui voudra voter en connaissance de cause, et ne pas se laisser diriger aveuglément par les comités qui vont se former, s'ils ne le sont déjà, à Paris et dans la province [1].

M. le rapporteur, en s'appuyant de l'autorité de M. Chalamet, s'applaudit, comme d'une chose heureuse, des relations que cette correspondance va établir, d'un lycée ou d'un collège à l'autre. « Ces relations formeront un courant d'idées qui réveillera l'esprit de corps un peu assoupi et les liens se resserreront entre les fonctionnaires qui auront tout avantage à se connaître. » Là encore nous craignons que de la part des deux rapporteurs il n'y ait illusion, plus pardonnable pour M. Barthélemy Saint-Hilaire que pour M. Chala-

---

[1] Toutes ces difficultés se sont en effet présentées. Le *Bulletin de correspondance universitaire* ne les a diminuées qu'au profit des plus violents et des plus téméraires réformistes et surtout au profit de l'influence ministérielle.

met qui a vécu dans les lycées. Ces relations pourront bien ne pas tourner à l'avantage de l'esprit de corps dans le bon sens, c'est-à-dire à l'avantage de la discipline, du respect des règlements, d'une obéissance plus empressée aux ordres des recteurs et surtout des proviseurs, dont l'autorité, personne ne semble y avoir songé, sera singulièrement compromise au milieu de toute cette agitation, dont la plupart, n'étant pas électeurs, sont condamnés à demeurer les simples témoins. Je craindrais même que, par suite de ces relations, il ne se formât, dans certaines académies, des associations, des ligues pour soutenir de prétendus droits, pour protester contre tel règlement, pour demander quelques heures de classe de moins. Peut-être même entendra-t-on quelques menaces de grève, si telle ou telle mesure rectorale, ou même ministérielle, vien à déplaire.

Si du corps électoral de l'enseignement secondaire nous passons à l'enseignement primaire, nous voyons le trouble et les difficultés s'accroître, bien qu'on n'ait pas étendu jusqu'aux maîtres d'école le droit électoral, contrairement, comme nous l'avons montré, à l'esprit de toute la loi. Dans les corps électoraux des lycées et des collèges, il y avait au moins une certaine homogénéité entre les électeurs, tous professeurs, tous agrégés ou tous licenciés du même ordre. Il n'en est plus de même ici ; le directeur et les inspecteurs généraux de l'instruction primaire de la Seine, les inspecteurs d'académie, les inspecteurs primaires, les directeurs et directrices d'écoles normales voteront ensemble pour la nomination des six délégués de l'enseignement primaire. La diversité ne sera pas seulement dans les fonctions et le rang des électeurs, mais même dans les sexes; il y aura, en effet, chose tout à fait nouvelle, des électeurs mâles et des électeurs femelles. La directrice de l'école Pape-Carpantier, les directrices des écoles normales de filles, les inspectrices générales et les déléguées spéciales chargées de l'inspection des salles d'asile prendront également part au scrutin. C'est, croyons-nous, la première fois que des femmes sont investies officiellement, par une loi, d'un droit électoral. Est-ce un bien, est-ce un mal?

Nous n'oserions le dire. Faut-il y voir un premier pas vers la complète émancipation des femmes, vers leur admission à l'électorat politique et à toutes les fonctions publiques, vers l'entrée à la Chambre des députés, au Sénat ou même à l'éligibilité à la présidence de la République? Les femmes sont redevables de cette faveur, sinon de ce droit, non à M. Ferry, non au Sénat, mais à l'initiative de la Chambre des députés. Le Sénat n'a pas protesté contre cette nouveauté, il a accueilli silencieusement l'introduction de ce nouvel élément dans le corps électoral. Mais il reste encore une seconde délibération dont les inspectrices, directrices et déléguées doivent attendre la fin pour être bien assurées de la possession de leurs droits électoraux [1]. Voici comment sur ce sujet intéressant s'exprime le rapporteur: « Nous croyons utile de permettre l'accès de ce corps électoral à quelques femmes désignées par leurs fonctions et leur mérite. On a élevé quelques objections sur cette nouveauté. mais elle n'a rien qui puisse nous inquiéter et nous espérons que le Sénat voudra bien aussi donner cette marque de sympathie aux très louables efforts que

---

[1] Rien sur ce point n'a été changé.

l'on tente en faveur de l'instruction des filles. »

Il n'y a rien là qui nous inquiète beaucoup nous aussi, et à quoi même nous ne soyons disposés à donner les mains. Nous irions même peut-être plus loin que le savant rapporteur ; nous verrions sans grande inquiétude, au temps et dans la confusion générale où nous sommes, toutes les femmes voter dans toutes les élections. Qu'on regarde ce qui se passe : assurément elles ne pourraient pas voter plus mal que les hommes. Qui sait même si elles ne voteraient pas mieux ?

Qu'arrivera-t-il de toutes ces difficultés sur les moyens de s'entendre entre des électeurs en nombre restreint, il est vrai, mais disséminés à travers toute la France, et à peu près complètement isolés les uns des autres ? Les élections, par la force des choses, seront aux mains de quelques meneurs, de quelque comité, de quelque journal de Paris, ou bien elles se feront sur un mot d'ordre du ministre. Telle est la double alternative.

Il y a cependant dans cette loi si peu sage une disposition prévoyante : c'est la restriction aux agrégés, fonctionnaires ou professeurs en exercice. Un certain nombre de jeunes professeurs agrégés, fatigués de leur classe et de leurs élèves, sous un prétexte ou sous un autre, celui d'un travail à faire, d'une thèse à achever, ou d'un mal de gorge, demandent et obtiennent des congés avec un traitement de disponibilité, par la protection de quelques députés ou conseillers municipaux. Ils battent le pavé de Paris, ils donnent des leçons, quelquefois même dans des maisons rivales de l'Université, ou ils écrivent dans les journaux. Ceux-là du moins ne pourront pas être élus. Toutefois cela ne suffit pas pour nous rassurer sur le choix des can-

8.

didats, pas plus sur ceux du ministre que sur ceux des comités et des journaux. Qui donc songera à ceux qui ne font pas parler d'eux, tout entiers à leurs devoirs professionnels et à leurs élèves? Non seulement ils ne seront pas élus, mais leur nom ne sera pas même prononcé.

Encore une fois, ce sont les plus agités, les moins dévoués à leurs fonctions qui se mettront ou qui se feront mettre en avant; ce sont eux qui formeront des comités, qui donneront des mots d'ordre en leur propre faveur ou en faveur de leurs amis. Nul ne sera un candidat sérieux s'il n'est prôné par quelque journal, s'il ne tient au journalisme par quelque bout. La politique s'en mêlera, bien plus encore que la pédagogie, ou les réformes à faire dans le programme des études. Les choses se passeront à l'image des élections politiques : il y aura des questions posées aux candidats, agrégés ou licenciés. Malheur dans un certain camp, le moins nombreux, mais le plus ardent, à qui ne s'engagera pas à combattre la grammaire, le cléricalisme et les vers latins ! A travers tout cela viendra sans doute quelque mot d'ordre du ministre transmis aux recteurs, aux inspecteurs, aux proviseurs, peut-être aux préfets. On verra se produire des candidatures officielles appuyées de promesses de promotions, de catégories pour les lycées, de subventions pour les collèges communaux et de faveurs individuelles.

Quoique nous estimions beaucoup les qualités morales du corps enseignant, considéré dans son ensemble, sans toutefois faire un aussi grand étalage de nos sentiments que M. Ferry ou le rapporteur de la commission, il nous est impossible de partager toute leur confiance dans l'indépendance des délégués qui seront élus au milieu de ce branle-bas électoral universel, comme on l'a dit, qui va remuer de fond en comble toute l'Université. L'indépendance tient sans doute aux caractères, mais aussi pour une grande part aux situations dans lesquelles on place les hommes, et à ce qu'ils ont à espérer ou à craindre. Or, quelle ne sera pas à l'égard du ministre la dépendance de presque tous ces élus universitaires? « Je n'aurai, a dit M. Ferry, que dix personnes dans le Conseil sous ma dépendance [1]. »

Avez-vous bien compté, et êtes-vous bien sûr qu'il n'y en ait pas davantage? Sans doute ces dix conseillers essentiellement dépendants, de votre propre aveu, sont les huit agrégés des lycées et les deux licenciés des collèges communaux. Mais le professeur délégué de Cluny, les six représentants de l'enseignement primaire, seront-ils moins dépendants? Combien tous ne sont-ils pas loin de leur bâton de maréchal! Qu'ils ont besoin de plaire, s'ils veulent faire rapidement leur chemin, ou même ne pas retourner en arrière! Les dix représentants de l'enseignement supérieur ne dépendront-ils pas eux-mêmes du ministre, non pas seulement par le désir de quelque avancement administratif, mais pour une promotion de classe ou pour le renouvellement d'un décanat temporaire de trois ans? Les uns ne voudront plus quitter Paris sans quelque avancement ou promotion, ou bien sans une décoration tout au moins, et les plus modestes, sans des palmes d'or; les autres, et ce sera le plus grand nombre, ne voudront pas le quitter du tout et ils estimeront la province indigne d'un conseiller de l'Université, d'un successeur des Cuvier, des Cou-

[1] Séance du 30 janvier.

sin et des Villemain. Prenez même les plus haut placés dans la hiérarchie universitaire, s'ils ont peu à espérer, il leur reste beaucoup à craindre. Ne pouvez-vous révoquer les directeurs, s'ils sont élus, de l'École normale, de Cluny, de l'École des chartes, etc.? Un recteur entré dans la section permanente par votre nomination, ne pouvez-vous, en cas de mécontentement, sinon le révoquer, au moins le faire passer de Lyon ou de Bordeaux à Chambéry? Ne pouvez-vous vous débarrasser d'un inspecteur général peu agréable en ne le renommant pas une seconde fois, ou mieux encore en le mettant à la retraite d'office? Par l'abus des retraites d'office, n'avez-vous pas, vous le savez bien, droit de vie et de mort sur tous les hauts fonctionnaires de l'Université, pour peu que leurs têtes grisonnent?

Dix membres seulement, à ce que vous dites, sont dans votre dépendance, et moi je n'en trouve que bien peu qui n'aient tout à risquer, s'ils ont le malheur de vous déplaire. Où donc sera l'indépendance, à moins peut-être qu'elle ne se réfugie chez vos directeurs que la Chambre des députés a éliminés, mais que vous cherchez à faire rentrer par une porte détournée, en glissant leurs noms parmi ceux dont vous avez le droit de composer la section permanente? Vous avez beau dire, à propos du comité consultatif, que vous voulez un comité qui puisse vous résister et qui vous résiste, personne ne peut vous croire. Vous savez trop bien vous défaire de ceux qui sont les moins dociles.

Non seulement les membres du Conseil auront beaucoup à demander pour eux, mais ils n'auront pas moins à demander, comme les députés de la Chambre, pour leurs amis et leurs électeurs. En même temps que des faveurs, ils solliciteront peut-être des disgrâces et des épurations. On profitera de l'occasion pour se venger d'un proviseur ou d'un recteur par qui on a été blâmé ou rappelé à la règle; l'administration dans l'Université, comme partout ailleurs, deviendra impossible.

Outre la réintégration des membres de l'Institut dans le Conseil d'où M. Ferry les avait exclus, quelques détails du projet de loi ont été changés et améliorés par le Sénat. Deux changements surtout nous semblent mériter l'attention et sont dignes d'éloges : les professeurs de théologie que la Chambre des députés avait effacés de la liste y ont été rétablis; les députés et sénateurs qu'elle avait mis à leur place en ont été effacés.

D'après le texte même du projet de loi, chaque faculté de l'État devant avoir ses représentants au Conseil, les professeurs des facultés de théologie catholique ou protestante, qui sont des facultés de l'État, y avaient entrée, comme ceux de médecine ou de droit. Mais la Chambre, dans l'ardeur de sa passion anti-cléricale, n'en avait pas jugé ainsi; elle les avait exclus, ni plus ni moins que les évêques. C'est en vain que M. Beaussire avait réclamé en leur faveur. M. Barthélemy Saint-Hilaire, plus heureux, a gagné leur cause dans le Sénat. Il est vrai que M. Ferry qui, crainte d'un échec, les avait abandonnés devant les députés, les a défendus dans la commission du Sénat; il s'en est même fait honneur en recevant, au jour de l'an, la faculté de théologie avec une sorte d'amabilité. On ne peut mieux que le rapporteur du Sénat, avec qui nous sommes heureux de nous trouver ici d'accord, réfuter les uns après les autres tous les arguments des adversaires de la représentation des facultés de théologie. Citons la conclusion de cette partie de son rapport :

« D'ailleurs, il nous suffirait de cet argument que, depuis soixante ans, les facultés de théologie n'ont pas cessé d'appartenir à l'Université et qu'elles ne demandent pas mieux que de continuer à en faire partie. A défaut même de cet argument, il nous semble que, dans les circonstances actuelles, il est de bonne conduite, dans leur intérêt et tout à la fois dans l'intérêt public, de ne pas rompre le lien qui les rattache à l'Université. » Ainsi, à défaut d'évêques, si la seconde délibération maintient leur exclusion, il y aura à tout le moins une soutane noire dans le Conseil supérieur, dût en frémir d'horreur M. Paul Bert avec tous les siens. Peut-être même y en aura-t-il deux. En effet, M. Ferry, pressé par le Sénat, a annoncé qu'il ferait une part à l'enseignement ecclésiastique dans le choix des quatre chefs d'établissement libre dont la nomination appartient au Président de la République. Notons que les professeurs de théologie auront aussi entrée dans les conseils académiques, d'où ils avaient été retranchés, comme du Conseil supérieur, par la Chambre des députés.

Il ne faut pas savoir moins de gré au Sénat d'avoir supprimé les deux députés et même les deux sénateurs que certains députés prévoyants, dans l'espoir sans doute de se ménager une place au Conseil, y avaient introduits par voie d'amendement. La Chambre haute n'a pas, en effet, réclamé en faveur des deux places que lui enlevait le projet de la commission. A quel titre, d'ailleurs, donner accès à des députés, ou même à des sénateurs, dans un Conseil où personne ne doit entrer qui n'appartienne à l'enseignement public, ou qui ne touche en quelque façon à la pédagogie? Que devenait donc la grande règle, si hautement proclamée, de la compétence, de l'expérience technique, de la spécialité, règle en vertu de laquelle évêques, conseillers à la Cour de cassation, conseillers d'État, ont tous été écartés, si l'on ouvrait la porte à des membres du Corps législatif? Nous eussions vu sans doute dans le Conseil quelque petit avocat, quelque médecin sans malades, des colonels en retraite, des gens d'affaires, des banquiers de second ou de troisième ordre. M. Barthélemy Saint-Hilaire a fait valoir avec beaucoup de force et de d'habileté ces raisons décisives devant des collègues qui se trouvaient à la fois juges et parties dans la question. Il voit de graves inconvénients à appeler l'élément politique dans un conseil pédagogique, à cause de la confusion des pouvoirs et des conflits possibles qu'il faut toujours chercher à éviter, à cause surtout de la dérogation au principe de la loi qui en appellerait d'autres que nous ne pouvons pas, dit-il, admettre davantage, quoiqu'elles soient spécieuses. « Nous ne pensons pas, dit-il en terminant cette argumentation, que le Sénat et la Chambre des députés puissent se blesser de notre réserve à leur égard, quand cette réserve nous est imposée à l'égard de tant d'autres qui pourraient paraître avoir plus de droits à une exception. » Nous espérons, nous aussi, que les deux Chambres auront la sagesse de ne pas s'en blesser, pas plus les députés, quand leur reviendra le projet amendé, que les sénateurs eux-mêmes.

Comment se fait-il que cette dérogation au principe même de la loi, que la commission du Sénat a si sagement fait disparaître dans la composition du Conseil supérieur, elle la laisse subsister dans la composition des conseils académiques? On s'est beaucoup occupé, jusqu'à présent, du Conseil supérieur et fort peu des conseils académiques, qui ont bien aussi leur importance. Espérons qu'on y regardera de plus près à la seconde délibération. Ces nouveaux conseils académiques ont été remaniés à l'image du nouveau Conseil supérieur [1]. Ce sont les mêmes éléments, les mêmes exclusions, le même esprit. Les évêques et les magistrats, les premiers présidents, les procureurs généraux, pour ne pas parler des préfets, qui ont été, il est vrai, tant épurés que nous ne regrettons pas aujourd'hui de ne plus les y voir, en faisaient partie, avec le recteur, les doyens et les inspecteurs d'académie. L'Université, à Paris et en province, n'a eu généralement qu'à gagner, quoi qu'on en ait dit, à ce contact avec les hauts dignitaires du clergé, de la magistrature et de l'administration. Nous pouvons l'affirmer par l'expérience que nous en avons faite nous-même dans les deux académies de Lyon et de Clermont.

La nouvelle loi les exclut, toujours sous ce même prétexte du défaut de compétence et d'expérience technique, pour faire place à des représentants élus de tous les ordres d'enseignement. Ainsi, à côté des doyens, qui en font encore partie de droit, il y aura un professeur élu dans chaque faculté. Pourquoi cela? Le doyen ne suffit-il plus aujourd'hui pour représenter une faculté? Faut-il à ses côtés quelqu'un pour le surveiller et le contrôler? Telle faculté des lettres, qui n'a pas plus de six professeurs, aura deux représentants dans le conseil académique.

A côté d'un proviseur et d'un principal nommés par le ministre, il y aura des professeurs, des agrégés et des licenciés élus par leurs pairs, qui les tiendront en

---

[1] On n'y a pas regardé.

échec. A ce conseil purement universitaire sont adjoints deux membres de l'enseignement libre, à la nomination du ministre, mais seulement quand il s'agira d'affaires contentieuses et disciplinaires de l'enseignement libre. Il nous semble que les garanties de l'enseignement libre sont plus médiocres encore devant ce tribunal en première instance, là où les causes seront les plus nombreuses, que devant le Conseil supérieur.

Enfin, voici une grave dérogation au principe même de la loi, que le Sénat a laissée dans la composition des conseils académiques, après l'avoir fait disparaître du Conseil supérieur. Au sein de cette assemblée, qui doit être, dit-on, toute pédagogique, nous voyons figurer non sans étonnement deux membres choisis par le ministre dans les conseils généraux et deux dans les conseils municipaux du ressort de l'académie. Comme il y a plusieurs conseils généraux, et bien des conseils municipaux, dans une académie qui comprend jusqu'à sept ou huit départements, le projet de loi restreint cette faveur à ceux de ces conseils qui concourent aux dépenses de l'enseignement supérieur ou secondaire. Mais il peut y en avoir plusieurs qui concourent à ces dépenses ; lequel aura ces deux représentants ? Le ministre sera sans doute embarrassé. On sait, d'ailleurs, comment sont composés la plupart de ces conseils, surtout dans les grandes villes. Avec les quatre membres choisis dans leur sein, que va devenir la pédagogie et ce principe si rigoureux de la compétence et de la spécialité technique, en vertu duquel seul, encore une fois, les premiers présidents et les procureurs généraux ont été exclus du conseil académique, comme les membres de la Cour de cassation du Conseil supérieur ? Combien de conseils municipaux ou départementaux où manquent absolument les sujets pédagogiques? Entre les conseillers municipaux ou généraux dans les conseils académiques, et les députés ou sénateurs dans le Conseil supérieur, la parité, à ce qu'il nous semble, est exacte. Du moment qu'on exclut les uns, on ne peut garder les autres. Les députés et les sénateurs ne concourent-ils donc pas, eux aussi, en votant le budget, aux dépenses de l'instruction publique? Que les auteurs et les défenseurs de la loi tâchent donc de se mettre d'accord avec eux-mêmes.

Enfin, s'il n'est pas tout à fait impossible que se rencontrent dans le Conseil supérieur, tel qu'il est composé, quelques membres plus ou moins indépendants du ministre, assurément il n'y en aura pas un seul dans les conseils académiques, qui perdent toute leur autorité morale, qui ne peuvent plus que nuire à l'Université, au lieu de la servir [1]. Revenons maintenant au Conseil supérieur, après avoir vu son image tristement reflétée dans les assemblées qui doivent se réunir auprès de chacun des recteurs de la province.

Nous avons parlé des électeurs et des élections, mais nous n'avons rien dit encore des collèges électoraux entre lesquels la loi a partagé les électeurs universitaires. Ici sont à leur comble les bizarreries et les inconséquences. Dans ces bizarres découpures de la France électorale universitaire, on ne voit pas le moindre souci d'établir une proportion quelconque entre le nombre des électeurs et celui des représentants, comme aussi entre l'importance des collèges électoraux. Là, il faudra cent, ou même deux cents électeurs pour un conseiller,

[1] On a vu, à propos de l'exécution des décrets, jusqu'où les nouveaux conseils académiques poussaient la docilité.

par exemple, dans les collèges communaux, dans les lycées ou même les facultés ; ici il n'en faudra qu'une dizaine, comme à l'École des chartes ou à Cluny. Il y a tel collège électoral qui tiendrait dans la main, tel autre est répandu sur la surface de la France entière. Que de critiques, d'ailleurs, ne souffre pas la liste de ces établissements ou Écoles auxquels la loi confère le droit d'élire un représentant ! C'est un des points sur lesquels il n'y a pas eu accord entre les deux Chambres.

L'école des langues orientales, supprimée par la Chambre des députés, a été rétablie par le Sénat. Nous voudrions bien savoir quelle est la part des études de l'École des chartes ou de l'École des langues orientales, dans l'instruction générale de la jeunesse française. Était-il bien à propos, malgré quelques petits jardins annexés à certaines Écoles normales, de demander un représentant à l'Institut agronomique? Quelle bonne raison y a-t-il d'appeler au Conseil un délégué du Conservatoire des arts et métiers? Volontiers, nous aurions mis de côté toutes ces écoles, en y joignant même celle de Cluny, pour faire une place qui nous paraît mieux méritée à l'École pratique des hautes études qui a quarante professeurs, et dont les liens sont si nombreux avec tout notre enseignement supérieur. Mais cette savante école, qui réclame avec raison, n'a pas trouvé grâce devant le rapporteur ni devant le Sénat. Si toutes ces Écoles, qui ont plus de rapport avec la pure érudition, avec l'industrie et l'agriculture, qu'avec les programmes de l'Université, doivent être de petits collèges électoraux, pourquoi pas d'autres qui y auraient autant de droit, comme les Écoles des mines, des ponts et chaussées, des eaux et forêts, de la manufacture de Sèvres ou même l'École d'horlogerie de Besançon ? Enfin, il y a une École de gymnastique à Joinville-le-Pont, pour laquelle on pourrait aussi réclamer. L'enseignement de la gymnastique ne tient-il donc pas plus de place dans les lycées, les collèges et les écoles, que l'agriculture ou le persan et le déchiffrement des manuscrits ? N'a-t-il pas tout récemment été déclaré obligatoire dans tous les établissements scolaires de l'État, des départements et des communes ?

D'ailleurs, quelles que soient les Écoles désignées pour avoir un représentant, le simple bon sens indiquait que ce représentant devait être le directeur lui-même sans nulle élection. A-t-on bien réfléchi à la situation que feraient ces élections à tous les directeurs ? Si c'est un professeur qui est élu pour représenter l'École, et non pas le directeur, combien son autorité est diminuée, alors même qu'il aurait décliné la candidature ? S'il s'est mis sur les rangs, ou si on l'y a mis, et qu'il ait échoué, la place n'est plus tenable ; il faut qu'il donne sa démission. L'a-t-il emporté dans le scrutin, mais avec une opposition quelconque ; voilà l'école divisée et les professeurs partagés en deux camps, les partisans et les ennemis du directeur. Je suppose, ce qui est le cas le meilleur, qu'il ait été nommé à l'unanimité ; je m'inquiète à l'avance des concessions, des faiblesses, au prix desquelles il aura peut-être été obligé d'acheter cette unanimité. Ainsi dans toutes les écoles, au Collège de France même, à l'École normale supérieure, comme dans les lycées et les Collèges, la loi ébranle l'autorité du chef, introduit la division, affaiblit la discipline.

Pour en finir avec les élections, nous aurions besoin d'être renseigné sur un point de quelque importance dont il n'a été fait nulle mention, ni dans le projet de loi, ni dans le rapport, ni dans la discussion. Quand, par une raison ou par une autre, des vides auront eu lieu dans le Conseil supérieur, procédera-t-on à des élections partielles, ou laissera-t-on sans représentants, soit une grande École, soit un ordre entier et un degré de l'enseignement pendant trois ou même quatre ans? L'avancement sera sans doute très rapide parmi les professeurs conseillers ; je suppose donc, ce qui est très probable, et ce qui arrivera fréquemment, que le conseiller agrégé de physique, de mathématiques ou de lettres, ait quelque avancement, qu'il devienne proviseur ou maître de conférences, ou professeur de faculté, ou bien que les deux représentants des collèges communaux passent chargés de cours dans des lycées, ou bien qu'un délégué de telle ou telle faculté devienne inspecteur ou recteur, tout un ordre de faculté, tout un ordre d'agrégation, tous les collèges communaux devront-ils demeurer sans représentants jusqu'à de prochaines élections générales? Qu'arriverait-il, grand Dieu, si les collèges communaux, si l'enseignement spécial, si l'École des chartes, cessaient d'être représentés à une seule session du Conseil? Que deviendrait cette représentation de tous les ordres et degrés, qui est le fondement même sur lequel repose le Conseil? Grâce à ce rapide mouvement ascensionnel que nous prévoyons, ce sont surtout les degrés inférieurs qui ne garderont pas longtemps leurs représentants. Que si, pour ne pas les en priver, on a recours à des élections partielles, il faudra ne se faire aucun scrupule d'agiter l'Université, de même que le pays, par des élections sans cesse renouvelées. Ce n'est qu'une fois tous les quatre ans, a dit le ministre, que reviendront les élections ; il a oublié les élections académiques et les élections partielles, les changements de position, les avancements, les passages d'une académie dans une autre et les morts. Ce sera un tourbillonnement perpétuel, une agitation électorale continue [1].

Si maintenant nous passons à d'autres questions, à la durée des pouvoirs du Conseil, à ses attributions, et à la section permanente, nous trouvons encore quelques modifications à signaler dans le projet tel qu'il a été voté par le Sénat. Le projet primitif fixait cette durée à six ans pour tous les membres du Conseil, y compris la section permanente. La Chambre des députés avait réduit à quatre ces six années par des raisons que nous avons déjà dites.

Entre le projet primitif et le projet ainsi amendé par la Chambre, la commission a adopté une sorte de moyen terme en fixant également une durée de quatre ans pour la section permanente, et pour tous les autres membres du Conseil. Un Conseil qui ne se réunit que deux fois par an ne vaut que par une section permanente qui s'occupe du personnel, qui fait des présentations au ministre, qui instruit les affaires, qui conserve les traditions, les règles, la discipline, assure les droits de chacun. Ce qui a malheureusement manqué au conseil de 1873, si mal traité par M. le rapporteur, mais si bien vengé de ses critiques par les orateurs de la droite et par M. Jules Simon, c'est une section permanente. Il y en aura une dans le Conseil de 1880; mais quel fondement l'Université peut-elle

---

[1] Dans tous les cas que nous venons d'indiquer il y a des réélections. Chaque numéro du *Journal officiel* convoque des électeurs et annonce des élections.

faire sur une section permanente, de nom seulement, sans autorité, sans consistance, sans durée, toujours à la discrétion du ministre, quel qu'il soit?

Quelle image imparfaite, quelle ombre vaine et trompeuse de cet ancien conseil royal et de ses dix conseillers à vie auxquels M. Chalamet, à la Chambre des députés, n'a pu s'empêcher de rendre un si complet, si légitime, mais si stérile hommage! Combien plus encore M. Barthélemy Saint-Hilaire, l'ami de Victor Cousin, son chef de cabinet, comme déjà nous l'avons rappelé, n'a-t-il pas vu de plus près et combien ne doit-il pas regretter davantage ce régime, le meilleur, le plus digne, le plus juste, le plus libéral qu'ait connu l'Université depuis son fondateur Napoléon! Mais je ne sais quel courant entraîne aujourd'hui les plus fermes et les plus sages. Combien peu ont le courage de résister aux fausses idées du jour et aux efforts des radicaux pour tout désorganiser, l'instruction publique comme la magistrature et l'armée! Sans aller jusqu'à rêver des conseillers inamovibles, alors qu'on enlève l'inamovibilité à la magistrature, il eût été cependant facile de les rendre moins dépendants du ministre. Mais la docilité, sinon la servilité, n'est-elle pas exigée aujourd'hui de tous les fonctionnaires sans exception?

Nous n'avons pas à parler longuement de la section permanente; le Sénat l'a conservée à peu près telle que l'avait faite la Chambre des députés. Elle se composera de quinze membres, dont neuf nommés par décret du Président de la République, c'est-à-dire par le ministre, et six choisis par le Conseil lui-même dans son sein. Nous avons déjà rappelé que la Chambre des députés avait éliminé du Conseil, à cause de leur trop manifeste et trop entière dépendance, les directeurs de l'instruction publique qui figuraient en tête des membres de droit dans le projet ministériel. On les a fait ici reparaître d'une façon détournée, sans que le Sénat, à ce qu'il semble, y ait pris garde. Ils ne sont plus, il est vrai, parmi les membres de droit qui ont été supprimés, mais ils sont en tête des diverses catégories de fonctionnaires où le Président de la République pourra prendre les neuf conseillers à son choix. Jamais, nous le répétons, des directeurs, pas plus que des chefs de division, n'avaient fait partie, même sous MM. Fortoul et Rouland, d'un conseil de l'Université, sinon à titre purement consultatif. Encore une fois, leur sera-t-il permis d'avoir une opinion autre que celle du ministre, quel qu'il soit, de gauche ou de droite? Mais c'est ainsi que M. Ferry aime et comprend l'indépendance.

Remarquons encore que le Sénat, plus libéral que la Chambre des députés, a exigé les deux tiers des voix, non pas seulement pour le cas extrême de la révocation, mais pour le retrait et même pour la simple mutation d'emploi, quand il s'agit d'un emploi inférieur, c'est-à-dire d'une fonction moins rétribuée. Peu importent toutes ces garanties si le Conseil n'est pas indépendant, et s'il vote comme le ministre voudra qu'il vote, comme nous l'avons déjà dit. Le Conseil, comme nous l'avons dit ailleurs, ne peut garantir personne, n'étant pas garanti lui-même. La mutation d'emploi ne dépendra du ministre seul que quand il s'agira d'une mutation sans disgrâce pour le bien du service.

Ce droit du ministre de faire passer un professeur d'un lycée à l'autre s'étendra-t-il jusqu'aux professeurs de faculté? Nous avions vu avec étonnement

M. Barthélemy Saint-Hilaire poser cette question sans vouloir la résoudre en leur faveur et laissant au ministre seul « à juger, comme il le fait pour l'enseignement secondaire, ce que les convenances exigent et ce qu'elles permettent. » C'était mettre à ses pieds les dernières garanties des membres de l'enseignement supérieur. Ainsi, d'après M. Barthélemy Saint-Hilaire, l'ancien administrateur et professeur du Collège de France, le ministre aurait le droit de déplacer à son gré les membres de l'enseignement supérieur, de les faire voyager d'une faculté à une autre, de déporter même un professeur de la Sorbonne de Paris à Aix ou à Grenoble, à la seule condition de leur conserver le même traitement. C'était faire bon marché de garanties qui avaient été jusqu'à présent plus ou moins respectées ; c'était mettre en oubli les décrets d'après lesquels on ne peut entrer dans une faculté sans des présentations préalables de la faculté elle-même et du conseil académique, auquel la nouvelle loi vient de substituer la section permanente du Conseil supérieur. Le professeur de faculté doit sa chaire à l'élection ; cette chaire est en quelque sorte sa propriété, et il ne peut en être dépossédé par un acte arbitraire du ministre. Voilà ce que M. Jules Simon a si bien rappelé à M. Barthélemy Saint-Hilaire et à M. Ferry, qu'il a fallu que le ministre, séance tenante, renonçât à cette usurpation de droit de mutation à l'égard des professeurs de faculté que le rapport de la commission semblait lui abandonner. Ce n'est pas, sans doute, sans regret et sans y être contraint par l'évidence des arguments de M. Jules Simon qu'il a fait un pareil sacrifice. Il ne pourra plus, comme il a agi sans nul droit à l'égard de M. d'Hugues,

9.

transféré de Toulouse à Dijon, faire voyager un professeur de faculté du midi au nord pour donner satisfaction à quelque journal, *Réveil* ou *Progrès* de l'endroit. Que les professeurs de faculté sachent gré à M. Jules Simon de la conservation de cette précieuse garantie. Que les inspecteurs d'académie aussi lui sachent gré d'avoir été placés sur la liste d'éligibilité de l'enseignement primaire où on les avait oubliés, tant la loi a été faite avec précipitation, comme l'a dit le même orateur, sans être contredit par personne.

Mentionnons l'amendement si fortement motivé par M. Paris pour soustraire au Conseil et renvoyer aux tribunaux civils les poursuites contre des membres de l'enseignement libre ayant pour objet la suspension et l'interdiction d'enseigner à toujours. L'amendement n'a pas passé, et le Conseil, quoique composé à peu près entièrement de membres universitaires, quoique privé du concours de magistrats, quoique suspect de partialité et quoique dépourvu de connaissances judiciaires, s'érigera en tribunal et prononcera les peines les plus graves contre ses concurrents de l'enseignement libre [1].

Plaignons ceux qui auront à comparaître devant ces juges inexpérimentés, ignorants des formes et règles qui sont la garantie des accusés, plus ou moins partiaux et passionnés, même sans s'en douter. Ils regretteront sans doute la présence de ces membres de la Cour de cassation dont M. de Parieu a si bien, mais vainement, plaidé la cause, de ces hauts magistrats qui, dans les conseils précédents, instruisaient

---

[1] On peut mieux apprécier aujourd'hui quelle était l'importance et la sagesse de cet amendement.

les affaires, guidaient les débats avec tant de lumière, d'impartialité et de modération, et qui assuraient à tous la stricte observation des formes de la justice.

Comment se fait-il qu'au milieu de toutes ces attributions de la section permanente ou du Conseil, qu'au milieu de toutes ces garanties qu'on prétend donner au corps enseignant, il ne se soit pas dit un mot des retraites d'office? Certes, s'il est un abus redoutable, c'est celui-là. En vertu des retraites d'office et avec l'usage qu'il en fait, le ministre a droit de vie et de mort sur tous ceux qui approchent de soixante ans, c'est-à-dire sur presque tous les hauts fonctionnaires de l'Université, et particulièrement sur les inspecteurs généraux. Il peut garder celui-ci et se débarrasser de celui-là quand et comme il lui plaît, renvoyer l'un à soixante ans, quoique très valide, garder l'autre à soixante-quinze, quoique infirme, sans autre règle que son bon plaisir, sans tenir nul compte des services rendus ni des forces qui restent pour en rendre encore. A tous les fonctionnaires d'un certain âge, et sans doute à plus d'un membre du futur Conseil, cette arme terrible que tient le ministre entre ses mains enlève l'indépendance, à moins d'un certain courage. Hors le cas d'un maximum d'âge fixé par la loi et que personne ne peut franchir, nulle retraite d'office ne devrait être prononcée sans l'avis de la section permanente. Nous appelons l'attention du Sénat, s'il en est temps encore, sur cette grave lacune de la loi.

Si l'on s'était fait quelque scrupule de troubler tout l'enseignement public, si l'on avait eu à cœur de n'avoir que des membres aussi compétents et indépendants que possible, le Conseil, dans sa partie purement universitaire, aurait dû être composé de membres de droit pris, non pas parmi les directeurs du ministère, mais parmi les inspecteurs généraux, les doyens des facultés, les chefs des grandes écoles savantes de Paris. Ces conseillers naturels de l'Université n'auraient pas dépendu des électeurs et ils auraient moins dépendu du ministre. Du moins n'auraient-ils pas tant à redouter les mutations d'emploi, ni à demander des avancements de classe ou des augmentations de traitement. Quant aux lumières et à la spécialité technique, non seulement elles ne leur manqueraient pas, mais ils y ajouteraient cette pratique et cette expérience des affaires, ces vues d'ensemble, cette compétence générale, sans préjudice de l'expérience technique, qui vont faire si complètement défaut à la majorité du nouveau Conseil.

Nous ne voudrions pas que le corps enseignant se trompât sur nos véritables sentiments et vînt à penser, à cause de la vivacité de nos critiques, que nous avons cessé de l'apprécier comme nous l'avons toujours apprécié. Nous estimons, nous aimons, sinon plus sincèrement que le ministre, au moins plus en connaissance de cause, les professeurs de faculté, les agrégés et les licenciés de tous les ordres.

Mais nous nous garderions bien de détourner les professeurs de leur grande et belle tâche et de surexciter chez eux des ambitions qui aboutiront presque toujours à des déceptions. Nous les aimons et les estimons autant que personne et nous nous faisons gloire d'avoir été dans leurs rangs, mais nous les aimons à leur place, dans leur chaire, au milieu de leurs élèves, de leurs livres, dans leur modeste et laborieuse retraite. Qu'ils continuent à travailler, à se faire recevoir agrégés, s'ils ne le sont pas, puis docteurs ; cela vaut mieux que de se jeter dans ce chaos électoral dont a parlé M. le ministre; cela vaut mieux pour l'Université et pour eux-mêmes. C'est la sagesse seule du corps enseignant qui peut, sinon conjurer, au moins atténuer les perturbations que va causer la première loi de M. Ferry et les dangers que nous venons de signaler. Que les professeurs de tous les ordres et de tous les degrés se mettent en garde contre les flatteries par lesquelles on cherche à les séduire et qu'ils sachent résister à cet appât qu'on fait briller à leurs yeux, de venir siéger dans la rue Bellechasse à côté de M. Ferry.

Nous avons vraiment peine à nous représenter à l'œuvre ce conseil de soixante membres, presque aussi nombreux que le conseil municipal de Paris. En quelles fractions va-t-il se diviser? Où sera la majorité? Poussera-t-elle ou retiendra-t-elle le ministre? Nous redoutons sa dépendance à l'égard du ministre [1], mais nous redouterions aussi, à certains jours, ses entraînements, ses passions et sa turbulence. Quant à croire, comme l'a dit M. Ferry, « que ce conseil sera un organe de stabilité et de permanence, » nous ne sommes pas pour cela assez dénués de la plus courte prévoyance, si toutefois il a pu le dire sérieusement.

Nous ne pouvons mieux résumer toutes nos critiques qu'en citant ces paroles de M. Bocher, un de ceux qui ont attaqué la loi avec le plus de vigueur : « Votre projet de loi, c'est la liberté livrée à l'Université et l'Université livrée à l'arbitraire administratif [2]. » Nous l'avons dit en commençant et nous le répétons en terminant, après en avoir donné amplement la

---

[1] On a vu combien cette dépendance était grande par le vote du nouveau plan d'études.

[2] Séance du 29 janvier 1879.

démonstration : au regard de l'Université, la nouvelle loi est une loi de désordre et d'anarchie; au regard de l'enseignement libre, c'est une loi sans équité, digne prélude de celle qui va suivre.

CHAPITRE XI

Rapport au Sénat de M. Jules Simon. — Rapprochement avec son rapport de 1849 à l'Assemblée constituante. — Fidélité du rapporteur aux mêmes principes de liberté et de tolérance. — Abandon des jurys mixtes. — Exposition impartiale des idées des trois partis qui divisaient la commission. — Éloquente démonstration de l'incompatibilité de l'article 7 avec la liberté. — Inefficacité et iniquité. — « Qu'y aurez-vous gagné? » — Avertissement des dangers qu'il fait courir à la République. — Le mot d'ordre des prochaines élections. — L'article 7 remplacé par les lois existantes.

Nous avions écrit depuis déjà plus de six mois les pages précédentes sur la seconde loi de M. Ferry, quand a paru le rapport de M. J. Simon au Sénat[1]. Nous avons été heureux d'y retrouver les mêmes sentiments, comme aussi les mêmes arguments, mais présentés avec plus de force, d'éloquence et d'habileté. Voilà enfin un autre style que celui de M. Ferry et, ce qui importe bien davantage, voilà des idées d'un ordre plus élevé que celles de M. Spuller ou de M. Chalamet, ce qui ne doit pas nous étonner de la part d'un écrivain et d'un philosophe comme M. J. Simon. Ce rapport a été un événement qui mérite bien un chapitre à part dans cette histoire. Rendons d'abord à M. Jules Simon cette justice, qu'à travers tous les événements et toutes les pas-

[1] Voir notre article du *Moniteur*, du 16 décembre 1879.

sions des partis, son opinion n'a pas varié, depuis trente ans, sur la liberté d'enseignement et sur le lien étroit qui la rattache à la liberté de conscience. Tel il était à l'Assemblée constituante, en 1849, dans son rapport sur cette même question, tel il a été, trente ans plus tard, dans son rapport au Sénat sur le projet de loi de M. Ferry et sur l'article 7. Dans le rapport d'aujourd'hui il a rappelé ces paroles de son rapport de 1849 qui ont été souvent citées dans la polémique actuelle : « La République n'interdit qu'aux ignorants et aux indignes le droit d'enseigner. Elle ne connaît pas les corporations ; elle ne les connaît ni pour les gêner ni pour les protéger ; elle ne voit devant elle que des professeurs. » Avec une fierté légitime il a pu ajouter : « Le rapporteur de la commission du Sénat se trouve aujourd'hui dans les mêmes idées. »

Les facultés libres et la collation des grades, l'article 7 et les congrégations religieuses non autorisées, voilà les deux points fondamentaux de son rapport comme de la loi elle-même. Sur le premier point la majorité de la commission est d'accord, sauf cependant quelques modifications, avec la Chambre des députés et M. Ferry. Elle supprime elle aussi les jurys mixtes et toute participation des facultés libres à la collation des grades, quoiqu'il n'y eut, comme nous l'avons démontré, nul péril en la demeure, et malgré l'inconvénient de changer les lois du jour au lendemain. Elle leur enlève le nom d'universités libres, mais elle leur laisse au moins celui de facultés, à la différence de la Chambre des députés. En outre, ce qui est plus important, elle maintient la valeur de leurs inscriptions, au grand avantage de la scolarité, mais en les laissant aux prises avec la concurrence ruineuse pour elles des inscriptions gratuites des facultés de l'État. Il ne suffira donc pas de la vaine formalité de se faire inscrire au bureau d'un inspecteur d'académie; il faudra encore des inscriptions en règle, gratuites ou non, soit d'une faculté de l'État, soit d'une faculté libre.

Si la collation des grades était à l'avance une partie perdue pour l'enseignement libre, il n'en était pas de même de l'article 7. La commission du Sénat était divisée au sujet de ce trop célèbre article, en trois fractions qui formaient dans son sein une gauche, une droite et un centre gauche ou tiers parti. La gauche se composait de quatre membres, ardents défenseurs de la loi tout entière; en face d'eux, il y avait la droite avec trois membres qui l'ont non moins résolument combattue dans tous ses articles; enfin au milieu était le centre gauche, acceptant certaines parties de la loi, mais rejetant l'article 7. Ce tiers parti ne se composait que de deux membres, parmi lesquels M. J. Simon; mais ces deux membres, unis à ceux de la droite, ont fait la majorité contre l'article 7.

Le devoir du rapporteur était d'abord d'exposer fidèlement les opinions de ces trois partis. M. Jules Simon l'a rempli avec un rare talent et la plus stricte impartialité. Nous dirons même que ni M. Ferry, ni M. Spuller, ni M. Paul Bert n'ont jamais eu l'habileté de faire valoir leurs propres raisons avec tant d'art et de leur donner une couleur plus spécieuse; non seulement il ne les a pas affaiblies, mais il les a en quelque sorte élevées à leur plus haute puissance, sans toutefois cependant qu'elles cessent d'être et de paraître ce qu'elles sont, au moins pour tout esprit impartial, c'est-à-dire contraires à la liberté et à la justice.

Pas plus d'ailleurs que la gauche, la droite n'a eu à se plaindre de ce merveilleux avocat; ses énergiques revendications en faveur de la liberté d'enseignement et des droits des pères de famille n'ont rien perdu à l'avoir pour interprète. La plus remarquable, la plus forte, la plus éloquente partie du rapport est la discussion de l'article 7 où M. Jules Simon a parlé au nom de la majorité et au sien. « Cet article a le tort d'être contraire à la liberté et le malheur d'être à la fois inefficace et impolitique. » Voilà tout d'abord l'arrêt qu'il prononce contre lui et dont il ne pourra se relever, ni dans le Sénat, ni dans l'opinion publique; tant il est fortement motivé au nom de la liberté et du droit, au nom même et dans l'intérêt bien entendu de la République qui nous préoccupe un peu moins. Nous avions déjà signalé cette inefficacité, mais M. Jules Simon en donne une plus complète et plus irrésistible démonstration. Il admire d'abord la naïveté de ceux qui s'inquiètent de savoir où et comment l'Université pourra recevoir les seize mille élèves des congrégations autorisées dont l'article 7 fermerait tout à coup les maisons[1]. Assurément ils ne se changeront pas en élèves internes de nos lycées. Les uns suivront au dehors, en Suisse, en Belgique, à Jersey leurs maîtres de prédilection; les autres en plus grand nombre iront peupler encore davantage les établissements

---

[1] Nous savons que M. le ministre de l'instruction publique a très sérieusement consulté sur ce point plusieurs recteurs qui n'ont pu s'empêcher en eux-mêmes d'admirer sa naïveté. A prendre la statistique qu'il nous donne au commencement de cette année, et malgré la pression exercée sur toutes les familles de fonctionnaires grands ou petits, malgré les perquisitions et les violences de sa police dans les établissements libres, combien n'est-il pas loin de ce chiffre, et quel gain insignifiant!

ecclésiastiques. Qu'y aurez-vous gagné, demande M. Jules Simon aux partisans de M. Ferry? qu'y aurez-vous gagné, d'autant que, selon vous, prêtre et jésuite sont synonymes, et que vous dites sans cesse que l'Église tout entière, prêtres et évêques, à commencer par le pape, a passé aux jésuites?

Quant aux maîtres, ils vous échapperont aussi bien que les élèves. Il n'est pas facile, comme on l'a dit, d'expulser d'un pays les jésuites; quand ils s'en vont, ils ont soin, suivant le spirituel propos de l'un d'entre eux, de prendre des billets de retour. Mais l'article 7 ne les obligera pas à quitter la France. Ils y resteront; ils ne cesseront pas d'y exercer leur influence. Partout ils auront, non pas simplement des prête-nom, mais des maîtres capables choisis par eux et dignes de toute leur confiance, pour mettre à leur place quand le moment sera venu; ils seront d'ailleurs toujours l'âme et l'esprit de ces maisons que vous croirez leur avoir enlevées. Comment les empêcherez-vous d'y pénétrer au moins comme directeurs spirituels et confesseurs, ou même comme professeurs libres? L'article 7 ne les dépouille pas individuellement du droit d'enseigner [1]. Comment les reconnaîtrez-vous sous les nouveaux noms, les nouveaux costumes que leurs supérieurs, les évêques, le pape lui-même, les autoriseront à prendre? Vous verrez d'ailleurs s'accroître leur influence et leur crédit de tout le prestige de la persécution. Quand la persécution, dit très bien M. Jules Simon, ne détruit pas son adversaire, elle le grandit [2].

[1] C'est ainsi cependant que l'entend M. Ferry; de là tous ces inspecteurs d'académie transformés en inspecteurs de police; de là des professeurs arrachés du milieu de leurs élèves et de nouvelles violences s'ajoutant à toutes les autres.

[2] N'ont-ils pas réussi à faire crier dans les rues par une foule in-

Nous retrouvons ici l'éminent rapporteur aux prises avec l'argument des deux Frances opposées auquel nous avons déjà répondu. M. J. Simon veut bien sans doute aussi l'unité, mais il veut l'unité morale, celle qui ne s'obtient que par la tolérance, par le respect de tous les droits et non pas par la force et la persécution. Il veut que la liberté, ce premier mot, comme il le rappelle fort à propos, de la devise républicaine, soit une vérité et non un mensonge, un leurre, le plus perfide de tous les pièges. Or il n'est pas possible de conserver à la fois l'article 7 et la liberté ; il le démontre avec une irrésistible évidence. Quelle belle réponse à ceux dont déjà aussi nous avons parlé, à ces pseudo-libéraux qui nous reprochent de faire un métier de dupes, parce que nous invoquons la liberté en faveur de ceux qui sont ses ennemis. « Vous dites que s'ils ouvrent la bouche ils vont attaquer la liberté. Réfutez-les ; ne les bâillonnez pas. Ce n'est pas à vous, libéraux, d'imposer par la force le respect de la liberté. Qui ne sait pas tolérer les intolérants n'a pas le droit de se dire libéral. » M. Jules Simon pense aussi, comme nous, que l'Université qui n'a rien perdu, ou qui même a gagné sous le régime de la liberté d'enseignement depuis 1850, peut continuer à soutenir avantageusement la concurrence sans étouffer ses adversaires. Pour ne pas succomber dans la lutte, il lui donne des conseils qui sont les mêmes que les nôtres.

Enfin en terminant il signale, de manière à faire quelque impression sur ceux qui ont l'amour de la République, à défaut de l'amour de la liberté, les conséquences politiques du triomphe de l'article 7.

dignée : Vivent les jésuites, les carmes ou les capucins, en même temps que vive la liberté ?

« C'est un grand mal, dit-il très bien, de mêler la religion à la politique ; un malheur pour la religion et pour la politique. » Quelle faute, au moment où tout s'apaisait, d'avoir si maladroitement excité la plus inopportune des agitations ! En vain les auteurs de l'article protestent-ils qu'il ne s'agit que de l'expulsion de quelques religieux, que la religion et le clergé ne sont nullement en cause. La foule s'obstine à y voir une guerre inaugurée contre le catholicisme et un retour au gouvernement autoritaire. Avouons que nous faisons partie de cette foule ; avouons que, connaissant les passions et les haines de ce parti, nous ne nous faisons aucune illusion sur sa modération dans la victoire, s'il réussit à emporter l'article 7 [1]. Une fois l'avant-garde mise en déroute et la persécution commencée, ils s'attaqueront au gros du corps de bataille, c'est-à-dire au catholicisme lui-même. « Les catholiques feront sur ce mot les élections prochaines ; ils diront aux masses : choisissez entre la religion et la république. »

Voilà la République bien prévenue par un des plus sages, des plus habiles, des plus clairvoyants de ses défenseurs. Qu'elle mette l'avertissement à profit, à moins qu'elle n'ait cet esprit de vertige et d'erreur qui est aussi l'avant-coureur d'autres chutes que de celles des rois.

Le rapport de M. Jules Simon a été comme l'arrêt de mort de l'article 7. Quelques jours plus tard il a été rejeté par la majorité du Sénat après une discussion plus remarquable encore que la précédente et où M. Jules Simon s'est surpassé lui-même [2].

---

[1] On l'a bien vu par les décrets du 29 mars et par leur exécution.

[2] Nous n'analysons pas cette discussion, pour éviter de nom-

CHAPITRE XII

L'enseignement supérieur. — Son budget doublé. — Du choix et du nombre des centres de haut enseignement. — Avantages des grandes villes sur les petites. — De la concentration des facultés sur un petit nombre de points. — Dispersion des forces intellectuelles par la multiplicité des petits centres. — De la suppression de quelques-uns. — Transactions possibles avec les municipalités. — Préjudice que les facultés trop voisines se portent les unes aux autres. — Les chaires doublées en nombre dans quelques facultés. — Création des maîtres de conférences. — Deux professeurs dans une même chaire. — Les chaires multipliées sans discernement et sans mesure. — Singulier motif en faveur de la création des maîtres de conférences. — L'enseignement secondaire décimé au profit de l'enseignement supérieur [1].

La loi sur la prétendue liberté de l'enseignement supérieur n'avait pour objet, comme nous l'avons vu, que d'entraver, sinon de ruiner les facultés libres. Nous allons parler ici des facultés de l'État.

L'enseignement supérieur a eu aussi, comme il convenait, sa part dans les préoccupations, les dis-

breuses répétitions avec ce que nous venons de dire et ce que nous avons déjà dit. On sait que l'article 7 a été rejeté : sous un gouvernement régulier M. Ferry se fût retiré et les choses en seraient demeurées là. Mais ce n'était pas le compte des passions révolutionnaires de la Chambre des députés. Elle n'a pas lâché sa proie, et elle a d'ailleurs tenu à montrer le peu de cas qu'elle faisait de l'autorité du Sénat; elle a trouvé un ministre docile dans M. de Freycinet lui-même, qui aurait pu s'honorer davantage soit en résistant, soit en donnant sa démission quelques mois plus tôt. De là l'invention des lois existantes, les décrets du 29 mars dont la brutale exécution a excité l'indignation et le dégoût de quiconque en France a gardé encore quelque sentiment de tolérance et quelque attachement pour la liberté.

[1] *Revue de France*, 15 octobre 1879.

cussions et les sacrifices dont est aujourd'hui l'objet l'instruction publique, à tous ses degrés et dans toutes ses branches. A propos de la statistique de l'enseignement supérieur, publiée sous le ministère de M. Bardoux, la question des changements à introduire et des réformes à faire dans notre enseignement supérieur a été mise en quelque sorte plus que jamais à l'ordre du jour. Une Société même s'est formée pour l'étude et la discussion des questions d'enseignement supérieur. Cette Société, composée d'amis du progrès des sciences et des lettres et de nombreux professeurs du haut enseignement de Paris et de la province, a déjà publié des documents intéressants sur les universités étrangères, principalement de l'Allemagne, avec les procès-verbaux de ses séances où l'on discute sur les emprunts à faire à l'étranger et sur les réformes à introduire pour donner plus de vie et plus d'élèves à nos facultés[1].

En même temps, le Gouvernement républicain s'est montré libéral, presque jusqu'à la prodigalité, pour toutes les institutions qui relèvent de l'enseignement supérieur. Il semblait à craindre que les facultés de l'État dussent éprouver quelque préjudice de cette loi de 1875 qu'on veut maintenant abolir et de l'organisation des universités libres. Tout au contraire, rien ne leur a été plus favorable à cause du désir du Gouvernement de les armer de toutes pièces pour leur assurer l'avantage dans la lutte qu'elles auraient désormais à soutenir. Assurément il n'est pas exact de dire, comme M. Ferry[2],

---

[1] *Études de* 1878, 1 vol. grand in-8, librairie Hachette. — *Bulletin* d'avril-juillet 1879.
[2] Discours aux sociétés savantes. Voir la *Revue de France* du 15 juillet 1879.

que rien n'avait été fait par les gouvernements précédents pour l'enseignement supérieur, et que la République a eu tout à faire. Quoique moins bien doté, moins bien installé, moins bien pourvu de livres, d'instruments, de laboratoires, l'enseignement supérieur avait eu quelques beaux jours ; il avait jeté un certain éclat non pas seulement à Paris, mais dans plus d'une ville de France, sous Louis-Philippe et sous l'Empire. Mais, à partir du 15 juillet 1875, jour trois fois heureux pour elles, une véritable pluie d'or est tombée sur les facultés de l'État. Les millions sont venus où quelques milliers de francs, il faut bien l'avouer, avaient peine à venir. Depuis quelques années, le budget de l'enseignement supérieur, augmenté de plus de cinq millions, a été doublé. Il est facile, il est vrai, nous n'en avons que trop la preuve, de doubler un budget, surtout en ce temps de république ; la question est de savoir, ce qui n'est pas la même chose, si cet argent a été bien ou mal employé et si réellement tout s'est fait d'après ce plan savamment étudié et patiemment mûri que célébrait M. Ferry, dans son discours du mois d'avril 1879, aux délégués des Sociétés savantes. Tout, en effet, a-t-il été conçu, tout a-t-il été fait pour le mieux ? Qu'y aurait-il à faire, là du moins où il en est temps encore, pour obtenir des résultats meilleurs, sans doubler une fois de plus, s'il est possible, le budget de l'enseignement supérieur ?

Dans cet examen de questions relatives à notre enseignement supérieur, nous comptons rester en France, sans vouloir faire aucun parallèle, plus ou moins à notre désavantage, comme il est de mode, avec les principales universités de l'Europe, même avec les universités allemandes, tout en sachant néanmoins beaucoup de gré à ceux qui ont fait ces excursions au delà du Rhin et ces études comparées. Grâce, en effet, à leurs travaux et à leurs rapports, nous avons appris, avec un nouveau degré de précision et de certitude, que nous n'avions pas de modèles à prendre et fort peu d'emprunts à faire chez l'étranger. Dans les universités allemandes, anglaises ou hollandaises, dans les gymnases, tout aussi bien que les universités elles-mêmes, les études, les étudiants, les cours, les examens, les professeurs eux-mêmes, les mœurs, les qualités d'esprit, le génie national diffèrent si profondément de toutes nos habitudes, de toutes nos institutions, de notre esprit et de notre tempérament, que toute importation sur notre sol nous semble d'avance condamnée, malgré tous les efforts et tous les sacrifices, à échouer misérablement. Ces universités étrangères se recommandent sans doute particulièrement à nous par le savoir et la renommée de quelques-uns de leurs professeurs : mais n'avons-nous pas aussi chez nous plus d'un maître de grand mérite ? En France même, je veux considérer l'enseignement supérieur en province, plutôt qu'à Paris, qui est à part par l'éclat de ses chaires, comme par les ressources en tout genre. Enfin, parmi les facultés, ce ne sont pas les facultés de médecine ou de droit, qui ont leur clientèle toute faite d'auditeurs naturels ou d'étudiants, mais les facultés des sciences et des lettres privées de cet avantage, sur lesquelles je veux appeler plus particulièrement l'attention.

Dans l'organisation de l'enseignement supérieur, une des premières questions est de savoir comment et en quel nombre les facultés de différents ordres doivent être distribuées et groupées sur notre territoire. De là même, à vrai dire, dépend tout le succès des meilleures combinaisons et des plus grands sacrifices. Toutes les parties du territoire, toutes les villes ne conviennent pas à la vie et au développement de telle ou telle faculté. C'est une erreur de croire que nos départements puissent en alimenter un nombre indéfini. On peut mettre partout, si l'on veut, des professeurs et des chaires, mais on ne peut pas partout faire sortir de terre des auditeurs et des étudiants.

Dans le choix des centres du haut enseignement, il fallait d'abord donner la préférence aux grandes villes sur les petites, aux villes de plus de cent mille âmes sur des villes qui en ont moins de quarante ou même de trente mille. Une grande ville peut fournir un contingent plus ample d'auditeurs et d'étudiants, un plus grand nombre d'hommes instruits et plus de ressources de tout genre pour l'étude. Peu importe que telle ou telle ville ait eu des écoles florissantes au moyen âge, ou qu'elle ait été, avant la Révolution, le siège d'un parlement, ce n'est pas là une raison pour y mettre aujourd'hui une faculté de droit avec une faculté des lettres et des sciences. Quand il s'agit d'institutions à fonder et d'organisation administrative, il ne faut pas faire de l'archéologie; ce n'est pas le passé qu'il faut considérer, mais les besoins du présent et les chances actuelles de réussite. A des villes plus ou moins mortes ou languissantes, les facultés ne rendront pas le mouvement et la vie; ce sont elles, au contraire, qui, par une inévitable contagion, seront bientôt atteintes de langueur, puis frappées de mort après un certain temps.

J'ai entendu faire valoir en faveur des petites villes,

sinon pour les facultés de médecine, au moins pour les facultés de droit, de prétendus avantages moraux, le calme, la tranquillité plus favorables aux études, la surveillance plus facile de la part des professeurs et des correspondants. Il y a, dit-on, moins d'occasions d'entraînement et de désordre. Je ne suis nullement convaincu de ces avantages d'une ville de vingt ou trente mille âmes. Non seulement les ressources y sont moindres pour l'étude, mais les garanties y sont peut-être moins grandes pour la conduite et les mœurs. Dans une petite ville, il est plus difficile à l'étudiant sérieux de s'isoler, de travailler à l'écart, loin des paresseux, des viveurs et des tapageurs. La tabagie, le jeu, les distractions malhonnêtes n'y abondent pas moins ou même plus, toute proportion gardée, que dans une grande ville. Ce qui, au contraire, est plus rare, ce sont les distractions honnêtes des salons, des beaux-arts, de la musique ou du théâtre. Plusieurs doyens m'ont même assuré que les familles étant plus connues, on y avait une facilité plus grande d'y faire des dettes qu'à Paris. Le maître d'un café sait mieux à qui il pourra présenter des notes arriérées. Ainsi eût-il fallu tout d'abord mettre ou transporter à Lille et à Marseille les facultés de droit et des lettres qui végètent à Douai et à Aix. D'ailleurs, il importe que les facultés soient placées dans les grandes villes, car ce n'est que là qu'elles peuvent être réunies et se prêter un mutuel appui.

Tous ceux qui se sont occupés des réformes de l'enseignement supérieur sont d'accord sur les avantages de cette union, au sein d'un même centre, de toutes les facultés se venant en aide et se renvoyant de l'une à l'autre des auditeurs sérieux, des étudiants curieux de s'instruire en plus d'une branche des connaissances humaines. Ainsi seulement on aura des centres universitaires vraiment dignes de ce nom et où abondent toutes les ressources et tous les éléments de vie intellectuelle. Il ne faut pas isoler les facultés, mais les unir ensemble comme un faisceau; il faut adosser en quelque sorte les uns aux autres la médecine, le droit, les sciences et les lettres. La concentration des facultés dans quelques grandes villes avait été réclamée depuis longtemps par tous ceux qui s'intéressent aux destinées de l'enseignement supérieur en France.

Tout a été dit, même avant la République, contre le fâcheux morcellement de l'enseignement supérieur, contre ces facultés qui languissaient isolées, loin les unes des autres et contre leur stérile éparpillement. Nous ne pourrions qu'approuver le Gouvernement actuel d'avoir adopté cette pensée des grands centres universitaires et d'avoir entrepris de l'appliquer plus qu'on ne l'avait fait avant lui, si, par la façon dont il s'y est pris, il n'avait compromis singulièrement l'efficacité et le succès de cette mesure.

On a bien fait sans doute de concentrer toutes les facultés dans un certain nombre de villes, telles que Lyon, Bordeaux, Nancy, Toulouse. Mais il fallait, par exemple, oser transférer à Lille et à Marseille les deux facultés de droit et des lettres qui sont à Douai et à Aix, et même à Bordeaux la faculté de droit de Poitiers, pour former six ou sept grandes universités, sans créer des Facultés nouvelles.

J'ai peine à croire qu'un plus grand nombre de centres d'enseignement supérieur aient en France quelque chance de succès ; mais ce qu'on peut hardiment affirmer, c'est que la province n'en comporte pas le double. Or, actuellement, il n'y a pas moins de quatorze villes, grandes ou petites, qui sont des sièges de facultés des lettres et des sciences, sinon de facultés de médecine et de droit. Pour faire de grands centres, la première chose était évidemment de diminuer le nombre des petits ; il fallait avoir le courage de supprimer quelques facultés des lettres, des sciences et de droit, ou de les transférer dans la ville choisie pour être le chef-lieu d'une grande université, sinon toutes les réformes sont inefficaces, et les millions sont dépensés en pure perte. Cette dispersion des ressources intellectuelles, des élèves et des professeurs, qui a été le sujet de tant de justes plaintes, et à laquelle on annonçait qu'on voulait porter remède, le Gouvernement, par sa faiblesse, par la crainte de déplaire à tel ou tel groupe de députés ou d'électeurs, et contrairement à toutes les règles d'une sage administration, n'a fait que l'accroître d'une manière plus fâcheuse encore. Au lieu, je ne dis pas de supprimer tout d'un coup les petits centres, mais de préparer leur suppression ou transformation au profit des grands, il les a fort inconsidérément dotés de nouvelles chaires, ou même de maîtres de conférences, dont le besoin, à coup sûr, ne se faisait nullement sentir. Cette question de la suppression de certaines facultés des lettres et des sciences, de celles surtout qui ne sont pas à côté d'une faculté de droit ou de médecine, comme il arrive par exemple à Besançon ou à Clermont, a été sans doute agitée ; mais les ministres ont reculé devant les influences locales, comme ils reculeront pour la suppression des tribunaux sans affaires. Telle ville fort indifférente à ses facultés, et qui sait à peine si elles existent, jette feu et flammes le jour où il est question de les supprimer ou même de les réduire.

Il est curieux de voir comment M. Bardoux, alors ministre, s'exprime au sujet de la suppression des petits centres, dans le rapport au Président de la République qu'il a mis en tête de la statistique de l'enseignement supérieur. « Je n'hésite pas d'abord, dit-il, à me prononcer contre la suppression de toute faculté. Peut-être eût-il été préférable de ne pas disperser nos forces ; mais, en premier lieu, il ne nous a pas été possible jusqu'ici d'apprécier sérieusement les services que peuvent rendre les facultés des sciences et des lettres, les seules, à vrai dire, qui soient sérieusement mises en cause ; en second lieu, ce n'est pas au lendemain du jour où les villes nous montrent un empressement presque sans limites, que nous pouvons y répondre par quelque acte de dépossession. Un acte semblable ne serait pas seulement impolitique, il serait injuste. Assurons d'abord aux facultés les moyens de travail qu'elles n'ont pas cessé de réclamer ; permettons-leur d'avoir des élèves, et après leur avoir fait attendre pendant de longues années les améliorations les plus humbles, sachons attendre, sans trop d'impatience, les résultats de nos libéralités encore toutes récentes[1]. »

L'expérience n'est-elle donc pas déjà faite, et depuis bien des années ? Les élèves qui ne sont pas venus jusqu'à présent à Clermont ou à Aix vont-ils donc y affluer ? Quelques boursiers payés par l'État changeront-ils beacoup la face des choses, ou plutôt ne feront-ils pas paraître encore davantage l'inconvénient,

[1] P. 67.

comme dit bien M. Bardoux, de disperser nos forces? D'ailleurs, M. Bardoux étant un représentant de la ville de Clermont, quelque estime que nous fassions de son jugement et de son autorité, il nous permettra, au moins sur ce point, de le récuser comme suspect de quelque partialité pour sa ville natale et électorale. Il nous semble à nous qu'une transaction qui ménagerait l'intérêt et l'amour-propre des villes dépossédées et qui tiendrait compte des sacrifices qu'elles ont faits, ne serait pas tout à fait impossible. Au lieu d'une suppression pure et simple, qui aurait, je l'accorde, quelque chose d'un peu dur, on pourrait se borner à ôter et à transférer deux ou trois chaires, celles qui ont le moins de racines dans le pays, le moins d'auditeurs, ou qui même n'en ont pas du tout, comme telle chaire de littérature ancienne ou de mathématiques transcendantes de telle ou telle ville. Si l'opération était faite avec un peu de délicatesse, sans bruit et sans éclat, nul peut-être ne s'en apercevrait. Rien, d'ailleurs, n'empêcherait de laisser subsister, de concert avec la municipalité, les cours les plus suivis, les plus en harmonie avec les besoins et les goûts de la localité, cours d'histoire et de géographie, de littérature française, d'histoire naturelle, de géologie, de chimie, de telle sorte que ces villes continueraient à profiter des sacrifices qu'elles ont faits pour installer chez elles le haut enseignement, et ne seraient pas dépossédées, comme le dit M. Bardoux. Enfin, dans plus d'un cas n'y avait-il pas quelque compensation possible, un régiment, une fonderie, une école quelconque?

Nous croyons qu'il y a en France trop de facultés, trop de chaires sans auditeurs, trop de commissions d'examen, surtout pour la licence et le doctorat, mais nous ne pensons pas qu'il y ait trop de cours publics sur des sujets littéraires ou scientifiques à la portée du grand nombre, agréables et instructifs à la fois, utiles pour le commerce et l'industrie de la localité. Nous ne voyons pas pourquoi, par suite de quelque arrangement entre les municipalités et l'État, il n'y aurait pas des cours de ce genre à Bourges, à Orléans, à Limoges, à Nice, à Alger ou à Nîmes, tout aussi bien qu'à Douai, à Besançon, à Clermont, à Aix, ou même à Grenoble et à Poitiers. Pourquoi, en d'autres termes, ne pas essayer de transformer certaines facultés en écoles d'enseignement supérieur, comme il y en a à Nantes, à Rouen, à Angers, qui sont de grandes villes et qui s'en contentent bien ?

Le plus grand tort a donc été de créer de nouvelles facultés, au lieu d'en restreindre le nombre. Ainsi ont été multipliées les facultés de médecine, et surtout les facultés de droit, de telle sorte qu'elles s'amoindrissent, qu'elles s'entre-détruisent par le voisinage et par la concurrence, sans nul profit pour la science et pour les études, ou même à leur grand détriment. C'est un difficile et coûteux établissement que celui d'une faculté de médecine qui ne peut réussir que dans quelque grande ville riche en morts et en cadavres, riche en malades de tout genre, en hôpitaux, en médecins. Tout le monde, sauf peut-être à Montpellier, a approuvé la création depuis si longtemps demandée, et depuis si longtemps promise, d'une faculté de médecine à Lyon. Par des raisons plutôt politiques que scientifiques, Nancy a dû prendre la place de Strasbourg ; mais il eût été sage de s'en tenir là, de ne pas fonder d'autres facultés de médecine à Lille, à Bordeaux, et bientôt sans doute à Toulouse et à Marseille. Y aura-t-il un nombre suffisant d'étudiants pour toutes ces nouvelles facultés ? Les études médicales y gagneront-elles ? Les examens, dont l'importance est si grande pour la santé publique, seront-ils plus difficiles et plus sévères ? Ce n'est certainement pas l'avis des hommes les plus compétents.

Il est plus facile de créer des facultés, sinon des étudiants de droit, que des facultés de médecine. Après Douai et Nancy est venu le tour de Bordeaux et de Lyon, puis enfin Montpellier a reçu aussi la promesse, pour le dédommager de la concurrence de la faculté de médecine de Lyon, d'une faculté de droit, si bien qu'aujourd'hui il n'y a pas moins de treize centres d'études juridiques en France. Ajoutons les cinq ou six facultés libres qui, depuis 1875, font concurrence aux facultés de l'État et leur enlèvent un certain nombre d'étudiants.

Sans doute on a voulu, au moins pour Bordeaux et pour Lyon, compléter deux grands centres universitaires. Mais n'y avait-il pas un autre moyen, comme déjà nous l'avons dit, d'arriver au même résultat sans ces créations nouvelles, au détriment des anciennes écoles de droit, qui déjà, sauf dans deux ou trois villes, n'étaient rien moins que florissantes. Elles étaient déjà trop nombreuses, fallait-il encore en augmenter le nombre ? N'eût-il pas été plus économique et plus sage de transplanter telle faculté de droit dans un centre plus considérable, où elle aurait repris de la vie et rendu de plus grands services ? C'est ainsi, par exemple, que la faculté de droit de Grenoble, qui se meurt faute d'élèves, par le voisinage des deux facultés de Lyon, l'une de l'État, l'autre libre, aurait prospéré à Lyon, ou bien celle de Poitiers à Bordeaux. Comment ces facultés si nombreuses, si voisines les unes des autres, pourront-elles garder chacune quelques étudiants sérieux? Où sera l'émulation et la vie dans ces amphithéâtres presque entièrement vides? Jusqu'à quel point de relâchement et d'indulgence dans les examens ne seront-elles pas tentées de descendre pour attirer ou retenir quelques rares candidats à la licence ou au doctorat?

Non seulement on a augmenté le nombre des facultés, mais aussi, sans plus de mesure et sans plus de discernement, le nombre des chaires dans presque toutes les facultés[1]. Peut-être y avait-il quelques raisons à faire valoir en faveur de la fondation à Lyon d'une chaire d'archéologie, mais non pas assurément de deux à la fois. Fallait-il y ajouter des chaires de sanscrit et d'égyptologie? Où seront les auditeurs? Obligera-t-on les boursiers de la licence à suivre ces cours?

Nous ne sommes pas encore au bout de toutes ces prodigalités, dont l'enseignement supérieur a été, pour ainsi dire, accablé; il n'a pas suffi de doubler le nombre des chaires dans les facultés, on a doublé les professeurs dans une chaire; à côté du professeur titulaire, on a mis des maîtres de conférences chargés de lui servir de doublure, de faire des cours complémentaires et surtout des examens à sa place. La *Statistique de l'enseignement supérieur* nous apprend que ces nouveaux fonctionnaires sont aujourd'hui au nombre de plus de cent. D'après le même document officiel, les maîtres de conférences sont de deux sortes : les uns destinés à compléter par des

[1] Depuis 1867, le nombre des chaires a été accru de 175. La faculté des lettres de Lyon compte 13 professeurs ou maîtres de conférences.

répétitions les cours des professeurs titulaires, les autres chargés de représenter les nouveaux enseignements, sans doute l'archéologie, le sanscrit, la langue d'oc ou d'oïl, etc. La *Statistique* donne une raison singulière en faveur de cette multiplicité de places nouvelles et de cette augmentation si considérable de dépenses. Elle n'invoque pas l'utilité publique ni les besoins de l'enseignement, c'est-à-dire le seul bon argument à faire valoir, mais la nécessité de pourvoir au plus vite de places dans l'enseignement supérieur des jeunes gens distingués qui sont dédaigneux des lycées et de l'enseignement secondaire. « C'est un moyen, dit le rapport, de retenir dans l'Université des jeunes gens qui désespéraient de s'y faire place. »

Créer des places dans l'enseignement supérieur pour des jeunes gens, dont quelques-uns, remarquons-le en passant, ne sont pas même encore docteurs et ne peuvent légalement prendre part aux examens, encourager ainsi le dédain qu'ils paraissent faire de l'enseignement des lycées, qui cependant a été l'objet principal de leurs études à l'École normale, voilà une maxime assurément toute nouvelle dans le gouvernement de l'Université. Que ces jeunes gens, quels que soient leurs mérites et leur précoce savoir, prennent un peu plus modèle sur leurs anciens, moins ambitieux, moins pressés, et qui ne regardaient pas comme une tâche au-dessous d'eux, avant, ou même après le doctorat, l'enseignement des humanités ou de la philosophie dans un lycée de province. Je voudrais bien que quelqu'un pût me dire quelle utilité il y avait à doubler d'un maître de conférences les professeurs de philosophie des facultés de Douai et de Bordeaux ou même de Lyon. Si l'on en met là, pourquoi n'en met-on pas ailleurs, où il semble que le goût des études philosophiques n'est pas sensiblement inférieur? Nous ne voulons pas dire qu'il n'y ait pas certaines villes, certaines facultés, certaines chaires, où un maître de conférences ne puisse être de quelque utilité. Ce que nous condamnons, c'est la précipitation, l'abus et la prodigalité. A-t-on songé que tous ces jeunes gens, si impatients d'arriver, ne se contenteront pas longtemps de ces postes subalternes de l'enseignement supérieur, et que tous bientôt voudront être des professeurs titulaires? Combien donc encore faudra-t-il créer de facultés et de chaires uniquement pour les satisfaire et pour les retenir, comme dit le rapport, dans l'Université?

En attendant le bien douteux qui peut en résulter pour l'enseignement supérieur, le mal est certain pour l'enseignement secondaire, pour les lycées, auxquels on enlève brusquement, presque tous à la fois, leurs meilleurs professeurs, sans même s'inquiéter de la possibilité de les remplacer. L'Université est à court aujourd'hui de sujets convenables pour les chaires de rhétorique, de philosophie, de mathématiques spéciales de ses plus grands lycées. Il a fallu, pour y pourvoir, abaisser le niveau et se contenter, non seulement de moins de services, mais de moins de grades et de moins de titres. Est-il sage de compromettre ainsi l'enseignement secondaire, qui est le fondement même de l'Université, qui est, pour ainsi dire, de première nécessité, qui produit un bien général et certain, pour l'enseignement supérieur, qui s'applique à un bien moins grand nombre, qui, par comparaison, est chose de luxe, pour ainsi dire, et pour des réformes dont l'avantage est douteux?

Des centres trop nombreux, les facultés multipliées au delà de tous les besoins de la province, la dissémination, au lieu de la concentration des forces et des ressources de l'enseignement supérieur, voilà, ne craignons pas de le redire, le grand mal qui engendre presque tous les autres et qui suffit à frapper toutes les réformes de stérilité.

De même que si l'on créait d'un coup vingt ou trente lycées, on ne trouverait pas d'élèves pour les remplir, même après avoir chassé les jésuites, où trouvera-t-on de quoi peupler tous ces amphithéâtres et former un groupe, même le plus modeste, d'élèves ou d'auditeurs autour de tant de chaires nouvelles? C'est de quoi on aurait dû d'abord se préoccuper ; on y a songé, mais après coup, comme l'architecte qui, la maison étant faite, s'aperçoit qu'il a oublié l'escalier. On voit comment se relie cette question capitale des élèves et des auditeurs à celle du nombre de grandes Universités, de facultés et de chaires.

CHAPITRE XIII

Divers expédients pour donner des étudiants aux facultés des lettres et des sciences. — Bourses pour la licence, le doctorat et l'agrégation. — Cherté de ces auditeurs. — Un mot de M. Saint-Marc Girardin. — Défense de la grande leçon et des cours suivis par le public. — La grande leçon n'exclut ni la petite ni les conférences. — Les conférences et la licence. — Divers projets de réforme de la licence ès lettres. — Concentrer davantage la collation des grades de la licence et du doctorat. — Un moyen pour rattacher les élèves en droit et en médecine aux facultés des sciences et des lettres.

Nous ne voudrions pas qu'on nous accusât de ne mesurer l'utilité d'un cours qu'au nombre des auditeurs ; il faut cependant bien avouer que, quelque dédain qu'on affecte pour un pareil critérium, et quel que soit le mérite d'un professeur, l'utilité de ses leçons est absolument nulle, si l'amphithéâtre est vide. Les facultés de médecine et de droit ont le grand avantage d'avoir une clientèle à peu près obligée et des étudiants attitrés. Toutefois, combien elles-mêmes ne languissent-elles pas, si ces étudiants sont en trop petit nombre, comme il arrive, surtout aujourd'hui, dans quelques-unes, à cause des centres trop multipliés de haut enseignement, ou par le relâchement de la discipline et le défaut d'assiduité. Il y a telle faculté de droit presque déserte, dont les étudiants, pour la plupart, n'existent que sur le papier, ou même ne prennent plus leurs inscriptions que par correspondance. Ces facultés ne seront bientôt plus que de simples commissions d'examen, qui devront même se recommander par leur indulgence, si elles veulent garder quelques candidats.

Autre est la question des facultés des lettres et des sciences, qui n'ont eu jusqu'à présent pour clients que des auditeurs bénévoles, et qui n'examinent pour la licence et le doctorat, comme pour le baccalauréat, que des candidats libres de faire leurs études partout où il leur plaît. Comment faire à ces facultés une clientèle assurée de jeunes gens studieux? C'est là le grand problème agité aujourd'hui par tous les journaux, tous les écrivains, toutes les sociétés qui s'occupent des réformes et perfectionnements de l'enseignement supérieur. Afin de combler une si fâcheuse lacune, on a proposé divers expédients ou recettes, plus ou moins mal imaginés et qui seraient lourds pour le budget.

Le pire de ces expédients, et qu'il nous est impossible de prendre au sérieux, malgré l'exemple de l'Allemagne, serait de vider les lycées pour remplir les facultés, et de lâcher sur le pavé, à l'âge de quinze ans ou même de quatorze, les jeunes collégiens qui, au lieu de faire leur rhétorique ou leur philosophie entre les murs d'un lycée, s'en iraient loger en ville, pour assister, quand il leur plairait, aux leçons des professeurs de littérature ancienne ou moderne et du professeur de philosophie de la faculté. Sans doute ce serait pour eux une douce chose que cette liberté anticipée et cette agréable licence, sans plus courir aucun risque de pensums ou de retenues. Mettez la proposition aux voix sur les bancs du lycée, je ne doute pas qu'elle ne soit accueillie à l'unanimité et avec enthousiasme. Mais de la part des familles, il n'est pas probable que l'accueil fût le même. Je ne pense pas qu'il soit nécessaire de s'arrêter plus longtemps à discuter un semblable projet, quelque analogie qu'il puisse présenter avec les modes de l'Allemagne, et à montrer qu'il ne serait pas moins pernicieux pour les études que pour les mœurs de ces trop jeunes étudiants.

À défaut des lycées, où donc nous mettrons-nous en quête de ces auditeurs sérieux, de ces élèves assidus et réguliers des cours et conférences dans les facultés des lettres et des sciences, qui ressemblent, dirait-on, à des oiseaux rares sur lesquels il n'est pas facile de mettre la main, et qui vous échappent lorsqu'on croit les tenir? Une tentative a été faite du côté des facultés de droit où il était plus naturel d'aller les chercher que dans les classes de rhétorique. Il y a déjà quelques années, une décision ministérielle a astreint les étudiants en droit à suivre deux cours de la faculté des lettres. Mais cet arrêté n'a jamais été appliqué à Paris, et il a bientôt fallu l'abandonner en province, faute d'autorité de la part des recteurs et des doyens, faute d'amour de l'étude de la part de jeunes gens qui semblent résolus à ne faire absolument rien au delà de ce qui est strictement exigé pour leurs examens. Comment voulez-vous, me répondit le doyen d'une faculté de droit, que nous obligions les étudiants à suivre les cours de la faculté des lettres, quand nous ne pouvons pas même les obliger à suivre les nôtres? Un léger impôt payé sous forme d'inscriptions à deux cours de la faculté des lettres, voilà tout ce qui reste de cette contrainte salutaire qu'on avait voulu imposer aux étudiants en droit pour occuper de trop longs loisirs et donner un utile complément à leurs études littéraires, historiques ou philosophiques. Nous croyons qu'il ne faut peut-être pas abandonner cette pensée et qu'il y aurait lieu de la reprendre en la modifiant, comme nous le dirons tout à l'heure.

Une autre manière de donner des étudiants aux facultés qui n'en ont point, c'est de les payer. Tel est le système des bourses, jadis restreintes à l'enseignement secondaire et aux lycées, maintenant étendues aux facultés et même aux écoles primaires supérieures. Les premiers boursiers des facultés ont été les maîtres répétiteurs auxiliaires, au nombre de quatre ou cinq, dans les lycées situés à côté des facultés. Ces maîtres auxiliaires jouissent de loisirs pour l'étude que n'ont pas leurs collègues moins favorisés, mais ils sont astreints à suivre les cours de la faculté. Tout récemment, on vient de créer trois cents bourses de licence, chacune de 1,200 francs, pour une durée de deux ans. Je reproche aux bourses d'être un système fort coûteux et tout à fait insuffisant pour alimenter les cours et conférences des facultés des lettres ou des sciences, alors même qu'on augmenterait encore d'un ou deux millions le budget de l'enseignement supérieur. C'est ici surtout qu'on voit d'une manière sensible l'inconvénient du trop grand nombre des facultés et de la dispersion des ressources. Aujourd'hui, en France, il n'y a pas moins de soixante facultés de médecine et de pharmacie ou de droit, de sciences ou de lettres. Divisez par ce chiffre les trois cents bourses en question, chacune n'en aura que trois ou quatre tout au plus pour sa part, ce qui ne fait pas un demi-auditeur par chaire. Ces boursiers eux-mêmes, quelques-uns du moins, ne sont pas sans donner quelque souci à messieurs les doyens; il en est qui ne sont pas très assidus, malgré les appels et les réprimandes, qui font tout autre chose que de préparer la licence, qui donnent des leçons, qui se promènent, qui même collaborent avec des journaux radicaux.

Aux bourses de licence il a été question d'ajouter des bourses de doctorat et d'agrégation, qui seront moins nombreuses sans doute, mais peut-être plus coûteuses et de plus longue durée. Je crois même qu'il a été déjà donné pour la faculté de Paris quelques bourses de doctorat en faveur de jeunes professeurs d'histoire ou de philosophie qui s'ennuient de la province et ont hâte de la quitter. Le doctorat étant un grade de luxe, et non de première nécessité, au moins dans l'enseignement secondaire, il semble que les jeunes professeurs devraient, comme nous faisions autrefois, y travailler à leurs frais, tout en remplissant leurs fonctions, sans demander de congé, au préjudice du trésor public et du service de l'Université.

Quant aux bourses d'agrégation, rien n'était encore décidé, au moins il y a peu de temps, tant les dépenses s'accroîtraient et tant les objections paraissent graves[1]! La première de toutes, à nos yeux, c'est le préjudice porté à l'enseignement des lycées et des collèges communaux, auxquels on enlève, pendant deux ou trois ans, pour en faire des élèves des facultés, les licenciés qui, dans les lycées, sont chargés de cours, ou qui, dans les collèges communaux, enseignent les humanités, l'histoire ou la philosophie.

Il semble en vérité que, dans toutes ces réformes déjà réalisées, ou encore simplement à l'état de projet, en faveur de l'enseignement supérieur, il y ait une sorte,

---

[1] On a passé sur toutes ces objections et il y a aujourd'hui des bourses d'agrégation comme des bourses de doctorat. Les facultés des lettres et des sciences de Paris ont plus de cent boursiers de tous les genres.

sinon d'hostilité, au moins d'indifférence, à l'égard de l'enseignement des lycées. D'un côté, on leur enlève tout d'un coup, sans s'inquiéter des successeurs qu'on pourra mettre à leur place, l'élite des professeurs de rhétorique, d'histoire ou de philosophie, pour en faire des professeurs ou des maîtres de conférences dans les facultés; de l'autre côté, et par l'autre bout, pour ainsi dire, on se prépare à le miner par la base en transformant les meilleurs chargés de cours, auxiliaires indispensables, en des boursiers d'agrégation. L'enseignement secondaire se trouve ainsi pris comme entre deux feux, et menacé à la fois par en haut et par en bas par toutes ces réformes inconsidérées.

Quels que soient d'ailleurs le nombre et le genre des bourses créées, on arrivera difficilement, je ne dis pas à peupler les facultés d'étudiants, mais même à en égaler le nombre à celui des professeurs, ou à garnir un seul banc d'amphithéâtre. Dans les conférences elles-mêmes, ces boursiers, s'ils étaient seuls, ne formeraient en général qu'un bien petit groupe, un simple appoint de la conférence plutôt que la conférence elle-même.

Tous ces divers modes de recrutement d'auditeurs étant impossibles ou insuffisants, où trouver une solide clientèle pour l'enseignement supérieur des lettres et des sciences? Ce sont d'abord les professeurs eux-mêmes, à notre avis, qui, par leurs efforts, par leurs travaux, par l'attrait de leurs leçons, et non par telle ou telle mesure ministérielle, par quelques auditeurs chèrement payés, par des moyens en quelque sorte indirects et artificiels, doivent résoudre la question. C'est sur eux-mêmes qu'ils doivent compter pour attirer et retenir autour de leurs chaires un nombre convenable d'auditeurs et d'élèves. Il est vrai que

M. Ferry s'est avisé de regarder comme un bien le petit nombre des étudiants. « La répartition des étudiants, dit-il, sur un plus grand nombre de points n'a rien de dangereux ; elle est à bien des égards favorable aux études. Le petit nombre de jeunes gens permet seul la formation de véritables élèves que le maître connaît [1]. » Il faut au moins avouer que le maître n'aura pas le choix pour former ces véritables élèves. Tout le monde sait, sauf apparemment M. le ministre, ce que valent les études dans les petites facultés.

Sans attendre qu'on vide, pour remplir son amphithéâtre, les classes de rhétorique et de philosophie des lycées, ou qu'on mette quelque nouvel et lourd impôt sur la France pour augmenter, à force d'argent, le nombre des boursiers, ou bien que la force publique contraigne à l'écouter les étudiants en droit du voisinage, nous estimons qu'un professeur de faculté qui a quelque talent, et qui veut s'en donner la peine, peut se faire lui-même un auditoire de jeunes gens et d'hommes du monde curieux de s'instruire, suffisamment éclairés pour le comprendre, bien qu'ils ne travaillent pas tous en vue de la licence ou de l'agrégation. Que la chose soit possible, bien des exemples le prouvent, non seulement à Paris, mais en province. Parmi les professeurs qui, pour une cause ou pour une autre, prêchent dans le désert, il en est, nous le savons, qui se dédommagent par quelques légères plaisanteries sur les auditoires de leurs collègues plus aimés du public.

Que n'a-t-on pas dit sur ce mélange d'auditeurs de tout âge, de toute condition et de tout sexe, sur les motifs étrangers à la science qui les attirent, depuis le

[1] Rapport de M. Ferry sur sa tournée dans les facultés du midi *Journal officiel* du 24 octobre.

feu du poêle en hiver jusqu'à la bonne mine du professeur? Il semble que le succès soit toujours au prix de la science sérieuse et de la gravité de l'enseignement. M. Saint-Marc Girardin, qui a eu un des plus grands et surtout des plus longs succès dont la Sorbonne ait gardé le souvenir, avait une manière bien simple de fermer la bouche à des collègues qui, moins doués que lui du don de plaire en instruisant, semblaient faire fi de cette foule qui se pressait à ses cours : « Il est si facile, disait-il, de n'avoir personne ! »

Rien, en effet, n'est plus facile. Il suffit de ne pas se donner la peine de mettre des matériaux en œuvre, d'embrasser un sujet, de l'exposer avec méthode, avec clarté, avec élégance; il suffit de s'épargner tout souci d'exposition et de parole, de se dispenser, pour tout dire en un mot, de la peine de faire une leçon. Pour quelques succès peu nombreux de mauvais aloi qu'on pourrait citer, combien en est-il qui font honneur aux facultés, qui ont été obtenus, dans nos principaux centres universitaires, sans rien de banal, de superficiel ou de déclamatoire; sans nul appel aux passions religieuses ou politiques? Que de solides leçons d'histoire, de littérature ou de philosophie, qui sont plus tard devenues des ouvrages considérables et fort sérieux, ont été faites devant un nombreux public qui ne s'est pas lassé de les entendre pendant plusieurs années! Nous citerons Saint-René Taillandier, que nous avons eu le plaisir d'entendre, il y a déjà bien des années, à Montpellier, où il a si longtemps enseigné avec un succès qui faisait présager celui de la Sorbonne. Des leçons d'Edgar Quinet à la faculté de Lyon, suivies par près d'un millier d'auditeurs, est sorti le *Génie des religions*, un de ses meilleurs ouvrages. Sans être superficiels, M. Janet, et plus tard M. Fustel de Coulange, avaient des auditeurs à la faculté des lettres de Strasbourg. Il faut avoir du talent, me direz-vous. J'en conviens; pour être professeur de l'enseignement supérieur, surtout dans certaines chaires, l'érudition toute seule ne suffit pas, si elle ne s'accompagne de quelque talent et aussi d'une certaine facilité de parole. Quelle serait donc la différence entre un professeur de collège et un professeur de faculté? La plupart des questions, même les plus hautes, de littérature, d'histoire et même de philosophie, peuvent être mises à la portée d'un certain public par un professeur habile.

Il est vrai que ces nombreux auditoires sont composés d'éléments très divers, d'esprits fort inégalement préparés. Est-ce donc à dire que ces jeunes gens de bonne volonté qui n'aspirent pas à la licence, que ces magistrats, ces anciens professeurs, ces gens du monde, ces rentiers, ces oisifs, et même ces dames, qui ont quelque goût des lettres et des choses de l'esprit, fassent un auditoire si méprisable? Que le professeur ait plus de confiance; si quelques-unes de ses paroles sont perdues, toutes ne tomberont pas sur le roc, ni sur une terre ténébreuse et stérile; il en est qui rencontreront la bonne terre et qui porteront des fruits. N'est-ce donc rien que d'entretenir ou de réveiller chez les hommes du monde le goût des bonnes lettres, de l'histoire et de la philosophie? N'est-ce rien que de maintenir, que d'élever, en dehors de Paris, le niveau de l'esprit français, que d'apprendre à goûter les beautés des grands maîtres, que de dissiper certaines erreurs trop répandues?

J'avoue qu'au lieu d'une leçon qui instruise et

qui charme à la fois, il est plus commode d'arriver dans sa chaire avec un cahier à lire ou à relire, comme les Allemands, avec un texte grec ou latin sous le bras, pour en expliquer une page avec les variantes. Encore une fois, il est si facile de n'avoir personne ! » Nous sommes dans le mouvement et dans le progrès, écrivait un nouveau professeur de faculté à d'anciens collègues ; j'arrive à la faculté avec mon Sophocle sous le bras, et j'en explique une ou deux pages devant quatre ou cinq élèves. » Ce n'est pas ainsi que M. Patin l'entendait, ni les maîtres d'autrefois. Loin de voir le progrès dans cette nouvelle méthode qui met le professeur si fort à son aise, qui lui assure une douce et calme existence, qui le dispense de tout effort pour parler en public, et pour faire une véritable leçon, j'y vois la déchéance certaine de l'enseignement supérieur en France. Les facultés n'ont pas de plus mortels ennemis que ceux, fussent-ils des inspecteurs généraux de l'enseignement supérieur, qui parlent dédaigneusement de la grande leçon, comme on l'appelle, c'est-à-dire de la leçon en public, et qui conseillent de la remplacer par des exercices à huis clos de classe de rhétorique, ou même de grammaire, en faveur seulement de quelques boursiers ou de quelques maîtres répétiteurs. Les professeurs du haut enseignement ont autre chose à faire que de corriger des solécismes et des barbarismes, quoique au besoin ils doivent aussi se prêter à cette tâche modeste dans les examens et dans quelques conférences ; il ne suffit pas même qu'ils comparent des manuscrits ou recherchent des variantes qui n'intéressent personne, à part quelques philologues clairsemés dans l'univers. Vouloir les faire renoncer à ces leçons que le public venait entendre, qui entretenaient le goût des lettres et des sciences au sein de la cité, c'est ne comprendre qu'une partie de leur mission, c'est leur ôter la considération et l'influence, c'est les amoindrir, c'est les faire déchoir. A un enseignement ésotérique, le vrai professeur de faculté doit joindre un enseignement exotérique, qui s'adresse à un public choisi, et non pas seulement à une demi-douzaine de futurs licenciés.

Si je prends vivement la défense de la grande leçon, c'est qu'elle me paraît menacée aujourd'hui par plus d'un réformateur plus ou moins germanique, mais ce n'est pas à dire que je veuille supprimer les petites leçons, les conférences devant un auditoire plus restreint et plus spécial, telles d'ailleurs qu'elles existent déjà plus ou moins dans toutes les facultés, non pas d'hier, mais depuis plus d'une vingtaine d'années[1]. Loin de s'exclure, les deux méthodes, celle des leçons devant le grand public et celle des explications savantes et érudites, de la correction des travaux, de la discussion en commun dans un petit comité, se complètent l'une par l'autre. Les textes que le professeur a cités dans la grande leçon, il les explique et les commente dans la petite, textes de tout genre, latins, grecs, anglais, allemands, pièces historiques et diplomatiques, études de grammaire comparée.

Il faut un jour pour le public, il faut un autre jour, ou même deux, pour des colloques plus intimes et plus savants avec des jeunes gens inscrits sur les registres de la faculté, soit qu'ils veuillent se préparer à quelque grade, soit qu'ils veuillent simplement se perfec-

---

[1] Elles datent de 1855.

tionner dans leurs études classiques de littérature, d'histoire ou de philosophie. Ainsi j'ai vu les choses se passer dans une des facultés les plus importantes et les plus laborieuses de la province. Les conférences n'avaient pas toutes exclusivement pour objet la préparation à la licence ; elles étaient suivies par un certain nombre de jeunes gens qui n'étaient ni des boursiers de licence, ni des maîtres auxiliaires, ni des maîtres répétiteurs, et qui même achetaient le droit d'y entrer en acquittant la cotisation de 60 francs fixée par les règlements.

Nous ne pouvons trouver mauvais que les facultés donnent des conseils et des leçons aux candidats à la licence. Mais nous faisons la remarque qu'un bon professeur de rhétorique les mènerait plus droit au but que tous ces professeurs de différente spécialité, qui se partagent également la besogne [1], tirant chacun la préparation en leur sens, l'un du côté de l'histoire, l'autre du côté de la philosophie, l'autre de la littérature étrangère, quoique ces études ne tiennent que peu, ou même point de place, dans le programme. Si donc les conférences dans les facultés ne devaient pas avoir d'autre objet que la préparation spéciale à la licence, peut-être seraient-elles mieux placées dans les lycées. D'ailleurs, à cause des examens et des longues vacances, elles ne durent pas plus de sept mois dans une faculté, tandis qu'elles en dureraient dix dans un lycée et seraient mieux à la portée d'un plus grand nombre

---

[1] La préparation à la licence souffre beaucoup de ce partage égal entre des professeurs inégalement compétents. Le ministre, dans une circulaire du 8 septembre 1879, a le tort de prescrire de partager ce service entre tous les professeurs de la faculté, comme en étaient également capables.

de candidats, sans bourses à leur donner. Quant à la préparation à l'agrégation, c'est un cas rare, exceptionnel, qui se présente seulement dans quelques facultés, en attendant la création de boursiers d'agrégation.

Cette disproportion manifeste entre la licence telle qu'elle est, dans le cercle où le programme la renferme, et les matières de l'enseignement de six ou sept professeurs d'une faculté des lettres, dont il semblerait qu'on veuille faire avant tout des préparateurs à la licence, ne pouvait échapper à ceux qui ont réfléchi sur ces questions.

C'est même un sujet sur lequel divers membres de la Société pour l'étude des questions de l'enseignement supérieur et quelques journalistes ont donné librement carrière à leur imagination réformatrice. Pour accommoder le cadre trop étroit de la licence au cadre plus vaste et plus varié des travaux et de l'enseignement d'une faculté, ils ont proposé de changer et d'étendre le programme de l'examen. La licence ès lettres est une ; le programme est le même pour tous les candidats, quel que soit le but ultérieur où ils tendent et le genre d'enseignement auquel ils se destinent. Quelques-uns ont proposé de faire plusieurs licences ès lettres, comme il y a plusieurs licences ès sciences, une pour les lettres, où garderaient leur place le thème grec et les vers latins, deux autres pour l'histoire et pour la philosophie, où les langues anciennes auraient leur part, mais qui seraient exemptes du thème grec et des vers latins. D'autres ont défendu l'unité de la licence ès lettres, qui ne se scinde pas si naturellement en diverses parties que les mathématiques, la physique et la botanique, mais en demandant que les candidats fussent autorisés à ajouter à l'examen des matières facultatives, selon leur goût et leur vocation ; ce dont il serait tenu compte quand un licencié aspirerait à une chaire d'histoire ou de philosophie.

Sans entrer dans le détail de tous ces projets de réforme, notre avis est qu'il ne faut pas briser l'unité de la licence ès lettres, ni en rien retrancher pour en faciliter l'accès à des amateurs peu sérieux qui ne demanderaient pas mieux sans doute que d'être dispensés du latin, tout au moins du grec. Comme le baccalauréat ès lettres représente le degré de culture classique commun pour toutes les carrières libérales, ainsi la licence ès lettres représente ce même degré plus élevé qui doit être commun à tous ceux, grammairiens, historiens ou philosophes, qui se destinent à une agrégation quelconque de l'enseignement secondaire. Tout au plus nous accorderions que, sans rien en retrancher, on pût y joindre quelques matières ou questions facultatives, sur la demande du candidat, et avec mention dans le diplôme.

Il est d'ailleurs encore un autre écueil à redouter. La licence historique ou philosophique serait comme une sorte de sous-agrégation d'histoire et de philosophie qui risquerait de porter préjudice à la véritable agrégation. Combien, après cet effort, pourvus d'une chaire suivant leur goût, s'en tiendraient là et renonceraient à faire le voyage de la Sorbonne pour affronter les difficiles épreuves de l'agrégation? En définitive, le préjudice serait certain pour les études classiques, trop tôt étouffées par les études spéciales, sans être avantageux pour les agrégations d'histoire et de philosophie dont elles écarteraient même un certain nombre de candidats.

Il nous semble que, sans toucher à la licence ès

lettres, on peut étendre les conférences et les mettre plus en harmonie avec la diversité et la hauteur des travaux d'une faculté. Outre la conférence spéciale pour la licence, à laquelle assistent plus particulièrement tous ceux qui aspirent à ce grade, pourquoi chaque professeur n'organiserait-il pas une conférence particulière autour de sa chaire sur les matières de son enseignement? Il y aurait des conférences où on ne ferait point de discours et de vers latins, mais où on approfondirait et discuterait, sous la direction du professeur, des questions d'histoire et de philosophie, où on corrigerait des dissertations et des mémoires; il y en aurait d'autres où on ferait de la géographie, de la grammaire comparée, de l'archéologie, etc. J'ai vu ainsi de mes yeux les choses se passer à la faculté des lettres de Lyon, qui a compté jusqu'à soixante inscriptions payantes prises par des étudiants en droit, par des ecclésiastiques, par des amateurs, pour suivre telle ou telle conférence [1]. Cela ressemblait beaucoup à ces séminaires des universités allemandes, groupes d'étudiants en répétition que réunit autour de lui le professeur après sa leçon, sauf qu'il perçoit directement une rétribution qui varie.

Le grand public, plus ce noyau, qu'il faut, j'en suis d'avis, chercher à grossir, d'auditeurs spéciaux, de véritables élèves suivant les cours et les conférences, voilà les deux éléments, suivant nous, indispensables, le premier tout comme le second, de la vie d'une faculté.

[1] Le prix de l'inscription fixé par les règlements était de 60 francs, dont 10 francs pour l'État et 50 pour la Faculté. Aujourd'hui il suffit d'une carte d'entrée gratuitement délivrée par le doyen. Cette gratuité n'a pas augmenté le nombre des élèves libres.

Voyons comment, sans créer de nouvelles bourses, on pourrait augmenter le nombre des étudiants des facultés des lettres et des sciences. Remarquons encore une fois que si les facultés étaient moins nombreuses, il eût été bien plus facile de grouper dans quelques centres universitaires des jeunes gens en nombre suffisant pour les cours et les conférences.

Une des premières mesures à prendre serait de ne plus conférer la licence que dans les universités au grand complet et non dans les facultés isolées, destinées à périr ou à se transformer. Cette réforme aurait d'abord l'avantage de réunir plus d'aspirants aux grades élevés autour des chaires et dans les conférences des grandes facultés; mais elle en aurait un autre encore, celui d'élever le niveau de ces deux examens dans les départements et de leur donner une valeur moins inégale. Là où les candidats sont peu nombreux, comme il arrive dans un certain nombre de facultés de province, là où ils sont généralement faibles et presque tous des élèves de la faculté elle-même, il n'y a pas de point de comparaison, il n'y a pas une sorte de concours, en même temps que d'examen, et les examinateurs sont naturellement portés à plus d'indulgence. Parmi des candidats tous médiocres, on en reçoit un, le moins médiocre, qui à la Sorbonne aurait été refusé. Il résulte de là qu'il y a la licence de Paris et la licence de province, qui ne sont nullement de même valeur; il y a aussi plus d'une distinction à faire entre les quinze facultés de province qui font des licenciés. Voilà bien des inégalités, plus fâcheuses que pour le baccalauréat, dans la valeur d'un diplôme qui fait un professeur! Ces inégalités diminueraient beaucoup si on réduisait de moitié le nombre des commissions et si les bons candidats étaient plus nombreux à chaque session d'examen de licence. Il faut dire la même chose du doctorat. Autant on fait cas d'un docteur de Paris, autant on en fait peu d'un docteur de province. Il importe cependant, et pour le bien de l'instruction publique et pour l'amour-propre des facultés, de faire disparaître ou du moins d'atténuer cette différence de valeur entre des parchemins conférant les mêmes grades et les mêmes droits.

Pour le recrutement d'auditeurs jeunes et attitrés, nous n'avons pas perdu de vue les étudiants en droit, ni même les étudiants en médecine dont les études ont de l'affinité avec une faculté des lettres, ou avec une faculté des sciences.

Les étudiants en droit ont échappé une première fois ; ne pourrait-on pas par quelque autre moyen plus adroit les ressaisir, dans leur intérêt bien entendu ? Pourquoi un étudiant en droit de première année ne serait-il pas assujetti à répondre, à la fin de l'année, sur les matières d'un ou deux cours de la faculté des lettres qu'il choisirait à son gré ? Ce serait un bon moyen de s'assurer qu'il a suivi deux cours de cette faculté, sans les appels, sans les mesures coercitives qui ont, comme on en a fait l'expérience, des inconvénients et des difficultés. Les questions traitées dans ces cours feraient partie de l'examen de droit de la fin de l'année, auquel un professeur de la faculté des lettres serait adjoint, muni d'une boule qui aurait quelque valeur ? Nous ne faisons qu'émettre un vœu, sans oser affirmer qu'il puisse se réaliser. La chose est délicate et exige l'entente la plus complète entre les deux facultés.

Toutefois, je fais remarquer que la mesure ainsi

modifiée ne s'appliquerait qu'aux étudiants de première année, qu'elle dispenserait des appels, et qu'elle laisserait aux professeurs de la faculté des lettres la liberté de leurs programmes, qui leur avait été autrefois enlevée par la triennalité, en même temps qu'était imposée à tous les étudiants l'obligation de suivre leurs cours. Nous estimons que cette liberté, sous la garantie de l'approbation de l'autorité supérieure et avec son intervention en cas d'abus, doit être laissée aux professeurs. Ce qui importe, c'est qu'ils traitent de grands et intéressants sujets, et non qu'ils les remplacent par d'autres d'un moindre intérêt, en tournant dans un cercle, avant que ceux-ci soient épuisés. Voilà une manière dont on pourrait essayer de reprendre ce qu'il y avait de bon dans l'ancien règlement, aujourd'hui tombé en désuétude, et en vertu duquel les deux facultés devaient s'unir plus étroitement, se fortifier l'une par l'autre pour le grand bien des études et des étudiants.

Peut-être pourrait-on tenter aussi d'établir un lien du même genre entre les facultés de médecine et les facultés des sciences. L'étudiant en médecine, à tel ou tel examen, à la fin de la seconde ou de la première année, serait également astreint à répondre sur les matières choisies par lui dans un ou deux cours de la faculté des sciences.

En résumé, hors le talent et le zèle des professeurs de faculté, d'où tout dépend et sans quoi on ne peut rien espérer, tous les expédients n'ont qu'une importance médiocre, tout est insuffisant non moins qu'onéreux. A part les mesures que nous venons d'indiquer et dont nous ne nous exagérons nullement l'efficacité, mais qui nous paraissent bonnes à tenter, c'est de la parole, c'est du talent d'exposition, de la renommée des professeurs de faculté, qui sont des professeurs publics et non des professeurs à huis clos, que dépendent la fortune, la prospérité de l'enseignement supérieur, non pas peut-être en Allemagne, ce qui m'importe peu, mais chez nous, ce qui importe davantage.

CHAPITRE XIV

De la situation des professeurs de faculté. — Augmentation de leur traitement. — Violation de leurs anciennes garanties. — Professeur transféré d'une faculté dans une autre. — Défaveur des postes administratifs. — Le rectorat. — Le décanat temporaire. — Le servilisme, condition de la prolongation de la fonction. — Création de classes personnelles. — Distribution arbitraire de ces classes. — Plaintes et réclamations dans toutes les facultés. — Le casuel des examens absorbé dans le traitement fixe. — Motifs allégués en faveur de cette mesure. — Ses inconvénients. — Des commissions nommées par le ministre seraient-elles préférables aux facultés? — Le pour et le contre. — Conclusion en faveur de la collation par les facultés.

Nous avons parlé des centres universitaires, des auditeurs, des cours, des examens, nous avons aussi à dire quelque chose des professeurs eux-mêmes. Depuis un certain nombre d'années, il y a eu dans leur situation des changements qui méritent d'être signalés. En fait d'argent et de traitement, ils ont beaucoup gagné; mais, d'un autre côté, peut-être ont-ils perdu quelque chose en fait d'indépendance et de dignité. Il était juste, sans doute, d'augmenter en une certaine mesure le traitement des professeurs du haut enseignement, et de l'élever au-dessus de celui des professeurs de lycée, puisqu'on exige d'eux plus de ~~s~~, plus de titres, plus de talent. Je me rap͏͏͏͏͏͏ ir débuté en 1840 dans l'enseignement sup   c un traitement de 3,000 fr. auquel ne s'a   n très faible casuel, à cause des commissions d'examens composées de professeurs de lycée, là où il n'y avait pas de faculté. Bientôt, sous M. de Salvandy, le traitement fixe était de 4,000 fr., en même temps que le casuel s'augmentait par la suppression des commissions des collèges royaux, sans s'élever encore bien haut, sauf dans deux ou trois facultés, comme Poitiers et Toulouse, dont la circonscription était très étendue.

Ce traitement de 4,000 fr. était alors invariablement le même, depuis le commencement jusqu'à la fin de la carrière, depuis vingt-cinq ans jusqu'à soixante, quels que fussent les mérites, les titres et les succès. Chaque professeur demeurait confiné jusqu'à la fin de sa carrière dans la faculté où primitivement le sort l'avait placé, à moins cependant de se porter, ce qui n'était pas facile, comme candidat à une chaire vacante dans une autre ville et de passer par les présentations de ses collègues d'une autre faculté. Ce pouvait être pour les ambitieux une cause de découragement, mais c'était un gage d'indépendance pour tous. Nul ministre de l'instruction publique ne s'était encore arrogé, en violation de la loi, le droit de faire passer un professeur d'une faculté dans une autre sans les présentations voulues des conseils académiques et des facultés elles-mêmes, ainsi qu'il vient d'être fait pour M. d'Hugues, un de ces professeurs qui savent faire une leçon, transféré récemment de Toulouse à Dijon, par un arrêté du ministre : c'est l'atteinte la plus grave qui ait été portée aux garanties, usqu'ici respectées, que les traditions et la loi donnaient aux membres de l'enseignement supérieur [1]. La seule perspective de quelque changement était un avancement administratif, comme le rectorat ou le décanat. Mais les rectorats sont rares, seize seulement ; au temps dont je parle, ils étaient plus recherchés qu'aujourd'hui. Il y avait des candidats au rectorat parmi les membres de l'Institut, parmi les plus hauts fonctionnaires, parmi les professeurs les plus distingués du haut enseignement de Paris. Il n'en est plus de

---

[1] Outre la suppression du droit de présentation des facultés, M. Ferry a violé dans cette affaire l'article 76 de la loi de 1850 : on voit qu'il ne s'agit pas d'une légalité ancienne et tombée en désuétude. Que dit en effet cet article, remis en vigueur par l'article 5 de la loi du 15 mars 1873 ? « Le ministre prononce disciplinairement contre les membres de l'instruction secondaire : 1° la réprimande devant le conseil académique ; 2° la censure devant le Conseil supérieur ; 3° la mutation pour un emploi inférieur... Le ministre peut prononcer les mêmes peines à l'exception de la mutation pour un emploi inférieur contre les professeurs de l'enseignement supérieur. » Cela est clair et net, parce qu'il ne peut y avoir pour les professeurs de faculté que simple mutation, toutes les chaires étant égales et nul emploi inférieur. C'est là ce que M. Jourdain a d'ailleurs établi par une argumentation irrésistible dans une lettre à un de ses amis de Toulouse, publiée par la *Gazette du Languedoc*. Allèguera-t-on qu'une ville en vaut une autre, que le traitement en est le même ? « Pitoyable justification, dit très bien M. Jourdain, d'un acte essentiellement illégal ! Je plaindrais les membres du corps enseignant d'être à la merci d'une administration qui comprendrait ainsi les dispositions tutélaires de nos lois et qui demain se croirait permis d'envoyer à Clermont ou à Grenoble, sous la condition de lui conserver 15,000 francs d'émoluments, tel professeur de la faculté des lettres de Paris qui lui aurait déplu. Pourquoi le garde des sceaux ne suivrait-il pas de son côté un si bel exemple et n'enverrait-il pas tel juge trop peu docile de Quimper à Draguignan, tel autre de Bayonne à Saint-Omer... Si de pareilles prétentions devaient jamais prévaloir, toutes les garanties qui assurent aujourd'hui l'existence du professeur de l'enseignement supérieur se trouveraient anéanties. »

même depuis quelques années. Tel rectorat, que je pourrais citer, a été refusé par douze personnes ou même plus, parmi lesquelles des professeurs de faculté les plus recommandables, les plus autorisés. Ne vient-on même pas de voir, ce qui ne s'était jamais vu dans l'Université, un recteur solliciter de reprendre la chaire de province qu'il avait quittée depuis treize ou quatorze ans? On ne veut pas subir certaines influences ou s'exposer à être sacrifié du jour au lendemain, aux intrigues de quelque préfet ou député, à une émeute d'étudiants, aux sommations de quelque journal radical, aux plaintes d'une municipalité de même couleur.

Quant au décanat qui satisfaisait à l'ambition des plus sages, comme il était inamovible et à vie, sinon en droit du moins en fait, tel a pu attendre une vacance pendant un quart de siècle. Il est vrai qu'on vient de faire rentrer le décanat dans la mobilité de toutes choses. En ressuscitant de vieilles ordonnances non moins tombées en désuétude que celles contre les jésuites, on en est revenu au décanat temporaire. Nul n'est plus nommé doyen que pour un temps limité, pour trois ans ou pour cinq ans. On veut faire acheter par le servilisme du fonctionnaire l'espoir d'une prolongation de la fonction [1].

[1] Ce sont des ordonnances contemporaines de l'organisation de l'Université qui avaient fixé à trois ans pour les doyens des lettres et des sciences et à cinq ans pour ceux de la médecine et du droit la durée de leurs fonctions. Plus tard, en 1823, une ordonnance royale qui ne s'applique qu'aux facultés de médecine et où il n'est pas question des autres facultés, porte que le doyen sera nommé pour cinq ans et que ses fonctions seront toujours révocables. Si je n'ose affirmer qu'il n'a jamais été fait aucune application, depuis l'origine, de ces règlements ou ordonnances, je crois pouvoir dire, d'après mes propres souvenirs déjà bien anciens, et d'après

Des classes personnelles ont été créées, il y a déjà quelques années, pour satisfaire à un légitime besoin d'avancement, pour exciter l'émulation, pour récompenser les mérites et les services. Il y avait des classes, sous une forme ou sous une autre, parmi les fonctionnaires de toutes les administrations publiques, il y en avait dans toutes les autres catégories des membres de l'instruction publique ; il était naturel de les introduire parmi les professeurs de faculté. Le traitement minimum, c'est-à-dire celui de la troisième classe, fut fixé à 6,000 fr., celui de la seconde à 7,000 fr., celui de la première à 8,000 fr.

La création de ces classes personnelles était un bien, une justice pour les membres de l'enseignement supérieur ; mais la façon arbitraire dont elles furent données, dès l'origine et la façon plus arbitraire encore dont les bureaux les accordent ou les refusent, tantôt en entier, tantôt seulement par moitié, suivant leur bon plaisir, a jeté le trouble dans toutes les facultés. Nulle règle, en effet, ne fut fixée pour le passage d'une classe à l'autre ; nulle durée de services ne fut exigée, nul tableau d'avancement ne fut dressé, nulles présentations ne furent faites par un Conseil. Tout, sauf en des cas rares de succès éclatant, de mérites exceptionnels, dépendit de l'arbitraire administratif. C'est ainsi qu'il est arrivé qu'une création bonne en elle-même, et qui

---

tous ceux que j'ai consultés, qu'au moins à partir de 1830, c'est-à-dire depuis un demi-siècle, les doyens sont restés doyens, sans nul renouvellement de leur titre, jusqu'à la retraite, jusqu'à extinction de force et de vie. Depuis trois ou quatre ans seulement les nominations des doyens sont expressément temporaires pour trois ou pour cinq ans. Sans doute, par une sorte de mesure rétroactive, on appliquera la même mesure aux anciens doyens. Ne faut-il pas épurer le décanat comme tout le reste ?

donnait satisfaction à des vœux déjà anciens, à des réclamations souvent répétées, loin de satisfaire les membres de l'enseignement supérieur, provoqua de toutes parts des plaintes, des récriminations. Le ministre, les inspecteurs généraux, les recteurs en furent assaillis. Pourquoi celui-ci était-il de troisième classe, tandis que tel autre, plus favorisé, était de la seconde ou même de la première? La réponse, en bien des cas, n'était pas facile. Plus difficile était-il encore de justifier le fractionnement arbitraire de l'augmentation de 1,000 fr. fixée pour chaque classe. La loi n'avait fait que trois classes; on a imaginé d'en faire six en procédant par des augmentations de 500 et non de 1,000 fr. C'était sans doute pour multiplier les solliciteurs, pour avoir plus de faveurs administratives à accorder aux gens agréables et souples, c'est-à-dire pour tenir dans une plus grande dépendance l'enseignement supérieur. Je ne sais même pourquoi on s'en est tenu à ce fractionnement par moitié; en descendant jusqu'au quart, c'est-à-dire jusqu'à 250 fr., on aurait eu encore un plus grand nombre de mains tendues vers soi et plus de faveurs à accorder ou à refuser.

L'arbitraire est d'ailleurs le même pour les traitements des maîtres de conférences récemment institués. Il devait être à un taux uniforme, à 3,000 fr., si je ne me trompe. Or, autant de têtes de maîtres de conférences, autant de traitements divers: il y en a qui ont 4,000 fr., d'autres 5,000, d'autres 5,500; ils devaient être tous docteurs: les uns le sont, les autres ne le sont pas. Les règles sont chose inconnue au ministère de l'instruction publique, plus que partout ailleurs.

Jadis, lorsque les traitements étaient moindres, mais uniformes, on ne parlait guère d'argent dans les facultés; il y avait moins de comparaisons désobligeantes, d'amours-propres blessés, moins de réclamations. Ceux-là seuls qui n'ont plus rien à demander, c'est-à-dire ceux, en petit nombre, dont le traitement est au maximum, se tiennent aujourd'hui en repos. Voilà le résultat peu satisfaisant, obtenu à grands frais, par une mesure excellente en elle-même, mais arbitrairement appliquée, faute de règles auxquelles il convienne de se conformer et de présentations qu'on veuille bien régulièrement demander au comité consultatif.

Il nous a semblé que la situation qui a été faite aux membres de l'enseignement supérieur, que la diminution de dignité et d'indépendance qui en résulte, méritait d'être particulièrement signalée au moment de la formation du nouveau Conseil supérieur de l'instruction publique, où ils doivent prendre place. Il ne faudrait pas croire, en effet, que les professeurs de faculté, malgré l'élection, malgré même leur inamovibilité relative, et sauf le caractère, qui est une garantie toute personnelle, indépendante des positions, y apporteront plus de gages d'indépendance, par leurs fonctions, que les professeurs des lycées ou les régents des collèges communaux. Ces marchandages de classes ou de fractionnements de classes, ces augmentations de 500 francs, qu'un professeur est obligé de solliciter successivement dans les bureaux du ministère, jusqu'à ce qu'on soit enfin parvenu au maximum, nous paraissent peu dignes des professeurs de l'enseignement supérieur.

Une autre modification considérable est plus récemment survenue dans la situation et les traitements des professeurs de faculté par la suppression du casuel des examens, moyennant une compensation proportionnelle d'augmentation du traitement fixe. Ce casuel variait beaucoup, comme nous l'avons dit, de faculté à faculté : ici, il n'atteignait pas 1,000 francs ; ailleurs, il dépassait 3,000, suivant le nombre des candidats, qui lui-même dépendait de l'étendue des circonscriptions, et aussi, il faut le dire, de la réputation, bien ou mal fondée, de l'indulgence de certains juges. Quoique ce traitement éventuel eût le mérite incontestable d'une exacte proportionnalité entre la rétribution et le travail, il n'était pas sans quelques inconvénients. D'abord il était singulièrement variable, non pas seulement d'académie à académie, mais dans la même faculté, selon les années et les événements, suivant les changements dans les programmes ou dans le plan des études, à l'époque de la bifurcation, par exemple, ou du dédoublement du baccalauréat en deux parties, ou selon que telle ou telle école du Gouvernement a exigé ou n'a pas exigé le baccalauréat ès lettres ou le baccalauréat ès sciences. Il y avait des années mauvaises, il y en avait de bonnes, comme pour les récoltes de la terre.

Dans le public, surtout parmi les candidats ajournés, parmi leurs amis, leurs camarades et leurs familles, circulaient des rumeurs diverses et fort contradictoires contre les juges et contre les facultés. Quelques-uns les accusaient de tirer bénéfice de leur sévérité et de battre deux ou trois fois monnaie avec le même candidat en l'obligeant à comparaître plusieurs fois devant eux. De tous les mauvais bruits, celui-là était évidemment le plus absurde. Comme les candidats ont la liberté de choisir leurs juges, quelle que soit l'académie où ils ont fait leurs études, ce qui est, disons-le en passant, une mauvaise chose, ceux qui se défient d'eux-mêmes ou de la renommée de sévérité d'un jury, ou ceux qui ont éprouvé quelque échec, s'enfuient d'ordinaire loin de leurs juges naturels, dans l'espoir de rencontrer ailleurs des commissions moins sévères. Il y avait quelque chose de plus spécieux dans le reproche contraire, adressé, à tort ou à raison, à certaines facultés, d'attirer à elles les candidats des autres ressorts académiques par la bonne odeur d'une plus grande indulgence. Voilà quelques-uns des motifs qui déterminèrent à supprimer le casuel, en grossissant le traitement fixe d'une somme proportionnelle à la moyenne du produit pendant les six années précédentes. Cette transformation s'est faite d'une manière en général avantageuse pour les intéressés, mais non pas toutefois sans soulever encore de divers côtés des réclamations plus ou moins fondées.

Ceci nous mène à une dernière question qui n'est pas sans gravité, aujourd'hui surtout, celle de savoir si la collation du baccalauréat et des grades en général doit être maintenue aux professeurs de faculté. Il faut bien avouer qu'ils semblent y tenir maintenant beaucoup moins que par le passé. La transformation du casuel en une somme fixe, indépendante désormais du nombre des examens, toujours la même, qu'il y en ait cent ou qu'il y en ait mille, ou même qu'il n'y en ait point, devait avoir une conséquence facile à prévoir pour quiconque connaît un peu le cœur humain. A la suite de la fatigue des cours, il est pénible d'avoir à faire des examens, pendant un mois et plus, avec les chaleurs d'août ou de la fin de juillet. Cette lourde charge avait sa compensation, et même sa douceur, quand la rémunération était en proportion du nombre des candidats et du travail des examens. On avait chaud, on était accablé, mais on ne se plaignait guère, ou même on se félicitait, dans le fond de son cœur, de cette besogne productive.

Il n'en est plus de même aujourd'hui que le gain est assuré et qu'il est toujours le même, quel que soit le travail. De là, en effet, une tendance à ne considérer que la fatigue et les moyens de la diminuer. Le traitement des professeurs de faculté, plus élevé aujourd'hui que celui d'autres fonctionnaires d'un même rang, ou d'un rang supérieur dans d'autres administrations, ne se justifie que par la rémunération du travail des examens et par l'ancien casuel absorbé dans le traitement fixe. Cependant il y a des plaintes qu'on n'entendait pas autrefois; on gémit d'un fardeau qu'on supportait patiemment, il y a quelques années; on demande des aides qu'on n'avait garde d'appeler, alors qu'il eût fallu en faire des copartageants. Volontiers, messieurs les professeurs titulaires, comme les chanoines de la Sainte-Chapelle, laisseraient

> A des chantres gagés le soin de louer Dieu.

Ces aides qu'ils réclament sont les maîtres de conférences, dont nous avons déjà parlé. C'est surtout en vue de ce soulagement que les facultés demandent partout à grands cris ces adjonctions, et que la plupart les ont obtenues, sans nul autre profit bien évident que celui que nous venons d'indiquer.

Dans la discussion engagée sur les jurys mixtes, on a agité la question de savoir si les jurys d'État nommés par le ministre ne conviendraient pas mieux que les jurys des facultés. Peut-être, s'il s'agissait d'une organisation entièrement nouvelle, et si nous n'étions pas en présence d'institutions déjà existantes et depuis longtemps consacrées, pourrait-on faire valoir quelques considérations en faveur des jurys d'État semblables à ces commissions, dont nul ne se plaint, nommées pour les agrégations ou pour les examens d'entrée aux grandes écoles de l'État, comme l'École polytechnique, l'École normale ou celle de Saint-Cyr. Peut-être auraient-ils l'avantage de donner plus d'unité aux différents diplômes dont la valeur, comme nous l'avons déjà dit, varie beaucoup trop suivant les facultés qui les confèrent. Il n'y aurait plus une aussi grande différence entre un licencié ou même un bachelier, au nord ou au sud de la Loire; on approcherait davantage d'une commune unité de mesure. Choisis en dehors, sinon de l'Université, au moins de l'Université active et militante, les membres de ces jurys inspireraient moins de défiance aux candidats sortis des rangs de l'enseignement libre. Enfin, ils ne seraient jamais dans le cas de prononcer, sur leurs propres élèves, comme il arrive à la licence aux facultés des sciences et des lettres pour les candidats qui ont suivi les conférences.

Nous répondrons à ces diverses objections en faisant d'abord remarquer que l'inconvénient de l'inégale valeur des diplômes serait atténué, au moins là où il est le plus grand, c'est-à-dire pour la licence et le doctorat, si, comme nous l'avons proposé, la collation de ces deux grades n'avait lieu que dans quelques grands centres universitaires. Quant aux défiances de la part des établissements libres contre les jurys des facultés, non seulement nous croyons qu'elles sont mal fondées, mais nous avons lieu de croire qu'elles n'existent guère, au moins de la part des candidats. Nous renvoyons aux diverses preuves que nous en avons données dans notre chapitre sur la collation des grades. Nous pourrions renvoyer aussi à une brochure sur le baccalauréat de notre ancien collègue à la faculté de Lyon, M. Victor de Laprade, dont l'autorité n'est pas suspecte et qui, lui aussi, avait eu l'avantage de voir les choses de près. Enfin pourquoi ne nous serait-il pas permis d'invoquer notre longue expérience du décanat et des examens, et les rapports de la faculté des lettres de Lyon non moins bons, pendant tant d'années, avec les établissements libres qu'avec les établissements universitaires du ressort académique? D'ailleurs, ne serait-il pas à craindre que les facultés, privées d'une si importante attribution, perdissent beaucoup de leur influence et de leur autorité ?

Voici encore une autre difficulté, d'ordre inférieur, si l'on veut, mais très réelle. Nous avons expliqué tout à l'heure les deux éléments, fondus ensemble, dont se compose le gros traitement des professeurs de facultés. La rémunération des examens y entre pour une grande part. Si on mettait des jurys d'État à leur place, il faudrait naturellement rétribuer aussi les membres de ces jurys. Ainsi, l'État payerait deux fois, ce qui serait cher, le même travail, ou bien, ce qui serait dur, il diminuerait le traitement des professeurs de faculté de toute la somme représentant l'ancien casuel.

En balançant toutes ces raisons d'inégale valeur, nous inclinons à croire que le meilleur est de laisser les examens dans les mains où ils sont et de conserver aux facultés leur double tâche de faire des cours et de conférer les grades. Qu'elles supportent vaillamment, sans trop demander à la partager avec d'autres, une si glorieuse fatigue, et qu'elles ne laissent pas à d'autres, en tant qu'il dépend d'elles, le soin de veiller à la garde des études classiques, des études littéraires et scientifiques en France.

En résumé, notre grande critique contre l'organisation actuelle de l'enseignement supérieur, c'est la multiplication excessive, surtout depuis quelques années, des facultés et des chaires. En considérant l'inutilité, ou même les inconvénients de quelques-unes de ces créations, on peut dire, sans rien exagérer, qu'on a jeté l'argent par les fenêtres. Au lieu de concentrer, comme on l'annonçait, les ressources et les forces dans quelques grands centres de la province, on n'a abouti qu'à maintenir, et même à augmenter le plus stérile, comme le plus coûteux, des éparpillements. Quelle sera l'existence et la vie de ces facultés de droit qui se touchent pour ainsi dire les unes les autres, et de ces facultés de médecine déjà trop nombreuses ? Comment peupler d'auditeurs tous ces amphithéâtres ? Comment alimenter d'étudiants toutes ces conférences ? Il y a trente facultés des lettres et des sciences ; si elles ne pouvaient avoir d'auditeurs sérieux qu'au prix de 1,200 francs par tête, il faudrait des millions pour en faire asseoir seulement une douzaine autour de chaque chaire. Nous avons vivement insisté sur le grave préjudice porté à l'enseignement secondaire qu'on dépouille de ses meilleurs ou de ses plus utiles maîtres, en les transformant soit en maîtres de conférences, soit en boursiers, boursiers de licence, boursiers d'agrégation, boursiers de doctorat. Qui donc pendant ce temps-là fera la classe à leur place ? Aujourd'hui surtout qu'il s'agit de faire une bonne et loyale concurrence aux pensionnats libres et ecclésiastiques, il est bien maladroit de découronner, d'affaiblir l'enseignement de nos lycées, là seulement où la victoire est disputée, là où il faut porter toutes nos forces, quand bien même le succès de la loi Ferry devrait nous délivrer, par le lâche et honteux moyen de la proscription, des plus habiles d'entre nos concurrents !

Est-ce à dire qu'il n'y avait rien à faire dans l'enseignement supérieur? Nous prétendons seulement qu'on a trop fait à la fois, d'une manière irréfléchie et précipitée, qu'on a multiplié les facultés et les chaires au delà de tous les besoins, et au grand préjudice des facultés anciennement existantes qui avaient besoin d'être fortifiées, et non d'être affaiblies, par une concurrence bien autrement dangereuse que celle des facultés libres.

Nous sommes très sympathique aux conférences, et nous avons même indiqué comment leur cercle devrait être agrandi, sans les enfermer, comme le veut le ministre, dans les limites trop étroites d'une simple préparation à la licence. Mais nous avons résolument défendu les grandes leçons, les grands auditoires, où les gens du monde se mêlent aux étudiants, quand bien même tous ne profiteraient pas également de l'enseignement du professeur. Encore une fois, nous ne concevons pas un professeur de faculté, même un professeur de littérature ancienne, purement ésotérique. Il faut qu'un professeur de l'enseignement supérieur, même dans les sciences, ait le don de parler en public, le don d'exposer avec clarté, avec élégance, et même avec quelque agrément, le sujet de ses leçons. C'est à lui, par son talent et son zèle, à se faire des auditeurs en aussi grand nombre que la localité peut en fournir. Cet auditoire volontaire n'est pas tant à mépriser que quelques-uns veulent bien le dire, c'est la récompense flatteuse de bien du travail et des efforts; indépendamment du savoir, il est le signe d'un talent qui n'est pas donné à tous.

Malgré des atteintes, que nous avons signalées, à leur indépendance et à leurs anciennes garanties, la situation des professeurs de faculté demeure la plus digne d'envie au sein de l'Université. Au-dessus, ou en dehors de leurs fonctions, rien, à ce qu'il semble, ne peut plus les tenter aujourd'hui. Comment envieraient-ils ces hautes fonctions de l'Université, devenues sujettes aux mêmes fluctuations que les parquets et les préfectures? Ceux-là d'entre eux ont fait preuve de sagesse qui récemment ont refusé ces postes autrefois si recherchés des grands rectorats. Si les professeurs de faculté ne sont plus, à ce qu'il paraît, à l'abri des déplacements, ils le sont encore des épurations, au moins jusqu'à nouvel ordre.

Pour ne pas déchoir dans l'opinion du public français et perdre leur prestige, qu'ils continuent à suivre les traditions de la Sorbonne, du Collège de France et l'exemple des professeurs qui ont donné le plus d'éclat aux chaires de la province; qu'ils cherchent par l'attrait de leurs leçons à faire le plein et non pas le vide autour d'eux. Ils se garderont de l'insipide lecture, découpée en parts rigoureusement égales, de vieux cahiers semblables à ceux des professeurs allemands[1].

---

[1] Un seul professeur de faculté, à notre connaissance, a eu le bon sens et le courage de protester, comme nous, en faveur des facultés françaises contre les Universités allemandes; c'est M. Tessier, professeur à la Faculté des lettres de Caen. Voir la *Revue nouvelle*, 15 février 1880.

Plus d'un chez nous s'exposerait à s'entendre dire: Laissez là vos cahiers et allez-vous-en ! Toute réforme est mauvaise qui n'est pas dans le génie national; ici comme en tout le reste : *non omnis fert omnia tellus* [1]. Ne suivons pas l'exemple de ce singe savant de Florian, qui dansait sur la corde, et qui, après la guerre de Sept ans, faisait,

> Le corps droit, fixe, d'aplomb,
> L'exercice à la prussienne [2].

CHAPITRE XV

Pour soutenir la lutte l'Université n'avait pas besoin de l'article 7. — De l'amélioration matérielle et morale de ses internats. — Question de l'internat. — Ses avantages. — Chimère du système tutorial. — Formation des caractères, habitude de la règle et de la discipline. — Parallèle avec le jeune homme élevé dans la famille. — De la part faite à l'éducation dans le lycée. — L'aumônier, le professeur, le maître d'études. — Les maîtres d'études meilleurs qu'on ne le suppose généralement. — Impossibilité de les supprimer. — Ce qu'on a fait et ce qu'on pourrait faire pour eux. — Améliorations matérielles des lycées. — Ne laisser que des externes dans les villes. — Transférer les grands comme les petits à la campagne.

Il semble, à croire M. Ferry, que l'Université périssait s'il n'était venu à son secours avec l'article 7. Il n'en est rien. Déjà l'Université avait prospéré sous le régime de la liberté de l'enseignement; elle pouvait prospérer encore. Si la prospérité croissante de cer-

---

[1] Virgile, *Georg.*
[2] Le Singe qui montre la lanterne magique.

tains établissements lui inspirait de l'ombrage, elle n'avait qu'à veiller davantage sur elle-même, à mieux mettre à profit toutes ses ressources et surtout à ne rien négliger pour l'amélioration matérielle et morale de ses internats.

Mais d'abord la question se présente, puisqu'elle est encore agitée, de savoir si l'Université ne ferait pas mieux de fermer ses internats. Ce ne sont pas seulement des ennemis de l'Université, mais des universitaires eux-mêmes très haut placés qui ont soutenu cette opinion.

Tes plus grands ennemis, Rome, sont à tes portes.

Sans doute en prenant ce parti l'Université s'épargnerait quelques soucis et n'aurait qu'une moindre responsabilité. Mais il s'agit de savoir s'il est bon qu'elle abandonne cette grande tâche. La question a été discutée, pendant ces derniers temps, dans des journaux de diverses couleurs et même dans des mémoires à l'Institut. Que les internats des lycées aient été attaqués, qu'ils aient été représentés sous les plus noires couleurs par des concurrents, par des adversaires intéressés à leur perte, cela n'a rien d'étonnant; on peut s'étonner davantage de voir faire cause commune avec eux, sur ce point capital, des hommes qui sont des amis, des chefs de l'Université, des inspecteurs généraux comme M. Bréal[1], des recteurs comme M. Gréard[2], et même d'anciens ministres qui ont été

---

[1] *Quelques mots sur l'instruction publique.*
[2] Mémoire présenté au Conseil académique sur l'enseignement secondaire à Paris en 1880. M. Gréard regarde les internats comme un mal, mais il est vrai, comme un mal indispensable.

avec honneur à sa tête. Ainsi, tout récemment, dans un rapport à l'Académie des sciences morales et politiques, sur le projet de loi relatif à l'éducation des filles, de M. Camille Sée, M. Jules Simon, après avoir vivement combattu la fondation de collèges d'internes pour les filles, ajoute qu'il a grande peine à se résigner même aux internats de garçons [1].

Quant aux internats de filles, nous sommes complètement de l'avis de M. Jules Simon; ici les inconvénients nous semblent plus grands que les avantages. Mais nous n'hésitons pas à nous prononcer en faveur des internats de garçons : non seulement ils sont consacrés par le temps, mais ils répondent, aujourd'hui même plus que jamais, à nos besoins, à nos habitudes et à nos mœurs. A notre avis ils offrent des avantages qu'aucune autre éducation ne peut remplacer. Quoique nous ayons plus particulièrement en vue l'Université et ses lycées, c'est l'internat en général que nous défendons. Combien l'Université serait-elle amoindrie, et que ne perdrait-elle pas en fait d'autorité et d'influence, le jour où elle cesserait, comme on le dit dédaigneusement, de tenir pension ? Quel humiliant aveu d'impuissance à former des hommes et des citoyens ! Ce jour-là, il y aurait une bien grande joie assurément parmi tous ses concurrents et ses adversaires, parmi les industriels qui ne font de l'éducation que métier et marchandise, sans aucun but civique, moral ou religieux. Les congrégations religieuses ou les établissements qui prendront leur place recueilleraient certainement une bonne part de cette grande clientèle que l'Université aurait eu le

[1] Comptes rendus de l'Académie des sciences morales et politiques, octobre 1879.

tort de congédier. En outre, pour un certain nombre de ces jeunes lycéens émancipés avant le temps, la vie d'étudiant commencera deux ou trois ans plus tôt. Il y aura aussi quelque contentement parmi tous ceux qui tiennent des auberges, des garnis et des cafés.

Nous ne prétendons pas qu'il n'y ait rien à reprendre et que tout soit parfait dans les internats universitaires, pas plus que dans tous les autres; mais l'internat est-il, en effet, un mal : un mal, il est vrai, nécessaire dans l'état actuel des mœurs et de la famille, comme le dit M. Jules Simon dans le rapport que nous venons de citer? Je regarde comme un malheur et une défaillance de notre caractère national l'habitude de nous débarrasser de nos enfants en les campant pour six ou huit ans dans des internats, au lieu de les élever sous nos yeux et près de notre cœur, suivant le vœu évident de la nature. C'est un reproche qui peut s'adresser peut-être à quelques parents, mais non pas à tous. Pour combien de familles cette séparation, malgré la meilleure volonté, n'est-elle pas nécessaire? Pour combien d'enfants, du moins à notre avis, n'est-elle pas plus avantageuse que nuisible?

Que mettre, d'ailleurs, à la place de ces grands internats qu'on veut supprimer? Les imitations de l'Angleterre ou de l'Allemagne, les petits groupes en pension et vivant de la vie de famille chez un professeur et sa femme, tous deux parfaits dans leur genre, le régime tutorial ou familial, les divers projets mis en avant par les adversaires de l'internat dans les lycées, nous semblent tout à fait impossibles, ou du moins ne convenir qu'à des privilégiés, à des élèves dans des situations exceptionnelles, à de riches fils de famille, et non pas à la grande majorité de nos pensionnaires actuels. Qu'est devenu le projet de système tutorial avec ses beaux prospectus, avec ses longues listes d'adhérents, parmi lesquels on ne voyait pas sans quelque surprise les noms d'un certain nombre de hauts fonctionnaires de l'Université, empressés apparemment de se décharger de ce fardeau de l'éducation de la jeunesse ? Où en est aujourd'hui la cité scolaire du Vésinet ?

Il n'est pas facile de trouver des centaines de professeurs plus ou moins semblables au maître idéal de l'*Émile* de Rousseau, je ne dis pas seulement pour un élève unique, mais même pour des groupes de huit ou de dix enfants ou jeunes gens, des professeurs pères de famille, munis de tous les grades, maîtres excellents de morale, comme de lettres et de sciences, en même temps que de bonnes manières, offrant au plus haut degré toutes les garanties que réclament ceux qui ne veulent pas de nos maîtres, donnant tous leurs soins, le jour et la nuit, à ces quelques élèves privilégiés dans une maison ou un petit hôtel à part. Encore une fois, cela n'est pas une application facile et surtout économique. Qu'on songe au bas prix de la pension des lycées, qu'on fasse la comparaison avec les sacrifices que ce système tutorial exigerait des familles, et on se convaincra, sans nulle autre raison, qu'il n'est pas destiné de sitôt à remplacer les pensionnats universitaires, quand bien même il réussirait à s'établir quelque part comme essai ou modèle. Nous ne sommes pas en Angleterre, à Eton ou à Harrow.

Cependant, à en croire quelques-uns, le mal serait grand et demanderait un prompt et énergique remède ; les choses iraient au pire, même dans les internats les mieux tenus ; ce seraient, ou peu s'en faut, des maisons de corruption et de pestilence, comme disaient autrefois les plus fougueux adversaires du monopole universitaire ; il ne sortirait de là qu'une jeunesse vicieuse et dépravée. Il ne faut pas ajouter foi à ces esprits passionnés et prévenus, qu'ils soient ou qu'ils ne soient pas des universitaires. S'il est vrai que le mal peut quelquefois se glisser dans l'intérieur d'un lycée, il peut se glisser aussi, même dans les maisons les mieux tenues et les plus pieuses ; il ne faut pas exagérer ce mal hors de toute proportion, et se refuser à voir le bien que produit cette vie commune et les avantages que la jeunesse en retire.

Dans la vie en commun, sous une règle, sous une discipline la même pour tous, dans ce continuel et rude frottement de tous les jours, les uns avec les autres, en classe, à l'étude et au jeu, il y a un bon apprentissage de la vie, il y a une bonne école de morale. Là se brisent et se corrigent les aspérités, les bizarreries, les faiblesses du caractère ; là, il est fait impitoyablement justice de la sotte vanité, des prétentions orgueilleuses de tout genre ; là, chacun, quel qu'il soit, fût-il fils de roi ou d'un président de république, est bientôt mis ou remis à sa place ; là, chacun apprend en peu de temps à s'apprécier lui-même, comme à apprécier les autres, au point de vue de la force intellectuelle et morale, non moins exactement qu'à celui de la force physique, de l'agilité, de l'adresse à tel ou tel jeu. Au sein de cette vie se forment aussi des amitiés solides et se développent avec une grande force des sentiments d'honneur et de loyauté. Quel est l'élève, dans un lycée, qui n'aimera mieux être puni lui-même injustement que de dénoncer un coupable ?

Jusque dans les actes les plus contraires à la discipline se montre souvent un esprit de camaraderie qui ne va pas sans quelque bon sentiment. N'est-ce donc rien pour la vie que l'habitude de soumission à une règle et de l'accomplissement d'une tâche régulière qu'il faut remplir? Enfin, à part les exceptions, comme il y en a partout, et non pas seulement dans l'Université, comme il y en a même dans les meilleures familles, on sort de là avec quelque chose de viril, de bon, de généreux; on n'en sort pas méchant et corrompu.

En regard de ce lycéen beaucoup trop décrié, placez le jeune homme qui n'a pas quitté la famille et dont l'éducation s'est faite tout entière sous le toit paternel; la comparaison pourra bien ne pas être toujours à son avantage. Il lui a manqué, on le sent, d'avoir vécu de cette vie commune dont nous venons de voir les avantages. S'il a échappé à certains risques, c'est au prix de plus d'une faiblesse, de bien des travers et des défauts. Il a des bizarreries dans le caractère, quelque chose de mou et d'indécis; il est trop timide ou bien trop présomptueux, parce que, ne connaissant pas les autres, il ne se connaît pas lui-même; il a des caprices, des faiblesses et des manies. L'habitude lui manque du travail régulier et de la discipline; il incline davantage à la paresse, parce que le travail isolé est plus pénible que le travail en compagnie. Enfin, ce n'est pas au collège ou dans les internats en général que se trouvent en plus grand nombre ceux qu'on appelle des enfants gâtés.

Tels sont les inconvénients ordinaires de l'éducation isolée, même au sein des meilleures familles. Pense-t-on d'ailleurs que toutes les familles soient également propres à donner une bonne éducation ? Pour quelques-unes où peut-être l'enfant sera mieux, combien n'en est-il pas où il sera plus mal ? Ici ce sont les affaires, la Bourse, le barreau, le commerce, le magasin, les achats ou les ventes, le travail et les occupations de tout le jour; là ce sont les plaisirs, le monde, la toilette, les spectacles, les dîners, les soirées, qui ôtent le temps pour cette surveillance continue qu'exigent les études et l'éducation de l'enfant. Combien peu de parents propres à cette tâche! Ne flattons pas l'internat, même celui de lycées, je le veux bien, mais ne flattons pas trop non plus l'éducation de la famille. Là aussi tout n'est pas parfait; et nous inclinons à conclure que, toutes choses comparées et compensées, l'éducation du lycée est préférable à celle de la majorité des familles, et qu'il y aurait perte morale, plutôt que gain, à renvoyer dans le foyer domestique tous les pensionnaires des établissements publics.

Que l'Université se garde donc bien de fermer ses internats, mais qu'elle mette à profit les critiques en travaillant *de* plus en plus à les améliorer, au point de vue moral d'abord, qui est le plus important, et puis au point de vue matériel, qui n'est pas sans quelque lien avec le premier. En recommandant les améliorations morales, je ne veux pas dire que l'éducation soit négligée dans un lycée bien tenu, mais je pense qu'il faut sans cesse s'appliquer à la fortifier encore. Avec quelle vigilance, d'après le règlement, tous les fonctionnaires, proviseur, censeur, surveillants généraux, maîtres d'études, ne doivent-ils pas exercer une surveillance continuelle du jour et de la nuit, sur tous et partout? Dans l'intérieur de chaque lycée, vivent au milieu des élèves, en attendant, il est vrai, qu'on les expulse à leur tour, un ou deux aumôniers, prêtres choisis, instruits et dévoués qui sont aimés et respectés. Il y a abondance de solides instructions religieuses, comme de leçons de morale sous toutes les formes, sacrées et profanes, depuis le catéchisme et le *Selectæ e profanis*, jusqu'au *De officiis* ou au Phédon. Ce n'est pas seulement la discipline extérieure, l'ordre matériel, mais l'ordre moral qu'on s'efforce de faire régner. Qu'on me pardonne d'employer ce mot malheureux qui, à l'heure qu'il est, ce qui est un des signes les plus tristes du temps, est tombé dans un si grand discrédit. Mais si l'ordre moral n'a plus de place dans notre gouvernement, qu'il la garde encore, pour ne pas tout à fait désespérer de l'avenir, dans nos maisons d'éducation. Les bons conseils, les exhortations viennent aux élèves de tous les côtés, des professeurs comme des fonctionnaires.

Tout concourt en effet à l'éducation en même temps qu'à l'instruction ; ce sont deux choses qui, dans la classe elle-même, ne se séparent pas, ou qui ne doivent pas se séparer. Tout professeur, qu'il enseigne le latin, la grammaire, l'histoire ou la rhétorique, est en même temps un professeur de morale, non pas le moins autorisé et le moins écouté, s'il sait s'y prendre. Que ne peut-il pas pour inspirer et fortifier les plus nobles sentiments, par le choix des sujets et des devoirs, par le soin à mettre en relief les grandes actions et les grandes pensées, par les réflexions dont il les accompagne pour mieux les graver dans les jeunes âmes ? De tout devoir bien choisi, de tous les faits de l'histoire, il peut faire sortir quelque leçon indirecte de morale, quelque exhortation au devoir et au patriotisme. L'impression sera même d'autant plus grande qu'il n'a pas semblé la chercher, et qu'elle s'est rencontrée tout naturellement sur sa route, dans la correction du thème ou l'explication de la version.

Assurément, les maîtres répétiteurs ou maîtres d'études, qui sont plus constamment en contact avec les élèves, ne peuvent pas ne pas avoir aussi quelque influence, bonne ou mauvaise, sur l'éducation. Mais il s'en faut de beaucoup qu'elle dépende d'eux exclusivement, ni même pour la part la plus considérable.

En général, ce sont les ennemis de l'Université qui se plaisent à exagérer cette influence du maître d'études; c'est là, suivant eux, qu'est la grande plaie, la plaie incurable de tout le système universitaire. Pendant bien des années je me suis occupé des maîtres d'études avec une grande sympathie. Je les ai vus de près et à l'œuvre, soit comme doyen, dans les conférences pour la licence, soit dans mes inspections générales ; je crois donc pouvoir, en connaissance de cause, protester en leur faveur contre tout le mal qu'on en dit.

Je trouve qu'on est injuste à leur égard et qu'ils sont loin de mériter la mauvaise réputation qu'on veut leur faire pour discréditer plus sûrement toute l'Université. Que sont donc, en effet, les maîtres d'études? Ce sont des jeunes gens instruits et studieux qui ont fait toutes leurs études, qui ont un diplôme de bachelier ès lettres ou ès sciences, et qui aspirent à des grades plus élevés ; il en est même qui déjà sont licenciés. S'ils ne sont pas encore des professeurs, ils travaillent à le devenir en se préparant à la licence ou même à l'agrégation. Combien, parmi les plus hauts fonctionnaires et les plus savants professeurs de l'Université, ont débuté par ces modestes mais honorables fonctions ? En général, ces jeunes gens sont dévoués à leur tâche pénible et délicate ; s'il y a, comme il y en a partout, quelques exceptions fâcheuses, on ne peut rien en conclure contre le corps entier.

Depuis plus d'une vingtaine d'années, l'Université leur a témoigné une constante sollicitude, elle a tâché d'améliorer de diverses façons leur situation matérielle et morale. Leur traitement a été augmenté ; s'il l'était même davantage il en résulterait peut-être plus de mal que de bien véritable. Ils seraient tentés de s'endormir dans une position d'où il faut qu'ils sortent, à force de travail, pour devenir à leur tour des professeurs.

Mettre à leur portée tous les moyens de travail et de préparation à un grade supérieur, voilà qui est bien mieux dans leur véritable intérêt, et voilà d'où dépend tout leur avenir. Pour les conduire au but, l'Université, comme une bonne mère, leur fait une sorte de violence. Ainsi, partout où il y a des facultés, ont été instituées des conférences qu'ils sont obligés de suivre, pour la préparation à la licence ès lettres ou à la licence ès sciences. Là où il n'y a pas de facultés, un ou deux professeurs du lycée sont chargés de leur faire ces conférences ; ils sont astreints non pas seulement à être assidus, mais à faire régulièrement des devoirs. En même temps qu'on leur donne, et même qu'on leur prodigue, les moyens de travail et les leçons, on a diminué pour chacun d'eux l'ancien nombre réglementaire des heures de surveillance, afin qu'en dehors de leurs fonctions ils aient le loisir de travailler. Dans la plupart des lycées, ils ont aujourd'hui chacun une chambre convenable ; dans quelques-uns même, il y a un lieu de réunion, un véritable cercle où ils peuvent se récréer sans aller au café. Que reste-t-il à faire pour eux ? Je ne demanderai pas, ce serait un don perfide, de leur faire partager, avec les régents des collèges communaux, la dignité d'électeurs et d'éligibles au Conseil supérieur que la Chambre des députés vient de leur conférer, malgré le ministre lui-même ; je me borne à réclamer plus d'égards de la part de certains chefs, plus de témoignages de considération de la part des professeurs eux-mêmes, dont ils sont les auxiliaires, afin de les relever davantage à leurs yeux et aux yeux des élèves.

Pour se passer de ce concours de jeunes maîtres d'études, et changer le mode et les conditions de la surveillance dans les lycées, on a proposé divers plans qui tous, comme le système tutorial, nous semblent plus ou moins chimériques. Quelques-uns ont eu la pensée de partager à tour de rôle entre les professeurs eux-mêmes la tâche de la surveillance en dehors de leurs classes. Contre quelles difficultés ne se heurterait-on pas pour réaliser un pareil projet ? Combien, et des plus distingués, renonceraient à l'École normale, au professorat, à l'Université, plutôt que de s'assujettir à cette condition ? Il semble d'ailleurs qu'il faudrait leur imposer le célibat, au moins pendant un certain temps, comme dans l'organisation primitive de l'Université.

Un ministre a imaginé de suppléer aux maîtres d'études par des officiers en retraite ; nulle part cette idée n'a pu recevoir un commencement d'exécution, malgré la bonne volonté de quelques proviseurs. Si des officiers en retraite peuvent faire marcher les élèves au pas, il ne serait pas facile de les y faire marcher eux-mêmes. Leur éducation, leur langage, leurs habitudes pourraient bien ne pas s'accorder avec le ton et le régime d'une maison universitaire. Laissons donc les officiers en retraite. Quant aux professeurs, de quelque ordre et de quelque rang qu'ils soient, on n'en trouvera pas, nous le répétons, qui consentent à cumuler avec leur enseignement les fonctions de maître d'études. A aucun prix, non plus, on ne trouvera des professeurs retraités ou émérites, fussent-ils sans famille, qui consentent à manger, à se coucher, à se lever avec les élèves. En trouverait-on quelques-uns réduits à accepter pour ne pas mourir de faim, je doute que la surveillance en allât mieux [1]. C'est une erreur de croire que des maîtres d'études en cheveux blancs auraient plus d'autorité. Les élèves se persuaderont toujours qu'ils n'en sont restés, ou revenus là, que pour avoir échoué aux examens, pour cause d'incapacité ou de paresse.

Les fonctions de maître d'études ne peuvent être considérées que comme un simple début dans la carrière de l'enseignement, comme un stage pour le professorat ; c'est de là seulement que leur vient aujourd'hui, et que leur viendra de plus en plus, le respect et l'autorité. Il n'y a pas d'autre solution, à moins que l'Université ne cesse d'être laïque, et ne se transforme en un ordre religieux, en quelque congrégation autorisée ou non autorisée.

A ces conditions morales doivent s'ajouter, pour l'amélioration de l'internat, des conditions matérielles que l'Université nous semble avoir jusqu'à présent

---

[1] Dans son rapport au Sénat sur la loi de l'enseignement supérieur, M. Jules Simon revient sur cette idée de confier la surveillance à des professeurs émérites.

beaucoup trop négligées. Ce n'est pas toute localité, ce n'est pas tous les bâtiments, qui sont également propres à recevoir un internat. Il faut choisir, comme a dit Sénèque, un lieu non moins salubre pour les mœurs que pour le corps [1]. Or, malheureusement, ce n'est pas ainsi que sont situés la plupart des lycées, surtout les plus anciens et les plus considérables [2]. Quelques-uns sans doute de ces vieux lycées étaient, à l'origine, mieux aérés qu'aujourd'hui ; mais les prés et les jardins d'alentour ont depuis longtemps disparu pour faire place à de hautes maisons et à des rues étroites. Ils se trouvent maintenant au centre des grandes villes ; ils sont privés d'air, d'espace, d'ombre l'été, de soleil l'hiver, enfermés de murs élevés, sombres et humides. Il en est que nulle commission d'hygiène n'accepterait pour en faire une prison ou un pénitencier. « La plupart, dit M. Jules Simon, étouffent entre des murs à demi ruinés. Ce sont d'anciens hôpitaux, d'anciens couvents, où l'espace, l'air, la solidité font défaut [3]. » Tous les bruits, tous les cris de la rue, les voitures, les charrettes, les tambours qui passent, retentissent jusque dans les études et les classes, et viennent distraire, troubler élèves et professeurs. Il suffirait d'une douzaine de polissons bruyants pour forcer par leurs cris à discontinuer les classes du lycée

---

[1] Non tantum corpori sed etiam moribus salubrem locum eligere debemus. *Epist.* 51.

[2] Le lycée de Bordeaux a été tout récemment reconstruit, mais dans un autre quartier de la ville qui ne vaut guère mieux, et non à la campagne, à côté du petit lycée de Talence, comme il avait été proposé, en laissant les externes dans une partie des anciens bâtiments. Plus d'une faute de ce genre a été faite dans ces derniers temps, ou même est en train de se faire.

[3] Rapport au Sénat.

Saint-Louis ou même du nouveau collège Rollin, sur le boulevard des Batignolles, et, s'ils avaient quelque persévérance, pour les mettre en une sorte d'interdit.

N'est-ce pas aussi un grave inconvénient, bien digne de toute la sollicitude de l'Université et des familles, d'être au centre, ou même à proximité de toutes les agitations politiques et populaires, des émeutes, des barricades, de la guerre de rues? Je connais tel lycée dans une grande ville de la province, qui deux fois en deux ans a été environné de barricades et canonné, sans qu'il fût possible de faire sortir les élèves. Combien terrible n'a pas été la situation des lycées du quartier Latin, pendant les journées de juin 1848 et pendant la guerre de la Commune! Faut-il donc exposer les lycées à des coups de main qui en fassent des pépinières de petits otages?

Si leur situation n'est pas salubre pour le corps, elle ne l'est pas davantage pour les mœurs. Je ne promènerai pas le lecteur à Bordeaux, à Nîmes, à Lyon, à Marseille, à Clermont et dans bien d'autres villes où je pourrais prendre des exemples; je m'arrête à Paris, aux deux lycées Saint-Louis et Louis-le-Grand qui contiennent un si grand nombre d'élèves dans les plus détestables conditions, à ce qu'il nous semble, hygiéniques et morales. Voyez ce qui peuple les alentours et ce qui frappe les yeux des petits et des grands dès qu'on a franchi le seuil même de la porte. Les élèves et ceux qui les conduisent ne peuvent mettre les pieds dehors, les jours de promenade ou de sortie, sans voir et entendre sur le trottoir, sur les bancs et les chaises de cafés mal fréquentés, ce qu'il y a de plus scandaleux pour leurs yeux et leurs oreilles, de plus dangereux pour leur imagination précocement excitée. Quel exemple que celui de ces jeunes gens, de ces étudiants, peu dignes de ce nom, qui s'étalent sous leurs yeux, tout le long du boulevard, avec des maîtresses effrontées qui interpellent cyniquement au passage les élèves et les maîtres ! Ajoutez les mauvais livres, les mauvaises images dans les étalages des marchands les plus voisins : c'est ici que la pornographie exhibe ses meilleurs produits. Ces malheureux lycées, je n'exagère rien, sont là au centre de toutes les infections physiques et morales. Faut-il aussi chercher ailleurs que dans ces agglomérations trop grandes d'élèves, dans ces locaux trop resserrés, où l'on respire le mauvais air des quartiers populeux, la cause des fièvres dangereuses qui viennent, de temps à autre, y sévir et qui devraient bien ouvrir enfin les yeux à ceux qui sont le plus superstitieusement attachés à ces vieux emplacements et à ces vieilles pierres du vieux quartier Latin, à ces casernes, pour ne pas dire à ces prisons universitaires, qui sont un fâcheux héritage des siècles antérieurs.

Il est temps, sans plus tarder, de détruire ces sombres et tristes demeures pour les rebâtir en quelque séjour plus sain et plus riant. C'est à la campagne, et non dans la ville, qu'il faudrait placer tous les grands internats universitaires. J'admets qu'ils restent à proximité des villes, à cause des familles et des professeurs ; mais il ne faut pas hésiter à les éloigner à une distance suffisante des faubourgs, du mauvais air et du bruit, et à aller aussi loin qu'il sera nécessaire pour trouver le silence, l'air pur, l'espace, les arbres et les ombrages, pour entendre chanter les oiseaux, non pas les moineaux des rues, mais le rossignol et la fauvette ; là enfin où il n'y aura pas aux portes les mauvais exemples, les mauvais livres et les mauvaises images. Il est bien entendu que nous parlons seulement des élèves internes et non des externes ou même des demi-pensionnaires qui doivent demeurer dans les villes auprès et sous la garde de leurs familles.

Déjà dans quelques grandes villes cette translation a été opérée partiellement, non pas pour tous, mais en faveur des plus jeunes élèves pour lesquels on a bâti à la campagne de *petits lycées*. Il y a des *petits lycées* où les classes se font jusqu'à la cinquième ou même la quatrième inclusivement ; à Bordeaux, Lyon, Montpellier, Marseille, ces lycées pour les petits sont tout à fait à la campagne, à deux ou trois kilomètres de la ville. Il y a d'autres *petits lycées* dont nous ne parlons pas qui tiennent au grand, dont ils ne sont qu'une division séparée. Ils ont l'avantage d'avoir une administration, des règlements à part un peu plus doux, mais ils respirent le même air et ils n'ont ni vastes cours ni jardins. Ces établissements ont généralement prospéré ; ceux de Lyon, de Bordeaux, de Montpellier ont deux ou trois cents pensionnaires. Je ne connais qu'un seul échec, en ce genre, celui du petit collège de Carabacel, dont le succès, plus que celui de tous les autres, semblait assuré. Je ne voudrais pas qu'on opposât cet échec à des fondations du même genre. Carabacel est une belle maison de campagne ou villa, à un kilomètre de Nice, dans la plus admirable situation, avec des orangers et de grands oliviers au travers desquels on voit la mer bleue. Il a été ouvert, il y a douze ou quinze ans, avec une centaine d'élèves. S'il a été fermé, trois ou quatre ans plus tard, il faut, sans hésiter, en accuser uniquement l'incurie ou l'inhabileté des administrateurs. Il se rouvrira quand l'Université le voudra bien, de concert avec la municipalité de Nice intéressée, elle doit le comprendre, au succès d'un établissement qui contribuerait à attirer et à retenir sous ce beau ciel bon nombre de familles du Nord avec des enfants délicats et maladifs. La fondation par le collège Stanislas d'un établissement à Cannes pour les élèves de faible santé qui ont besoin l'hiver du climat du Midi est un exemple à imiter.

Les Parisiens connaissent le lycée de Vanves avec ses six cents élèves, avec son beau parc de 20 hectares. Le grand regret des familles, ici comme ailleurs, est de voir arriver le terme fatal où leurs enfants devront abandonner ce gai et salubre séjour pour venir s'emprisonner dans les murs de quelque lycée de Paris.

Pour toutes ces jeunes plantes, quelle dure épreuve que la transplantation en moins bon air et en moins bonne terre! Tristes exilés, ils jettent sans doute en partant un regard de regret sur la maison des champs quand elle se ferme sur eux. Ils auront plus de peine à s'acclimater dans le grand lycée que ceux qui, dès le commencement, n'ont pas connu un air meilleur et un moins triste séjour. Leur caractère, leur vivacité, leur gaieté, sinon leur santé, devront plus ou moins s'en ressentir ; ils perdront bientôt, j'en ai peur, leurs fraîches couleurs. Ne vaudrait-il donc pas mieux les laisser achever leurs études à la campagne, là où ils les ont heureusement commencées? Gardons-nous de cette *éducation homicide,* suivant un mot de M. de Laprade.

Si les collèges à la campagne sont bons pour les enfants, croit-on qu'ils ne le sont pas aussi, et peut-être même encore plus, pour les grands? Les grands, comme les petits, n'ont-ils pas besoin de bon air? N'importe-t-il pas même encore davantage de les soustraire aux exemples contagieux, aux tentations mauvaises qui abondent dans la ville? Nous voudrions donc que les grands lycées, comme les petits, fussent à la campagne, et qu'il ne restât dans la ville que les externes surveillés par leurs familles. Sans doute il n'est pas possible de faire ce dédoublement pour tous les lycées de France. Des lycées de peu d'importance, comme il y en a dans les petites villes, ne donnent pas la matière de deux lycées, l'un en dedans des murs, l'autre en dehors, faute d'un nombre suffisant d'élèves, et aussi pour ne pas charger le budget déjà bien lourd de dépenses trop considérables. D'ailleurs les inconvénients que nous avons signalés dans les grandes villes sont généralement moindres dans les petites. Les lycées, de construction plus récente, y sont en meilleur air et moins resserrés. Ils ont proportionnellement un espace double de ceux de Paris. Mais ce dédoublement peut se faire à peu de frais, ou même sans frais, dans les grandes villes, pour les plus grands lycées, c'est-à-dire là même où il importe le plus de le faire à cause de tous les inconvénients de leur situation.

En effet, comme dans les lycées de premier ordre, chaque classe se partage en deux divisions, chacune avec son professeur, il est facile d'y faire pour ainsi dire une section du haut en bas et de les diviser en deux. Une division d'externes resterait à la ville avec un professeur, une division d'internes irait à la campagne avec l'autre professeur, sans qu'il fût besoin de faire la dépense d'aucun maître nouveau. Il ne serait pas même nécessaire de doubler le nombre des fonctionnaires. Pour le lycée d'externes de la ville, un proviseur suffirait avec un surveillant général, au lieu d'un censeur, et un commis d'économat, au lieu d'un économe ; il n'y aurait de censeur et d'économe que dans le lycée d'internes. Sans doute il y aurait à bâtir un nouveau lycée sur un meilleur et plus large plan dans le détail duquel je ne puis entrer ici ; il faudrait le placer au milieu de vastes cours ouvertes sur la campagne, et non pas closes de tous côtés par des bâtiments élevés, et semblables à des puits du fond desquels on aperçoit à peine un coin du ciel ; je voudrais qu'on y joignît un grand jardin ou même un parc.

Tout cela coûterait cher ; mais les ressources seraient fournies, au moins en grande partie, non par des centimes additionnels, comme pour les écoles, mais par le bénéfice de l'opération elle-même. Les bâtiments et les cours des lycées, qu'on abandonnerait en totalité ou en partie, sont situés la même où les maisons et les terrains ont le plus de valeur, là où il est le plus urgent de faire des percées pour de nouvelles voies dans l'intérêt de la circulation et de la santé publique, d'établir des halles ou des marchés couverts, là où la municipalité installerait avec joie une bibliothèque, populaire ou non, un musée ou des écoles. Les internes, qui tiennent la plus grande place, s'en allant aux champs où les terrains sont moins chers, et la moitié des bâtiments et des cours étant du vieux lycée plus que suffisante pour les classes d'externes, l'État ou l'Université ferait à la ville l'abandon de l'autre moitié, moyennant remboursement de leur valeur, ou la construction d'un nouveau lycée hors de ses murs [1]. Dans un pareil marché, tout le monde aurait à gagner, la ville non moins que l'Université elle-même.

Je prends encore mes exemples dans Paris, et je reviens aux lycées Saint-Louis et Louis-le-Grand. Quelle bonne fortune pour tout le boulevard Saint-Michel si cette longue, cette morne et morte façade du lycée Saint-Louis, qui interrompt, sur une partie de son parcours, la vie et le mouvement, était donnée au commerce et à l'industrie! Quelle ne serait pas la valeur des appartements et des boutiques tout le long de cette façade! Quant aux cours et aux bâtiments en arrière, le percement d'une rue leur donnerait une valeur égale, sinon plus grande, qu'aux immeubles des rues avoisinantes, telles que la rue Racine ou la rue Monsieur-le-Prince. Je ne suis pas sans doute à même d'apprécier exactement, comme un architecte ou un ingénieur, ce que vaudrait, si on le mettait en vente, le lycée Saint-Louis; mais je ne crois pas me tromper en disant que la ville de Paris ferait une excellente affaire, si elle le recevait des mains de l'Université, même à la condition de construire un lycée modèle sur quelque coteau des rives de la Seine [1].

Je dirai la même chose du lycée Louis-le-Grand dont

---

[1] Si l'État n'en est pas propriétaire, il en a la jouissance à perpétuité pour un établissement d'instruction publique. Dans l'un et l'autre cas, l'abandon a le même prix pour la Ville à laquelle la qualité même de propriétaire ne vaut que la charge des grosses réparations.

On parle de dégager Saint-Louis jusqu'à la rue Monsieur-le-Prince. On y dépensera deux millions et le lycée sera toujours dans de détestables conditions.

les tristes et ruineux bâtiments empêchent d'achever
l'élargissement de la rue Saint-Jacques, et qui d'ailleurs
se trouve si mal situé, dans le voisinage de Henri IV et de
Sainte-Barbe et à deux pas seulement du lycée Saint-
Louis, tandis qu'il n'y a pas un seul lycée d'internes
ou d'externes pour toute une moitié de Paris. Mais ici
l'Université ne devrait céder qu'une partie des bâtiments ; elle garderait l'autre pour un lycée d'externes où se réuniraient ceux de Saint-Louis à ceux
de Louis-le-Grand, et qui desservirait tout le quartier.
Je sais bien que cet abandon, même partiel, désole-
rait quelques membres de l'Association des anciens
élèves, qui semblent croire que les destinées de l'Université sont attachées aux vieilles murailles de Louis-
le-Grand. Mais l'Université doit préférer de beaucoup
le bien-être moral et physique de ses élèves à ces
goûts archéologiques déplacés et à cette superstition
des vieux souvenirs. J'entends dire aussi : C'est là
que nous avons été écoliers, que nous avons vécu
sept ou huit années, et nous ne nous en sommes
pas trop mal trouvés. Est-ce donc une raison de
ne pas vouloir que ceux qui viennent après nous,
et dont les anciens élèves doivent être en quelque
sorte les patrons et les protecteurs, ne soient pas
dans des conditions plus salubres et moins dures?
A ce compte, il eût fallu conserver aussi le régime
de Montaigu. Quelques-uns veulent une reconstruction sur place; mais on aura beau prodiguer l'argent, abattre deux ou trois petites maisons, dépen-
ser huit ou neuf millions, on ne peut augmenter
suffisamment l'espace, qui est précisément ce qui manque ; on ne peut, pour aucun prix, ne pas rester confiné entre les limites infranchissables des voies envi-

ronnantes avec leurs plus mauvais voisinages [1].

L'urgence d'un transfèrement serait moindre pour Henri IV, dans de meilleures conditions hygiéniques par sa situation au sommet de la montagne, par ses alentours, par la beauté d'une partie de ses bâtiments, par ses cours un peu moins étroites, quoique là, comme ailleurs, en plus d'un autre lycée, au moins en province, les proviseurs se soient réservé, par un abus manifeste, un assez vaste espace pour leur jardin particulier, au détriment des cours et des jeux des élèves.

Avec le prix de la totalité des bâtiments de Saint-Louis et de la moitié de ceux de Louis-le-Grand, ne pourrait-on pas élever de magnifiques lycées ou à Passy, ou au bois de Boulogne, ou à Saint-Cloud? On pourrait aussi à Vanves, avec économie de terrain, construire sur les vingt hectares du parc un grand lycée entièrement séparé du petit, mais dans les mêmes conditions d'agrément et d'hygiène.

Ce que nous proposons pour Louis-le-Grand s'appliquerait aux lycées de presque toutes les grandes villes de la province. La plupart des municipalités, en province comme à Paris, auraient avantage à faire les frais du nouveau lycée des champs en tout ou en partie, contre l'abandon de la moitié des bâtiments et des terrains de l'ancien collège. Là où déjà il existe un petit lycée à la campagne, il serait bon de bâtir le grand à côté, ou le plus près possible, pour la commodité des communications, des maîtres communs et des familles.

Nous pensons que, grâce à la plus-value de ces bâtiments et de ces terrains concédés aux municipalités dans le centre des grandes villes, d'après le plan que

---

[1] Ce déplorable projet de reconstruction sur place n'est malheureusement pas abandonné. Voir le Mémoire déjà cité de M. Gréard.

nous venons d'indiquer, grâce à cette sorte de virement, la transformation pourrait s'opérer d'une manière économique, quelquefois même sans bourse délier, tout au moins sans charger sensiblement les finances de l'État. D'ailleurs, si la construction ou amélioration des bâtiments de l'enseignement primaire ou même de l'enseignement supérieur est de grande importance, si on fait des monuments pour les écoles et des palais pour les facultés, les lycées mériteraient bien aussi qu'on fît en leur faveur quelques sacrifices. Nous apprenons donc avec plaisir la dotation de 17 millions de subvention extraordinaire pour la caisse des lycées et collèges. Espérons qu'ils seront employés, non pas à rebâtir les lycées dans les villes, mais, comme nous le proposons, à les mettre dans les champs. Est-il vrai qu'on ait actuellement l'intention, au ministère de l'instruction publique, de créer trois lycées dans la banlieue de Paris? Personne ne se réjouira plus que nous de la réalisation d'une idée que depuis si longtemps nous avons vainement soutenue. Ce serait une bonne réforme, et une réforme qui restera[1].

Les proviseurs, qui n'aiment guère le dérangement et les nouveautés, les professeurs, qui craignent aussi le changement de leurs habitudes et la perte de quelques distractions ou de quelques avantages, font plus d'une objection contre cette translation à la campagne. On exagère les inconvénients de la distance, la difficulté des communications pour les maîtres et pour les familles, comme si cette difficulté, là même où elle existerait réellement, ne va pas chaque jour dimi-

[1] Nous approuvons beaucoup moins le projet de trois nouveaux lycées intérieurs, s'ils doivent être des internats.

nuant, grâce aux moyens de transport, omnibus, tramways, chemins de fer, bateaux à vapeur, qui se créent de toutes parts, qui se multiplieront pour les parents, les maîtres, les élèves, aussitôt qu'on sera assuré de la nombreuse clientèle d'un vaste établissement. Les *petits lycées* ont triomphé de cette difficulté, les grands lycées en triompheront encore bien mieux, surtout s'ils sont situés dans leur voisinage ou seulement dans la même direction.

Est-il à craindre, comme le disent les partisans du *statu quo*, que les lycées en quittant les villes laissent derrière eux une partie de leurs élèves? Est-il vrai que les familles verront avec peine leurs enfants abandonner la ville pour la campagne où elles ne pourront plus les voir aussi souvent que lorsqu'ils étaient à leur porte? Nous avons eu la certitude du contraire, par les pétitions des parents, quand il s'est agi de prolonger d'un an le séjour de Vanves en y mettant la quatrième. Quelle est donc, d'ailleurs, la mère de famille d'une tendresse assez aveugle, assez égoïste, pour ne pas mieux aimer son enfant un peu plus loin d'elle, pourvu qu'il soit plus sainement et plus agréablement, et surtout plus éloigné de ce qui peut lui gâter l'esprit et le cœur?

D'ailleurs la question est toute résolue par le double exemple des maisons religieuses et des petits lycées. Voit-on que les congrégations religieuses, les jésuites ou les dominicains, aient perdu leurs élèves en installant à la campagne, quelquefois même à une assez grande distance des villes, leurs beaux établissements qui nous font honte? J'imagine au contraire qu'indépendamment d'autres causes, c'est une des raisons de leurs succès, par comparaison avec nos lycées des villes tels que je viens de les dépeindre. L'exemple même des *petits lycées* est encore plus directement concluant. Ce sont en général les plus jeunes enfants auxquels les-mamans font les plus fréquentes visites, ce qui ne les empêche pas de prospérer, quoique situés à quelque distance de la ville.

Quant aux répugnances des fonctionnaires ou des professeurs qui, pour des raisons particulières, pour leur agrément, leurs plaisirs, leurs habitudes ou leurs intérêts, aiment mieux rester où ils sont, je ne crois pas qu'un ministre doive les tenir en un grand compte et les mettre en balance avec le bien général. J'imagine que les professeurs sont faits pour les élèves et non les élèves pour les professeurs. S'il est, d'ailleurs, des professeurs auxquels les champs ne plaisent pas, il en est d'autres qui les aiment. J'en ai connu qui pour leur plaisir demeuraient à la campagne, d'où ils venaient chaque jour donner leurs leçons à la ville. Tous ces goûts divers pourront être satisfaits, grâce au dédoublement du vieux lycée en deux établissements, l'un dans la ville, l'autre dans les champs. Ajoutons qu'il ne s'agit pas d'un exil dans des lieux sauvages et escarpés, ni dans le fond des bois, mais d'un trajet en omnibus d'un quart d'heure ou d'une demi-heure au plus, pour le professeur qui préférera le séjour de la ville à celui de la campagne.

Nos collégiens transportés hors de la ville, loin des bruits et des émanations de la rue, loin des agitations de la place publique, loin de tout ce qui peut corrompre leur imagination et leur cœur, travailleront davantage, étant moins distraits par le dehors et par le contact avec leurs camarades externes dont la liberté excitait leur envie; les sorties seront naturellement moins fréquentes. Mais, d'un autre côté, je leur voudrais aussi, pour faire compensation, plus de distractions et de plaisirs au dedans, plus de jeux et de récréations. Cette question des divertissements et des jeux nous semble ne pas être sans quelque importance pour les internats universitaires. Faire en sorte que les élèves se plaisent dans la maison du travail et des études, et qu'ils aiment leurs maîtres, c'est avoir beaucoup fait pour atteindre le but d'une bonne éducation.

CHAPITRE XVI

Jeux et récréations. — Importance de la question au point de vue moral et hygiénique. — On ne joue plus dans les lycées. — Les promenades. — On ne veut plus se promener. — Rendre les promenades moins monotones. — Les grandes promenades et les excursions. — Voyages gratuits d'un lycée à un autre. — Auberges gratuites tout le long de la route. — Échange de lits entre les élèves. — Échange de rations entre les économes de deux lycées. — Avantages des jeunes voyageurs universitaires sur ceux du Club Alpin ou des établissements libres. — Augmenter les distractions du lycée, diminuer celles du dehors. — Du temps qui est perdu et du temps qui ne l'est pas.

Les jeux étaient autrefois plus en honneur qu'aujourd'hui dans les cours du collège, chez les grands, comme chez les petits. Les amateurs de tout âge et de toute taille abondaient pour la course, les barres, la balle, les cerceaux, le patinage même, autant que l'espace le permettait. Depuis quelques années surtout, soit que, par une prudence peut-être exagérée, certains jeux, parmi les plus attrayants, aient été interdits, soit que, par une précocité fâcheuse, les écoliers aient déjà de plus graves soucis ou qu'ils affectent d'être des hommes avant le temps, soit que la gymnastique obligatoire, par règles et par principes, les ait un peu dégoûtés de la gymnastique naturelle, ils ne jouent plus, ou du moins ils ne jouent plus guère. C'est la remarque de tous les proviseurs qui ont en général le tort, du moins à ce qu'il nous a semblé, d'en prendre beaucoup trop facilement leur parti et de ne rien faire pour remettre en vogue, autant qu'il dépend d'eux, ces jeux de force, d'agilité, d'adresse où se plaisaient les générations antérieures et qui faisaient le contrepoids salutaire des longues heures de travail et d'immobilité. L'ardeur au jeu dans un élève est une bonne, et non pas une mauvaise note, comme sembleraient le croire des maîtres malavisés et peu judicieux. Rollin, auquel nous les renvoyons, est bien loin de penser comme eux : « Peut-on attendre, dit-il, beaucoup d'ardeur pour l'étude d'un enfant qui, dans cet âge naturellement vif et gai, est toujours morne, triste, indifférent, même pour le jeu ? »

Si les plus petits n'ont pas encore tout à fait cessé de jouer dans les cours de nos lycées, si on les voit encore sauter et courir, déjà chez les moyens les jeux languissent, pour être bientôt tout à fait abandonnés chez les grands. Humanistes, rhétoriciens, philosophes, candidats aux écoles du gouvernement croiraient tous également leur dignité compromise s'ils lançaient une balle ou sautaient à la corde, comme leurs anciens. Que font-ils pendant les récréations ? Vous les voyez nonchalamment étendus, pendant l'été, sur un banc ou, pendant l'hiver, se promener le long des murs, les mains dans leurs poches. Il y avait dans le parc de Versailles une allée qu'on appelait l'allée des philosophes en souvenir des doctes promenades de Bossuet et de ses amis. Il y a aussi tel côté de la cour du lycée qu'on pourrait appeler l'allée des philosophes, à voir la gravité de ceux qui s'y promènent, sauf qu'on y parle fort peu de philosophie.

Ce ne sont pas seulement les jeux, mais les promenades du jeudi et du dimanche qui ont perdu tout leur charme pour ces graves personnages de quinze ou de quatorze ans. Il ne leur paraît pas digne d'eux de se montrer dans les rues de Paris, deux par deux, avec cette tunique de lycéen, qu'ils ont hâte de quitter, et sous la conduite d'un maître répétiteur. Des travaux en retard, la préparation aux examens, voilà le prétexte qu'on fait valoir pour s'en dispenser et qui est favorablement accueilli par la faiblesse des proviseurs. Ce temps pris sur la promenade, cette sorte de retenue volontaire, au détriment d'un exercice salutaire pour leur santé, ils n'en auraient certainement pas besoin, si d'ailleurs ils ne perdaient rien des heures consacrées au travail?

Au lieu de condescendre à un caprice, que toutes les commissions d'hygiène doivent être unanimes à blâmer, il aurait mieux valu d'abord ne pas céder, mais en même temps il fallait chercher à rendre ces promenades du jeudi moins monotones et plus attrayantes, soit en les variant davantage, et en les allongeant pour sortir un peu des rues et des boulevards ou même du mur d'octroi, soit en leur donnant quelquefois pour but tel ou tel monument curieux à visiter, un musée, une ruine, un château, une église, un lieu célèbre par des souvenirs historiques.

Pour aller plus au loin qu'on ne va d'ordinaire, n'y a-t-il pas au besoin des omnibus, des tramways, des mouches, des chemins de fer de la ceinture ou de la banlieue? Je voudrais, pendant l'été, de grandes promenades qui dureraient toute la journée, comme il y en a dans les établissements ecclésiastiques, comme il y en avait autrefois dans l'ancienne Université, avant que la moitié du jeudi ait été enlevée par les conférences de géographie ou de langues vivantes, ou d'histoire naturelle [1]. Serait-il donc impossible de donner aux promeneurs fatigués une collation au bout de l'étape? Pourquoi, pendant l'été, tous les lycées de Paris n'enverraient-ils pas tour à tour un certain nombre de divisions à Vanves, ou même dans le parc et le lycée de Versailles? Là ils trouveraient non pas seulement de l'espace pour jouer, mais de l'herbe et de l'ombre, mais un goûter ou même un dîner, pendant que les élèves de Vanves et de Versailles iraient se promener ailleurs ou recevraient à Paris la même hospitalité.

Quelle bonne journée que ces parties de campagne, pour tous, même pour les grands et les candidats aux écoles! Dans les villes de province, à défaut d'une maison de campagne pour but de promenade, tous les lycées devraient avoir quelques arpents de pré en location avec un hangar pour refuge et abri où tous les élèves viendraient, deux fois par semaine, respirer le grand air, prendre de joyeux ébats, courir ou se coucher sur l'herbe. Il me semble qu'on pousse à l'excès la crainte de fatiguer, je ne dis pas les tout petits enfants, mais même de grands garçons, qui ont plus de douze ou de treize ans, par une course un peu prolongée; il faut moins de mollesse dans l'éducation des jeunes générations. Cette fatigue

---

[1] Le nouveau plan d'études a eu encore pour résultat de diminuer le congé du jeudi; il y a tel lycée où les conférences durent jusqu'à deux heures.

de la marche, complément excellent des exercices de gymnastique, est salutaire pour la santé: c'est un bon apprentissage des fatigues plus grandes qu'ils sont destinés à supporter. Au sortir même du lycée, ne seront-ils pas tous des soldats? N'auront-ils pas tous à faire des marches et des étapes avec un fusil sur l'épaule et un sac sur le dos ? Ce n'est pas tout que d'apprendre à faire l'exercice et à manier le fusil dans la cour du lycée, il est bon d'apprendre un peu à le porter et de s'exercer d'avance à supporter la fatigue. Aussi est-ce une excellente chose que les promenades militaires qui n'ont plus lieu qu'en province et malheureusement dans un petit nombre de lycées.

Il y a bien eu des circulaires de deux ou trois ministres qui prescrivaient aux proviseurs de faire ce que nous venons de dire, de rendre les promenades plus variées, plus longues, plus agréables à la fois et plus instructives. Quelques essais de ce genre ont eu lieu sous l'œil même de M. Duruy, et grâce à l'impulsion de quelques inspecteurs généraux. Mais bientôt, par insouciance et par routine, et faute d'esprit d'initiative de la plupart des fonctionnaires, on est revenu aux anciennes pratiques qui exigent moins de soins et de sollicitude. Les promenades deviennent de plus en plus restreintes et monotones ; on sort plus tard, ou on rentre plus tôt ; les élèves qui ont ce singulier privilège d'en être exemptés augmentent de plus en plus. L'exemple contagieux de Paris a déjà gagné les grands lycées de la province. N'est-ce pas un étrange renversement des goûts les plus naturels à la jeunesse que cette répugnance, de date récente, à aller en promenade?

Je viens de dire comment tout d'abord on pourrait augmenter l'attrait des promenades, sans rien changer, ou en ne changeant presque rien aux règlements ou usages en vigueur. Mais je ne me contenterais pas de pousser quelques divisions de lycéens jusqu'au bois de Boulogne, à Vincennes, à Saint-Denis ou même à Saint-Cloud, à Saint-Germain et à Versailles. Il y a longtemps que j'ai demandé pour les élèves de l'Université, non pas seulement de grandes promenades et des excursions, mais de véritables voyages, sans craindre de m'exposer au reproche de porter préjudice aux études, de relâcher l'ordre et la discipline, de ne tenir nul compte des difficultés, des frais et de la dépense. Je prie cependant qu'avant de porter de nouveau sur moi un jugement si sévère, on veuille bien prêter quelque attention au plan bien simple que je propose, ainsi qu'aux voies et moyens pour l'exécuter.

Pour faire voyager des troupes de lycéens, l'Université a des facilités et des ressources dont elle ne se doute pas, ou du moins dont elle paraît fort peu soucieuse et fort peu empressée de se servir.

Qui n'a pas rencontré sur les bateaux à vapeur, les chemins de fer, ou à pied avec le sac sur le dos, dans les montagnes de la France et de la Suisse, quelques joyeuses bandes d'écoliers sous la conduite de maîtres en redingote ou en soutane qui ne semblaient pas moins joyeux que leurs élèves? Avec quel charme Toppfer n'a-t-il pas raconté les voyages en zigzag de quelques écoliers de Genève à travers les montagnes de la Suisse et de la Savoie? De là sans doute est venue chez nous l'idée de la formation du Club Alpin français. Le but, bien digne d'éloges, de cette nouvelle société est d'encourager, de faciliter ces voyages dans les montagnes dont l'influence est si bonne, si salutaire pour l'esprit et le corps de la jeunesse. Sans entrer dans le détail de son organisation et de ses moyens d'action, je me borne à quelques mots sur les caravanes scolaires qu'elle a déjà formées et dirigées, à cause du lien qu'elles ont avec notre sujet. Ces caravanes ont reçu l'approbation et les encouragements d'un ministre de l'instruction publique, M. Waddington, qui les recommande à tous les proviseurs dans une circulaire du 22 juin 1876 : « Le moment est, dit-il, venu d'encourager officiellement une institution qui tend au développement physique, intellectuel et moral de la jeunesse de nos écoles. »

Cette circulaire n'a pas, à ce qu'il paraît, produit un plus grand effet que les circulaires du même genre de ses prédécesseurs. Je vois bien, dans le quatrième bulletin trimestriel de 1878 du Club Alpin français, que quatre nouvelles caravanes scolaires ont été organisées. Mais sur ces quatre caravanes, deux, les plus considérables, ne se composaient que d'élèves appartenant à des établissements libres. Les deux autres seulement, l'une partie de Paris pour visiter l'Auvergne, le Velay et le Lyonnais, l'autre partie de Dijon pour une simple excursion à Montbard et au château de Buffon, étaient composées de lycéens, mais en bien petit nombre. Peut-être, des caravanes plus nombreuses ont-elles été depuis organisées, mais le nombre de leurs voyageurs eût-il été double ou triple, il ne serait encore que presque imperceptible, au regard de la population des établissements universitaires.

Il ne faut pas d'ailleurs s'en étonner, ces voyages dans les montagnes ne sont pas à la portée de la plupart des écoliers et des familles, quelles que soient les notables économies que le Club Alpin procure à ses caravanes par son patronage actif, par ses intelligences avec d'honnêtes maîtres d'hôtel, par le concours de ses diverses sections et de ses correspondants, et surtout par les réductions de prix qu'il a obtenues des grandes compagnies de chemins de fer. Je vois dans son bulletin des notes de 260 francs par tête pour le voyage en Auvergne d'une quinzaine de jours, de 500 francs pour un voyage d'un mois en Suisse, par les élèves de l'école Albert des dominicains [1]. Ce sont là sans doute des voyages économiquement faits, mais qui, néanmoins, sont un peu chers pour la bourse du plus grand nombre des familles dont les enfants sont dans les lycées. Il en est aussi qui consentiraient difficilement à se séparer d'eux pendant plus de la moitié des vacances.

Parmi toutes les économies dues à l'influence et à l'initiative du Club Alpin, il en est une qui nous touche particulièrement, c'est la réduction de 50 p. 100 obtenue des grandes compagnies de chemin de fer pour des caravanes scolaires voyageant par petits groupes d'au moins dix personnes. Une pareille concession faite au Club Alpin nous permet d'espérer en effet que l'État aurait le crédit d'en obtenir une plus grande pour les élèves de l'Université voyageant, non pas par groupe de dix, mais de cinquante ou de cent.

En effet, il ne s'agirait pas, dans le plan que nous proposons, de faire voyager seulement quelques petits groupes privilégiés, mais des escouades entières de grands et de moyens, non pas seulement avec quelque légère économie et diminution de frais, mais pour rien,

---

[1] *La première caravane d'Arcueil*, tel est le titre d'un livre publié par Lecoffre, où les jeunes touristes ont fait eux-mêmes le récit de leur voyage.

ou du moins, comme on va le voir, à peu près pour rien. A la différence du Club Alpin, nous aurions l'avantage de trouver échelonnées tout le long de la route autant d'auberges gratuites qu'il y a de lycées ou même de collèges. Nous n'avons d'ailleurs nullement l'intention de lui faire concurrence ; tout au contraire, nous lui procurerons des clients en développant dans les lycées le goût des voyages. Plus il réussira à enrôler de jeunes lycéens dans ses caravanes scolaires, pour aller pendant les vacances parcourir l'Auvergne, les Alpes ou les Pyrénées, plus nous applaudirons à ses succès et à ses efforts, dans l'intérêt physique, intellectuel et moral de la jeunesse française, suivant les termes de la circulaire de M. Waddington. Pour nous, il s'agit de voyages de courte durée, d'une ville ou plutôt d'un lycée à l'autre, et non dans les montagnes ou sur les glaciers, mais de voyages qui seront pour tout le monde, comme les promenades ordinaires, et non pour quelque petit groupe de privilégiés à la bourse plus ou moins bien garnie.

Ces voyages ne sont pas chose tout à fait nouvelle et sans quelques précédents au sein même de l'Université. C'est un des souvenirs agréables pour moi de ma carrière assez longue d'inspecteur général d'avoir pu, non sans peine, il est vrai, procurer un plaisir de ce genre aux élèves de quelques lycées. Ainsi les élèves de Saint-Etienne ont été au Puy et ont visité cette cité pittoresque, tandis que ceux du Puy les croisaient sur la route et allaient voir les grands établissements industriels de Saint-Etienne. Ceux de Vendôme ont été à Mettray et à Tours ; ceux de Clermont à Vichy ; des caravanes ont été de Périgueux à Clermont, de Pau à Bordeaux. L'année dernière le lycée de Sens a passé une journée dont il gardera un bon souvenir, dans la forêt et au château de Fontainebleau. J'ai eu l'appui de quelques ministres et surtout de M. Duruy, qui avait favorablement accueilli un mémoire sur ces voyages universitaires, mais j'ai rencontré presque partout la force d'inertie ou la résistance de fonctionnaires dont ces nouveautés troublaient les habitudes et qui, se défiant plus ou moins de leur autorité sur les élèves en voyage, considéraient l'entreprise comme dangereuse pour la discipline.

Cependant quel avantage n'aurions-nous pas sur le Club Alpin et sur tous les établissements privés les plus considérables de jésuites ou de dominicains, pour faire sans inconvénient, sans risque d'aucune sorte, sans péril pour la discipline, des voyages en zigzag à travers toute la France universitaire, de lycée en lycée, d'académie en académie? Au bout de chaque étape, grâce à un mutuel échange, à une réciprocité de bons offices et de cordiales réceptions entre tous les établissements de la grande famille universitaire, nous trouverions, avec toutes les garanties pour la surveillance, un vaste toit où tout serait prêt pour recevoir les maîtres et les élèves en voyage.

Chaque lycée, en effet, ne serait-il pas comme une hôtellerie sur la route, une sorte de caravansérail avec une centaine de places ou même plus, à table ou au lit, ce qu'on ne rencontre dans aucune auberge de France ou de Suisse? Il est vrai qu'il faudrait que ces places fussent vides; mais elles le seraient par suite d'un concert des chefs d'établissements, des proviseurs et des recteurs. Les élèves du lycée qui devra recevoir les touristes d'un autre lycée seraient eux-mêmes en voyage d'un autre côté; ils seraient partis le matin même pour aller dîner et coucher ailleurs, ou bien ils se seraient croisés avec ceux qui viendraient prendre leur place, pour aller eux aussi prendre la leur. Tout, par la prévoyance du ministre ou des recteurs, devra être prêt et vide à point, réfectoires et dortoirs, sans nul encombrement ou embarras, sans nul contact même des élèves de divers établissements; les élèves de trois ou quatre lycées, tous à la fois en voyage, iront se remplaçant mutuellement les uns les autres et faisant le cercle, pour ainsi dire, dans une région déterminée. Ici nous n'avons pas à craindre, on le voit, l'inconvénient qui se présente partout au point de vue de la surveillance, même pour les caravanes les plus réduites en nombre du Club Alpin, je veux dire la dispersion dans les chambres d'une auberge ou d'un hôtel quelconque de Suisse ou de France. Qu'est-ce donc quand les quinze ou vingt écoliers, qu'un ou deux maîtres conduisent, doivent être répartis, faute de chambres et de lits sous un même toit, dans les diverses auberges de la ville? Un autre avantage tout particulier de l'hôtellerie universitaire, où nous venons d'installer nos jeunes collégiens, et qui en fait presque une hôtellerie enchantée, comme il n'y en a jamais eu que dans les contes de fées, c'est qu'on y sera fourni de tout, nourri, logé, couché, je ne dirais pas au plus juste prix, mais pour rien, sans bourse délier. Ce sera, en effet, aux économes de chacun des lycées en voyage à régler le compte entre eux. J'ai nourri tant de vos pensionnaires, et vous, vous avez nourri tant des miens, écrira l'économe d'un lycée à un autre économe, et tout sera dit; la balance sera facile à faire si l'équilibre n'est pas complet.

Quoique le vivre et le couvert, ce qui est beaucoup

en voyage, soient pour rien, il reste encore une dépense, celle des chemins de fer, des frais de transport, à laquelle il faut pourvoir. Si cette dépense, qui sera la seule, ne peut être entièrement supprimée, elle peut être considérablement réduite. Le Club Alpin a obtenu, comme nous l'avons dit, une réduction de moitié, même pour des groupes voyageant au nombre de dix seulement ; le ministre de l'instruction publique n'aura-t-il pas le crédit d'en obtenir une des trois quarts, comme le ministre de la guerre pour les officiers et les soldats, pour des bandes de cinquante ou cent lycéens voyageant avec leur uniforme et sous la conduite de leurs maîtres? Le vivre et le logement gratuits, les frais de transport réduits des trois quarts, le voyage sera à bon marché ; on peut aller loin à ce prix avec deux pièces de cent sous ou même avec une seule : on peut aller de Paris à Rouen et au Havre, de Marseille à Nice ou à Avignon, de Bordeaux à Toulouse, à Carcassonne, à Montpellier ou à Perpignan, de Rennes à Brest, etc.

Il faut encore cependant trouver ces quelques francs par tête, à quoi se réduiront les frais du voyage. De même qu'il y a un fonds au ministère pour les missions à l'étranger, il pourrait bien y en avoir un pour les voyages des lycées. Le ministre, sur la demande du proviseur et du recteur, accorderait à tel ou tel lycée, sinon à tous, tous les deux ans, sinon chaque année, une somme de 500 ou de 1,000 francs pour les frais de telle ou telle excursion, de tel ou tel voyage. Peut-être trouverait-on, en cherchant bien, de l'argent plus mal employé que celui-là au budget de l'instruction publique. Néanmoins, et quoique la somme totale ne dût pas monter bien haut, nous n'oserions proposer d'augmenter encore ce que coûtent les lycées à l'État. On pourrait y pourvoir au moyen d'une collecte sous les auspices du proviseur, comme il s'en fait pour quelques œuvres de charité, ou même quelquefois pour procurer aux élèves le plaisir d'entendre tel ou tel artiste, chanteur, musicien, prestidigitateur. Le proviseur fixerait la somme totale des quelques cent francs nécessaires pour le voyage, et qui devra être amassée avant qu'on se mette en route. Comme il y a quelques élèves qui ne peuvent payer, ou qui ne peuvent donner autant que les autres, je ne voudrais point de cotisations individuelles, point de listes de souscripteurs, de sorte que nul ne fût exclu ou humilié dans son amour-propre. Les uns donneraient plus, les autres moins, quelques-uns rien, le proviseur gardant le secret ; mais tous prendraient part également à la fête, sinon elle ne devrait pas avoir lieu.

J'ai encore pensé à une autre ressource pour subvenir, au besoin, à une partie des dépenses du voyage. Il s'est formé, près de la plupart des lycées, des associations amicales d'anciens élèves qui donnent des prix, qui payent des portions de bourses ou des bourses entières, qui exercent un bienveillant et utile patronage sur les générations qui leur ont succédé dans les mêmes murs, et qui se font un plaisir de les encourager et de leur tendre la main. Ces associations, au moins les plus florissantes et les plus riches, ne pourraient-elles faire le don de quelques centaines de francs à ces jeunes camarades pour leur procurer un plaisir dont ils garderont un souvenir reconnaissant à leurs anciens, et qui ne sera pas sans utilité pour leur esprit et pour leur santé ? J'ai eu l'occasion d'en suggérer l'idée aux présidents de quelques-unes de ces associations, et il m'a paru qu'elle n'était pas trop mal accueillie. Ce serait une fête de famille à laquelle ils pourraient assister pour jouir, eux aussi, de la joie de tous. Proviseur, censeur, aumônier, économe, feraient partie de la caravane. Quelques professeurs de bonne volonté consentiraient aussi sans doute à s'y adjoindre, pour donner, chemin faisant, toutes les explications géographiques, historiques, artistiques, qui ajouteront à l'intérêt de la vue des lieux et des monuments, et qui rendront le voyage instructif non moins qu'agréable. La science et l'industrie ne seraient pas oubliées ; on ferait quelques visites aux grandes usines, sous la conduite d'un professeur de chimie ou de physique. En prenant part à leurs plaisirs, ce qui est trop rare dans les pensionnats de l'Université, où les élèves ne les connaissent guère qu'à travers les devoirs, les rédactions ou les pensums et les retenues, les fonctionnaires et les professeurs, sans rien perdre de leur autorité, s'en feraient aimer davantage.

Non seulement, ce jour-là, proviseurs et censeurs se dérideraient quelque peu ; mais les économes eux-mêmes, dans cet entraînement général, relâcheraient sans doute quelque chose de l'austérité du menu ordinaire, semblables à ce bon rat des champs si bien peint par Horace, qui a coutume de vivre chichement, mais qui se met en frais pour fêter un vieil ami :

> Asper et attentus quæsitis ut tamen arctum
> Solveret hospitiis animum [1].

Si je réussissais à persuader les ministres de l'ins-

[1] Horat. *Sat.*, II, 6.

truction publique, et surtout les proviseurs, on verrait la règle ou la coutume s'établir pour tous les lycées de France de faire une excursion ou un voyage, vers la fin de mai ou le commencement de juin, entre les vacances de Pâques et celles de la fin de l'année, avant les compositions de prix et les concours, si toutefois on ne les supprime pas, comme ils en sont menacés. Tout de même que le ministre de la guerre règle les changements de garnison, la marche et les étapes de tous les régiments, tout de même son voisin, le ministre de l'instruction publique, pourrait, de son cabinet, la carte de la France universitaire à la main, régler et suivre les mouvements et les étapes de tous ces petits bataillons universitaires. Les uns s'en iraient voir les monuments de Paris, les autres iraient du côté des Alpes ou des Pyrénées ; les uns descendraient la Loire ou le Rhône, les autres se promèneraient sur les bords de l'Océan ou de la Méditerranée, tous également assurés de trouver partout bon accueil et bon gîte.

Je crois bien avoir montré que les difficultés matérielles n'existent pas, que rien n'empêche, avec un peu de bonne volonté, de faire au moins un essai de ce genre dans de plus ou moins grandes proportions. Mais on objecte encore que ces grandes et vives distractions auront pour effet le dégoût du travail et la perte d'un temps précieux pour les études. Ne confondons pas deux sortes de distractions et de plaisirs dont les effets sont bien différents : ceux qui sont pris en dehors de la vie scolaire et ceux que donne le lycée lui-même, ceux qui viennent du dehors et ceux qui viennent du dedans. J'avoue qu'on ne peut multiplier les premiers sans dégoûter les enfants ou les jeunes gens des études, du travail et du lycée. Quant aux seconds, ils auront au contraire pour effet de les attacher à leurs devoirs, à leurs maîtres, au lycée lui-même.

Du premier genre sont les sorties, aujourd'hui beaucoup trop multipliées, surtout à Paris, et dont se plaignent, non seulement les correspondants, mais un certain nombre de familles; du second sont tous les divertissements à l'intérieur ou en commun, comme les jeux, les grandes promenades, les excursions, les voyages. Cette distinction n'a pas échappé aux jésuites, ces anciens et habiles rivaux de l'Université, ni en général à tous les chefs de maisons religieuses, auxquels, disons-le en passant, nous aurions à faire plus d'un emprunt pédagogique. Chez eux, on sort beaucoup moins souvent, mais on s'amuse davantage. Il y a, sinon des voyages, au moins des parties organisées au dehors, des promenades au loin, des concerts, des messes en musique et même des spectacles; ils ne sont pas les esclaves d'un règlement inflexible, ils comptent davantage sur les forces physiques comme sur le bon esprit de leurs élèves.

Pour en donner quelques exemples, j'ai vu partir de grand matin les élèves du petit séminaire de Clermont, avec leur fanfare en tête, pour faire l'ascension du Puy-de-Dôme, même avant l'établissement de l'observatoire et lorsque l'accès du sommet était moins facile qu'aujourd'hui. Ils faisaient cette ascension tous les ans, tandis qu'il n'avait pas été possible, jusqu'à présent, à ma connaissance, de déterminer un proviseur du lycée de Clermont à y conduire une seule division. L'église de Brou, aux portes de Bourg, est une merveille qu'on vient voir de loin; les supérieurs du pensionnat des frères de Lyon font faire à leurs élèves ce voyage si facile et si peu coûteux. Pourquoi les élèves du lycée de Lyon ne le feraient-ils pas?

Trois ou même quatre jours, en y comprenant un ou deux jours de congé, seraient-ils donc, dans une année tout entière, une perte de temps irréparable? D'ailleurs, est-ce bien du temps perdu? Disons-le en passant, on se fait beaucoup d'illusions au sujet du temps qui est perdu ou du temps qui ne l'est pas, dans le monde et dans l'Université.

Croit-on que les heures de travail imposées et comptées par le règlement soient toutes effectivement des heures de véritable travail, d'application sérieuse et soutenue? Combien en est-il qui sont vouées presque fatalement à l'inattention et à la paresse? Il arrive quelquefois, en dépit des apparences, que ce qu'on appelle du temps gagné est du temps perdu, tandis que le temps perdu est en réalité du temps gagné.

D'abord, dans l'intérêt même des études comme de la santé, il n'est pas bon, suivant la vieille métaphore, de tendre outre mesure la corde de l'arc. On commence à mieux comprendre que dans l'instruction de l'enfance et de la jeunesse il est sage de faire une part un peu plus grande au repos et à la récréation. « Les jeunes gens, dit encore Rollin, après s'être un peu délassés, se remettent gaiement et de meilleur cœur à l'étude, et ce petit relâche les anime d'un nouveau courage. » Ce petit relâche, à lui seul, serait déjà un avantage. Mais il y a encore quelque chose de plus dans ces voyages qui, suivant nous, devraient faire partie des programmes de l'Université. A l'avantage du corps et de la santé s'ajouterait aussi quelque chose pour l'esprit. Sénèque a bien dit en parlant des voyages : « Le mouvement et la route et le changement de lieu donneront de la vigueur à l'esprit : *Aliquando vectatio iterque et mutata regio vigorem animo dabunt*[1]. » Ce n'est pas en effet sans en tirer quelque profit pour leur imagination, et même pour leurs études, sans apprendre à mieux se rendre compte de tel ou tel fait historique, de telle ou telle bataille, sans mieux apprendre à sentir les beautés de l'art et de la nature, qu'ils auront parcouru tel ou tel lieu célèbre, telle ou telle ville pleine de souvenirs, visité les plus beaux et les plus curieux monuments, contemplé des sites pittoresques, les hautes montagnes et la vaste mer. Ils comprendront et sentiront peut-être mieux au retour quelques passages des poètes classiques qui ont décrit la nature.

Rentrés au foyer, n'auront-ils pas bien des choses à raconter qui peut-être vaudront mieux que la matière habituelle de leurs conversations ? Ce sera même un sujet tout naturel de narration préférable à tous ces sujets faux, contraires trop souvent à la vérité historique ou à la nature, dont sont remplis certains recueils de narrations. Notre écolier voyageur, comme le pigeon de la Fontaine, moins toutefois ses mésaventures, grâce à la sollicitude qui ne cessera de veiller sur lui loin du logis, aura en effet bien des choses à raconter au retour :

> Quiconque ne voit guère
> N'a guère à dire aussi. Mon voyage dépeint
> Vous sera d'un plaisir extrême.

Il semblera peut-être que je m'arrête bien long-

---

[1] *De tranquillitate animi.*

temps à des choses futiles, aux jeux, aux promenades, et que tout ceci est un badinage, une fantaisie, plutôt qu'une grave thèse d'éducation. Quoi donc de plus sérieux que ce qui touche à la fois, comme je crois l'avoir montré, à la santé du corps et de l'esprit de l'enfance et de la jeunesse ? Rendre l'internat plus sain et plus moral, en même temps que plus aimable, voilà assurément ce qui est digne d'attirer l'attention de tous ceux qui s'occupent d'instruction publique et surtout de tous les amis de l'Université. Il y aura moins d'adversaires de l'internat, et l'Université verra croître le nombre de ses pensionnaires, le jour où de l'air impur des grandes villes elle les aura transportés à l'air pur des champs, le jour où ses établissements n'auront plus un aussi triste aspect, le jour enfin où les élèves s'y plairont davantage.

Quant à renoncer au pensionnat, c'est-à-dire à l'éducation, quant à abdiquer cette grande et légitime prétention de former des hommes et des citoyens, c'est encore une fois le pire de tous les conseils, c'est aller au-devant du vœu le plus cher de tous ses ennemis, c'est encore une fois vouloir abdiquer. Quel aveu d'impuissance qu'un pareil abandon ! On s'est raillé de l'*État maître de pension;* nous souhaitons, quoi qu'on dise, qu'il ne cesse pas de l'être, par défiance de beaucoup de maîtres de pension qui s'empresseraient de prendre sa place.

Il y a cependant un parti pire que celui-là parce qu'il joint en plus la tyrannie et la persécution à ce même aveu d'impuissance, ce serait de faire fermer par autorité de justice les établissements rivaux, comme si l'Université ne pouvait plus soutenir la concurrence par ses propres forces. N'est-ce pas s'avouer vaincu, alors qu'on ne l'est pas, alors qu'on est loin de l'être, à moins cependant que ses ministres ne la compromettent encore davantage et ne redoublent d'aveuglement et de folie? Il est plus conforme aux maximes libérales que jusqu'à présent ont professées la plupart de ses membres et de ses chefs, il est plus honorable de ne chercher à vaincre qu'en faisant mieux. Que l'État fasse des sacrifices pour les lycées, comme pour les écoles primaires et les facultés ; qu'il les mette à même de soutenir encore avec plus d'avantage une concurrence redoutable ; cela est, disons-le encore, de bonne politique et de bonne guerre. Ce que l'Université aura gagné de la sorte, elle pourra s'en faire honneur, mais non de ce qu'elle aura gagné, si toutefois elle doit en retirer quelque profit, ce dont nous doutons fort, par le triomphe brutal de l'article 7, c'est-à-dire par l'intervention du bras séculier contre tous ceux qui lui font ombrage dans cette carrière de l'enseignement, quoiqu'elle doive être ouverte à tous, sous la surveillance de l'État, par la charte de 1830 et surtout par la Constitution de 1848, c'est-à-dire par la république elle-même. Bien mal acquis ne profite pas.

Que M. Ferry, s'il en est temps encore, veuille bien méditer sur le tort qu'il fait à l'Université, non pas tant en l'épurant et la décimant, qu'en cherchant à la rendre complice de ses haines et de ses proscriptions, avant d'exposer son parti soit à un grave échec, soit au plus odieux des succès, et avant de frapper la liberté dans ce qu'elle a de plus intime, de plus sacré, à la place même de la conscience et du cœur !

CHAPITRE XVII

Le nouveau plan d'études et les nouveaux programmes d'études. — La circulaire du ministre. — Toutes les parties de l'enseignement bouleversées. — Vain étalage de principes pédagogiques. — Deux années retranchées au grec et au latin. — Perte irréparable pour les études classiques en dépit de toutes les méthodes. — Perte pour la grammaire comparée et pour le français lui-même. — L'étude du vieux français du seizième siècle en cinquième. — La grammaire et le vers latin tolérés. — La science de la métrique mise à leur place. — Les programmes d'histoire. — La biographie de Mirabeau en huitième. — La suppression de l'Histoire sainte. — Les Aryas primitifs et les lois de Manou en sixième. — L'académie des inscriptions dans les classes élémentaires. — Débordement de l'histoire naturelle depuis la huitième jusqu'à la philosophie [1].

L'Université sait aujourd'hui à quoi s'en tenir sur cette grande réforme, sur cette nouvelle *instauratio magna* dont elle était menacée depuis plus d'un an, et à laquelle M. Ferry semble non moins glorieux que Bacon d'attacher son nom. Il y a eu déjà sans doute plus d'une fois des réformes dans les études universitaires, mais aucune autre aussi radicale, aucune autre surtout plus mal combinée, plus dépourvue de sens, et dont les conséquences soient, à notre avis, plus déplorables. Combien était moins pernicieuse la fameuse bifurcation de M. Fortoul, si mal accueillie par l'Université et qui a si peu duré ! Dans les derniers jours du mois d'août ont paru les nouveaux plans et programmes d'études. Élaborés, non pas en réalité par la section permanente qui venait à peine d'être

[1] Extrait de la *Revue de France* du 1er octobre 1880.

nommée, mais par quelques esprits aventureux ou quelques fonctionnaires complaisants de l'intimité du ministre, ils ont été précipitamment et docilement votés, non par tous les membres du Conseil, mais par une faible majorité formée des plus inexpérimentés, des plus dépendants et des plus incompétents.

Ces nouveaux programmes touchent à tout dans l'enseignement secondaire, l'enseignement spécial excepté ; depuis la huitième, ou même la classe préparatoire, jusqu'à la philosophie et au baccalauréat, ils règlent tout, ils réforment tout. Pourquoi l'enseignement spécial, qui a de si chauds partisans, surtout en haine des études classiques, qui prétend aujourd'hui à une bien plus grande place et à plus d'honneur, a-t-il été passé sous silence dans cette première ferveur d'universelle régénération, dont il semblait qu'il dût avoir immédiatement le principal bénéfice ?

Sans doute, quelque vite qu'on dût aller, le temps aura manqué au Conseil pour discuter et réformer tant de choses en deux courtes sessions. Peut-être aussi a-t-on reculé, pour gagner du temps, dans l'intérêt de ce qui reste des études classiques, devant les prétentions de l'école de Cluny. Mais ce n'est qu'un bref ajournement, il faudra satisfaire l'enseignement spécial à la prochaine session et retoucher sans doute en sa faveur certaines parties du plan général. Qui sait même si, d'ici à peu de temps, l'enseignement spécial ne sera pas le corps principal de tout l'édifice tandis que l'enseignement classique ne sera plus qu'une aile ou un pavillon ? Les deux enseignements, dès aujourd'hui, ne tendent-ils pas d'ailleurs, comme nous allons le voir, à se confondre tout à fait au moins par la base ?

Les plans et les programmes d'études ont été précédés d'une circulaire du ministre et du Conseil qui a pour but de préparer l'opinion publique en général et l'Université en particulier à ne pas faire un trop mauvais accueil à des changements dont on dissimule autant que possible la portée sous de vagues généralités et d'innocentes maximes pédagogiques. Quel est, par exemple, l'esprit assez mal fait pour trouver quelque chose à redire à ce premier article : « L'enseignement aura pour objet de développer le jugement de l'enfant en même temps que sa mémoire, et de l'exercer à exprimer sa pensée. » Est-ce là une des grandes découvertes de cette pédagogie progressive que M. Ferry tient en si grand honneur? Rien d'ailleurs, d'un bout à l'autre, de plus banal et même de plus naïf, ou bien de plus vide, de plus faux, de plus prétentieux, que cette solennelle déclaration de principes pédagogiques, à laquelle nous devrons plus d'une fois revenir dans le cours de cette étude. Dans l'impossibilité de tout embrasser en une si vaste matière, de critiquer tout ce qui mériterait de l'être, de discuter tant de questions pédagogiques, tant de plans et de programmes, nous nous en tiendrons aux points les plus saillants, sans toutefois négliger, chemin faisant, de signaler certains détails, quand ils nous sembleront propres à jeter quelque lumière sur l'esprit et sur le but des auteurs de la grande réforme ou sur leur présomption et leur légèreté.

De tous les coups portés par les nouveaux programmes aux études classiques, nul n'approche du retranchement de deux années au latin et au grec. En comparaison de cette atteinte profonde, tout le reste est presque insignifiant. On commençait le latin en huitième, on ne le commencera plus qu'en sixième ; le grec, qu'on étudiait dès la sixième, est reculé jusqu'à la quatrième. Il faut avoir, comme nous, assisté pendant bien des années à toutes ces classes, soit à Paris, soit dans les départements, pour comprendre combien est grave le sacrifice, combien la perte est irréparable. C'était un plaisir de voir avec quelle facilité, sous la direction de maîtres intelligents, les petits enfants de la huitième apprenaient et savaient déjà couramment les déclinaisons et les conjugaisons latines, comment déjà ils faisaient de petits thèmes et traduisaient même quelques chapitres de l'*Epitome historiæ sacræ*, qui est aujourd'hui à l'index. En septième ils traduisaient le *De viris illustribus urbis Romæ;* ils y apprenaient le latin et le français sans cesse comparés, et, en même temps, non pas l'histoire des Étrusques, mais les faits mémorables de l'histoire de Rome. Quel intérêt, quelle variété ne donnait pas à la classe cette alternance du latin au français ou du français au latin, ces continuels rapprochements entre les deux langues et la dérivation des mots français qu'ils voyaient sortir de la langue mère ! Quelle lumière et quel secours pour l'analyse logique de la proposition ! Aussi n'avons-nous nullement été étonné d'entendre dire à un bon maître élémentaire d'un grand lycée que, sans le latin, il ne croyait pas possible de faire sa classe de septième. Comment la sixième, d'ailleurs si ridiculement chargée, avec un surcroît d'histoire et de langues vivantes, avec l'addition de la prosodie et de notions fort étendues de chimie et de physique, réussira-t-elle, je ne dis pas à dépasser, mais simplement à égaler, en fait de latin, ce qu'on savait autrefois avant d'y entrer ? En vain le plan d'études nous apprend-il qu'une large place sera donnée à l'explication des textes. Cela serait un bien assurément, mais où prendra-t-on cette large place au milieu de tant d'autres études? Puis quels auteurs, même faciles, selon la recommandation candide du programme, seront mis entre les mains d'élèves qui en sont encore aux conjugaisons et aux déclinaisons? A notre avis, le latin ajourné ne saurait regagner, par aucun prodige de méthode et de pédagogie, les deux années qu'on lui enlève.

Si le latin est en péril, que sera-ce donc du grec? Le grec est plus difficile que le latin. Voilà la raison pour laquelle bien des élèves sortent du collège n'en sachant qu'assez peu de chose. Mais que sauront-ils lorsqu'ils le commenceront deux ans plus tard, et qu'ils auront un moins grand nombre d'heures pour l'étudier dans les classes où le Conseil a bien voulu encore par grâce le conserver. J'en atteste tous les inspecteurs, dans les classes bien faites de sixième et de cinquième, les bons élèves savaient déjà à merveille les déclinaisons, les conjugaisons de toute espèce, la formation des temps; ils expliquaient avec facilité et avec plaisir les fables d'Ésope, les histoires d'Élien et les dialogues de Lucien. D'intéressantes et instructives comparaisons avaient lieu constamment entre la grammaire des trois langues ; les élèves se plaisaient à ces exercices de grammaire comparée mis à leur portée. Le grec et le latin ne marchant plus de front en sixième et en cinquième, la grammaire comparée, quoique fort en honneur aujourd'hui, quoiqu'elle semblât d'abord appelée à recueillir à son profit l'héritage de certains exercices littéraires, devient tout à fait boiteuse et reçoit une rude atteinte du nouveau plan d'études, en dépit des efforts suprêmes, au sein du Conseil, de quelques-uns de ses meilleurs représentants. Ils ont succombé en luttant avec courage, mais vainement, sur la brèche qu'eux-mêmes des premiers ils avaient faite aux études classiques. Ils ne voulaient qu'un changement dans les méthodes, et non pas ce retranchement de deux années qui est, comme ils l'ont bien compris, le coup de grâce aux langues anciennes. Tout ce qu'ils ont pu faire, grâce à un représentant de la médecine, c'est de sauver une année sur les trois qu'on voulait enlever au grec. Ces malheureux philologues nous rappellent les bons gardes nationaux de 1848 qui voulaient la réforme et qui ont eu la révolution. Que dire de la section permanente et du ministre qui proposaient d'ajourner le grec jusqu'en troisième, sinon qu'il eût été plus franc d'en demander purement et simplement la suppression? Commencer à apprendre l'alphabet grec en troisième, c'est un peu tard, il faut en convenir.

Nous accordons que des élèves de quatrième ont plus de maturité d'esprit, plus de force de raisonnement que ceux de septième ou de sixième; mais ils n'ont déjà plus cette mémoire des enfants qui retient si facilement les mots et les formes d'une langue. Loin qu'ils doivent aller plus vite, il leur faudra plus de temps et plus de peine pour apprendre la première partie de la grammaire grecque. Que de choses d'ailleurs ne sont-ils pas, eux aussi, condamnés à apprendre dans le même temps? la vieille langue française, l'accent tonique, sans nul préjudice de la part augmentée des sciences, des langues vivantes, avec l'histoire, la géographie, l'arithmétique, la géométrie et la géologie, et encore la grammaire dans les trois langues!

En effet, malgré l'échec que reçoit la grammaire comparée, la grammaire elle-même, si fort menacée par quelques ardents réformistes du *Bulletin de correspondance universitaire*, candidats malheureux au Conseil supérieur, survit encore à l'orage. Elle semble même avoir encore un certain nombre de jours à vivre, bien que les programmes s'efforcent de l'amoindrir et de la dissimuler autant que faire se peut, bien que le ministre ait cru devoir l'accabler de ses sarcasmes et de ses dédains, bien que quelques professeurs de grammaire l'aient eux-mêmes trahie et reniée, jetant en quelque sorte le froc aux orties.

Le culte stérile des déclinaisons, suivant une expression du ministre, n'est pas près de finir, du moins tant qu'on étudiera le latin, le grec, ou même l'allemand. Il est vrai que ces règles, d'après le plan d'études, doivent être réduites à ce qu'il y a de plus indispensable, à ce qu'il y a de plus simple et de plus facile, mais, en même temps, elles doivent être approfondies, suivant une autre recommandation non moins expresse. Tout doit être simple et facile, mais tout doit être approfondi ; c'est là une de ces recommandations presque enfantines qu'on rencontre à chaque page, soit dans la circulaire du ministre, soit dans les programmes eux-mêmes.

Faisons encore mention d'une autre recommandation de la circulaire, relative à la grammaire française et à l'analyse logique, qui nous semble du même genre. L'analyse logique poussée à l'excès est le fléau, le supplice des classes de l'enseignement spécial, c'est-à-dire des classes vouées à l'étude exclusive du français, comme le seront à l'avenir les classes de huitième et de septième. Quelle monotonie, quelle aridité, quelle sécheresse, quel ennui dans ces analyses logiques de chaque phrase, de chaque mot, de chaque article, dans ces répétitions sans fin, dans toutes ces inutiles subtilités! Nous en avons été plus d'une fois les témoins, non sans sympathiser avec les malheureux élèves soumis à ce régime. M. Ferry déclare, il est vrai, qu'il ne veut plus rien de pareil; c'est même pour empêcher à l'avenir l'abus de ces analyses qu'il prescrit, dans le second article de la circulaire, « de s'attacher surtout à distinguer le sujet, le verbe et l'attribut, et à signaler les propositions principales et les propositions incidentes. » Quelle inutile recommandation! Les maîtres qui d'ailleurs se complaisent le plus dans les détails les plus oiseux et les subtilités les plus arides de l'analyse logique, ne distinguent-ils pas le verbe, le sujet et l'attribut? Les classes de huitième et de septième nous semblent moins garanties que jamais, malgré la circulaire du Conseil, contre les abus de l'analyse.

On a beau dire pédantesquement, on a beau répéter, avec de grands airs de profondeur, qu'il faut aller du concret à l'abstrait, ou bien qu'il faut aller des textes aux règles, et non plus des règles aux textes, et qu'il faut apprendre la grammaire par la langue et non plus la langue par la grammaire; il y aura toujours, au préalable, des déclinaisons, des conjugaisons et quelques règles, c'est-à-dire une grammaire, à apprendre. En dépit de la circulaire, qui a la prétention d'être comme la philosophie de toute cette réforme, on continuera donc à aller de la grammaire, qui cependant est l'abstrait, à la langue, qui est le concret. Imagine-t-on ce qu'il faudrait de temps et de travail à des élèves, même aidés de leur professeur, pour arriver à extraire d'un texte les cas des noms, les formes des verbes et même les plus simples règles? Il ne s'agit donc pas d'aller toujours du concret à l'abstrait, mais de prendre les voies les plus abrégées et d'aller du plus facile au plus difficile ; voilà le vrai principe. La règle, d'ailleurs, est-elle donc en réalité séparée du texte ? N'est-elle pas toujours accompagnée de l'exemple qui la confirme ? Ne va-t-on pas sans cesse de la règle à l'exemple, comme aussi réciproquement de l'exemple à la règle ?

Le français, et même l'orthographe, s'apprenaient très bien, dès la huitième, avec des versions, avec les dictées des thèmes latins ou grecs, indépendamment des exercices dont il ne cessait pas d'être l'objet spécial. Pour remplacer ces versions et ces thèmes, pour remplir le temps, il y aura des exercices multipliés de langage, et même de style, comme dit le programme, à partir de la cinquième. Un autre exercice tout à fait nouveau, et qui mérite bien d'être noté, sera dans cette même classe de cinquième la traduction du vieux français du seizième siècle en français de notre temps. Se figure-t-on ces enfants de cinquième, aux prises avec le vieux français du seizième siècle, avec Montaigne ou Rabelais, alors qu'ils ne savent pas même encore bien le sens des mots du français du dix-septième siècle et de leur temps ! Les élèves de quatrième devront faire des compositions « sur des sujets à développer librement ». Tant d'exercices de style, tant de compositions françaises de toutes les formes, échelonnées tout le long du cours des études, à partir du bas âge jusqu'à la rhétorique, en y joignant la versification française, qui sera, dit la circulaire, l'objet d'une étude moins superficielle, me donneraient la crainte de faire éclore et de favoriser un plus grand nombre de vocations de feuilletonnistes, de romanciers et de petits poètes. Voudrait-on substituer le vers français au vers latin, qui quoique tombé en si grande défaveur, quoique accablé des railleries de tous les beaux esprits universitaires ou autres, y compris M. Ferry, n'est pas encore entièrement supprimé, contrairement au vœu des réformistes les plus décidés en dedans et en dehors du Conseil? Pour mieux assurer sa perte complète, on avait cependant imaginé, par une rare perfidie, de le marquer au front d'une empreinte de jésuitisme ou de cléricalisme? Selon ces adroits détracteurs, les jésuites auraient, les premiers, introduit le vers latin dans les collèges, et les y auraient mis à la mode ; de nos jours, c'est Mgr Dupanloup, tache ineffaçable, qui, dans le dernier Conseil, aurait été leur sauveur. Que les jésuites aient réussi dans les vers latins, que quelques-uns des leurs aient acquis en ce genre une certaine célébrité, qu'ils aient contribué à les mettre à la mode, cela est incontestable ; mais on a fait des vers latins dans l'Université, avant comme après les jésuites.

Pour ne pas remonter au commencement du seizième siècle et citer des noms en *us*, ce n'étaient pas des jésuites que Rollin et Lebeau. Quoi qu'il en soit, cet exercice excellent pour la culture du goût et de l'imagination, auquel tout bon élève a dû ses premières jouissances intellectuelles au lycée, n'est pas absolument supprimé. « L'exercice facultatif du vers latin, dit la circulaire, pourra être conservé pour quelques élèves d'élite. » Il sera donc permis à ces élèves d'élite de faire des vers latins sans courir le risque d'un pensum ; voilà une concession qui n'est pas sans faire quelque honneur aux vers latins. Les élèves d'élite, comme aussi tous les bons professeurs d'humanités, lui demeureront fidèles, n'en doutons pas. Quant aux autres, ils auront la métrique avec ses broussailles, suivant une expression de M. Ferry, en guise de régal et pour dédommagement. Rien de plus propre assurément à les charmer et à développer davantage leur goût et leur esprit.

Pour en finir avec les nouveautés plus ou moins fâcheuses du plan d'études dans les classes élémentaires et les classes de grammaire, nous avons à jeter un coup d'œil sur leurs programmes d'histoire et de sciences, où se montrent peut-être, encore plus que partout ailleurs, l'esprit faux, les préoccupations systématiques de nos grands réformateurs, leur ignorance des aptitudes et de la capacité de l'esprit des enfants, comme aussi de l'opinion de la plupart des familles, avec lesquelles cependant il serait sage de compter encore un peu, si toutefois l'on tient à avoir des élèves.

Dans la classe préparatoire, dans les classes de huitième et de septième, l'enseignement de l'histoire sainte, inséparable jusqu'ici de l'instruction religieuse, avait une grande importance. Elle était enseignée de deux manières, l'une et l'autre aujourd'hui également supprimées, soit par la traduction de l'*Epitome historiæ sacræ*, soit par les récits du maître. Croit-on qu'il n'y aura pas des familles émues de cette suppression?

N'y en aura-t-il pas aussi qui, peu flattées de la transformation de ces deux classes en simples écoles primaires ou années préparatoires de l'enseignement spécial, prendront le parti de ne pas envoyer leurs enfants au lycée, ou du moins de les garder jusqu'à la sixième à la maison? Il est probable que ces petites classes, qui étaient nombreuses dans beaucoup de lycées, et comme la pépinière où se recrutaient les classes plus élevées, vont éprouver une diminution sensible, au grand détriment de l'Université. Quant à l'histoire sainte, on nous répondra sans doute que, supprimée en huitième, elle retrouve sa place dans l'histoire ancienne des peuples de l'Orient, qui est le programme historique de la sixième. Tous cependant, même les protestants et les juifs, ne seront pas satisfaits de cet ajournement ; tous ne goûteront pas ce mélange prémédité de l'histoire sainte avec des histoires profanes, ni cet effacement du peuple juif caché et perdu dans la foule des peuples de l'Orient.

Ce sont des biographies toutes profanes qui doivent remplacer l'histoire sainte dans la petite classe préparatoire. Combien bizarre est la liste de ces grands hommes dont l'histoire doit être apprise et proposée comme modèle à de petits enfants qui savent à peine lire et écrire ! Quelle idée se feront-ils de ces personnages dont les actions, les œuvres et les écrits ne peuvent absolument rien dire ni à leur esprit ni à leur cœur ? Mieux valait l'ancienne *Morale en action !* Qu'une bonne fable ou un conte moral serait ici mieux à sa place ! On dirait qu'on a pris au hasard, et rassemblé pêle-mêle, les noms de tous les grands hommes des temps anciens et des temps modernes. J'y vois Mahomet, mais non Moïse ; je lis les noms de Pierre le Grand, Washington, Voltaire, Dante, Mirabeau, Michel-Ange, Nicolas Poussin, Bernard Palissy, Ampère et Arago ! Quel bizarre amalgame et quelles énigmes pour les enfants !

Si nous jetons un coup d'œil sur les programmes d'histoire des classes au-dessus de la huitième, nous trouverons partout des sujets et des questions qui ne sont pas moins déplacés. Les auteurs se sont plu, dirait-on, à faire, hors de propos, parade d'érudition, à remonter aux plus lointaines et plus obscures origines. Ce ne sont pas seulement les grands faits, mais les événements fabuleux, les institutions les plus primitives, sur lesquels les érudits discutent encore, qui sont proposés à l'étude et à la méditation, sinon des élèves de septième, au moins de ceux de sixième et de cinquième.

Il y a même ici une contradiction manifeste que je signale entre les auteurs de ces programmes et les auteurs de la circulaire. La circulaire ajourne aux hautes classes l'étude des institutions, des mœurs et des usages ; elle annonce d'inévitables sacrifices dans le détail des faits et des événements ; elle ne veut plus que des rédactions de peu d'étendue.

Loin cependant que l'étude des institutions ait été ajournée, loin que ces sacrifices inévitables aient été faits, jamais les programmes d'histoire des classes inférieures n'avaient été chargés de plus de questions relatives aux institutions, jamais ils ne s'étaient enfoncés si avant dans le vieil Orient, si bien qu'on dirait qu'ils s'adressent à des membres de l'Académie des inscriptions et belles-lettres plutôt qu'à des enfants de septième ou de sixième. Comment ne pas être étonné de voir dans le programme de sixième : les Aryas primitifs, — les Aryas de l'Inde, — la Société brahmanique, — les lois de Manou, — le Bouddhisme et même les hiéroglyphes avec les découvertes de Champollion et de Mariette ?

Les élèves de cinquième, dont le programme est un peu moins savant, auront cependant à faire connaissance avec les Grecs primitifs, avec les légendes de l'ancienne Grèce, avec les constitutions d'Athènes et de Sparte, avec Solon et Lycurgue, avec l'Aréopage et les Amphyctionies. Aux élèves de quatrième on n'a pas fait grâce des anciennes populations de l'Italie avant les Romains, ni des Étrusques, ni d'aucune de ces institutions que, selon le ministre, il fallait ajourner aux hautes classes. Du moment que les programmes ont été ainsi chargés et compliqués, au lieu d'être simplifiés et réduits, et que les classes de grammaire auront un professeur spécial d'histoire, comme celles d'humanités, il n'est guère probable que l'autre vœu du ministre relatif au peu d'étendue des rédactions reçoive la moindre satisfaction. Il y aura, comme par le passé, et peut-être plus encore, de ces longues rédactions qui gâtent également la main et le style de l'élève, sans lui apprendre à penser, et qui empiètent sur tous les autres travaux. Ces nouveaux et jeunes professeurs voudront faire parade de leur érudition. Ils accableront leurs élèves.

Ne quittons pas les programmes d'histoire sans appeler l'attention sur une grave et dangereuse innovation que le ministre prend soin de recommander lui-même aux professeurs. « Les élèves, dit-il, pourront être exercés en classe à la discussion des faits historiques qui peuvent être controversés ou appréciés diversement. Cette espèce d'argumentation historique et morale sera bien placée dans les hautes classes pour compléter l'apprentissage des esprits. » Ne sont-ce pas les discussions politiques ou religieuses qu'il introduit officiellement dans les lycées, au milieu d'élèves qui appartiennent à des familles d'opinions contraires ? Les divisions, les querelles, l'excitation précoce des passions politiques et irréligieuses, doivent nécessairement s'ensuivre. Les sujets les plus scabreux, il ne faut pas en douter, seront naturellement les sujets de prédilection choisis par les élèves. Les journaux fourniront les questions et les arguments. Comment le professeur contiendra-t-il ces petits esprits déchaînés?

Si les rédactions d'histoire doivent être aussi longues que jamais, malgré la recommandation du ministre, plus longues peut-être encore seront les rédactions scientifiques, à en juger par l'étendue des programmes, par la multiplicité des objets et des questions. Les sciences qui développent le raisonnement plutôt que la mémoire, les mathématiques en première ligne, puis la physique, et, accessoirement, la chimie, voilà celles qui devraient avoir la principale place dans le plan général des études. Peut-être aurait-on pu introduire, dans les hautes classes, quelques questions de méthode, de classification ou même de philosophie d'histoire naturelle. Mais, hors de là, l'histoire naturelle ne peut qu'accabler la mémoire, sans grand profit pour l'intelligence, sous la multitude des faits, des descriptions, des nomenclatures, des classifications, des genres et des espèces de tous les êtres de la création.

Cet enseignement, il est vrai, n'est pas précisément une nouveauté dans l'Université. Depuis un certain nombre d'années il y avait un cours d'histoire naturelle, mais un cours unique et d'une seule année, dont on a même été fort embarrassé de trouver la véritable place et qu'on a successivement promené, à travers différentes classes, depuis la sixième jusqu'à la philosophie. Ce qui est une nouveauté, c'est ce prodigieux envahissement de l'histoire naturelle, zoologie, botanique, minéralogie et même physiologie, depuis la huitième jusqu'à la philosophie, à part seulement la troisième et la seconde, où elle cède quelque temps la place à la chaleur et à l'acoustique; à part aussi la sixième, qui a un lot suffisamment considérable de notions élémentaires de physique et de chimie, depuis la chute des corps jusqu'à la propagation et la réflexion de la lumière, sans compter l'oxygène, l'hydrogène, l'azote, le phosphore, le chlore, la silice, etc. Si les élèves de sixième doivent être déjà, de par le programme, des physiciens et des chimistes d'une certaine force, ils seront aussi non moins versés dans la zoologie, la botanique, la minéralogie et la géologie, pour peu qu'ils n'aient pas déjà tout oublié ce qu'ils ont dû apprendre en huitième et en septième.

Quand je parcours les deux grandes pages in-4° du programme scientifique de la huitième, quand j'y vois tous les êtres de l'univers, les animaux de toute espèce, avec des squelettes ou sans squelettes, des poils ou des plumes, à sang chaud ou à sang froid, à mamelles ou sans mamelles, des baleines ou des vers de terre, toutes les plantes, depuis la pimprenelle jusqu'au chêne ou au champignon et à la truffe, avec toute une série de questions sur la différence des êtres vivants et des êtres inanimés, sur les métamorphoses de la grenouille et des insectes, avec la description de tous les organes des plantes, j'avoue qu'ici encore j'ai peine à revenir de mon étonnement. Qui donc a pu s'imaginer que de petits enfants apprendraient et surtout retiendraient ces programmes, qui semblent faits pour des candidats à la licence ès sciences naturelles?

La septième n'aura rien à leur envier avec son programme de toutes les espèces de pierres, de terrains, avec les animaux antédiluviens et tous les fossiles; ni la cinquième, qui a en partage tous les genres d'animaux de la terre, de l'air et des eaux, vertébrés et invertébrés, ni la troisième avec la géologie et toutes les espèces de plantes ; ni la rhétorique, qui aura à reviser tout cela avec tout le reste. Une note du programme nous prévient que cet enseignement, surtout dans les basses classes, sera descriptif, qu'il aura lieu avec l'emploi fréquent de types originaux et d'objets figurés. Il faudra sans doute créer beaucoup de cabinets d'histoire naturelle ; les animaux empaillés, j'en ai peur, vont envahir tous les lycées. C'est ici surtout qu'il faut de ces leçons de choses, si fort à la mode aujourd'hui ; mais les animaux empaillés ou conservés dans l'esprit de vin coûtent cher ; plus chère encore est la place pour les loger. Que de millions pour tous ces petits musées! Cela n'arrête pas M. Paul Bert, qui sans doute est l'auteur de tous ces beaux programmes d'histoire naturelle. Des millions! n'est-ce que cela? Il les demandera et il les aura.

Quant au programme d'anatomie et de physiologie, qui probablement est aussi de la même main, nous lui reprocherons aussi d'être trop complet, et de s'adresser plutôt à des étudiants en médecine, à des élèves d'un laboratoire, qu'à des candidats au baccalauréat ès lettres. Il n'y manque rien, en effet, sauf peut-être des vivisections qui l'auraient heureusement complété et que nous sommes étonné de ne pas y trouver. Quelques grenouilles décapitées, quelques chiens vivants préparés, éventrés, n'auraient cependant pas mal fait, pour donner plus de relief à la grande réforme.

L'importance excessive accordée à l'histoire naturelle, voilà la critique capitale contre les programmes scientifiques du nouveau plan d'études. Comment ne s'est-il pas trouvé dans le Conseil des mathématiciens et des physiciens d'assez de sens et de crédit pour tenir en échec M. Paul Bert et, sinon pour retrancher l'histoire naturelle, au moins pour la contenir dans de plus justes limites?

CHAPITRE XVIII

Suite de l'examen du nouveau plan d'études. — Programmes des humanités. — Comment s'y prendra-t-on pour faire mieux et plus vite ? — Secret gardé par M. Ferry. — Les dictionnaires proscrits au profit des lexiques. — Comment avec deux années de moins expliquer les mêmes auteurs grecs et latins en troisième et en seconde ? — Comment pénétrer plus avant dans l'antiquité? — Le discours latin toléré. — Du choix des auteurs français. — La *Chanson de Roland* et Joinville. — *Tartufe a l'usum juventutis.* — Les *Provinciales* pour jouer un tour aux jésuites. — Les analyses littéraires et le discours français.

Je passe aux programmes des humanités. Ce qui frappe tout d'abord, c'est la merveilleuse assurance avec laquelle on y a maintenu, à la même place, en seconde, en rhétorique et même en troisième, les mêmes auteurs grecs et latins que dans l'ancien programme, avec les mêmes exercices, à l'exception du vers latin devenu facultatif. Il semble vraiment que rien n'ait été changé, et que ces deux années de moins de préparation ne doivent pas se faire profondément sentir dans toute la suite des études classiques. On nous a bien affirmé que dorénavant on irait mieux et plus vite ; que si l'étude du latin et du grec « était ajournée, elle serait concentrée ». Mais on a négligé de nous dire comment et par quelle méthode. Ce secret que nous lui demandions avec tant d'instance, M. Ferry a jugé à propos jusqu'à présent de ne pas le révéler. En quoi peut-il consister? Est-ce cette vague et peu exacte maxime d'aller du concret à l'abstrait, ou bien par un chemin qui n'est pas le plus court, des textes aux règles et non des règles aux textes? Comment cette concentration sera-t-elle possible, surtout en quatrième, où l'élève devra partager entre tant de matières diverses son temps et son attention? Sera-ce donc la substitution des maigres lexiques aux dictionnaires volumineux où l'élève trouvait quelque aide sans doute pour traduire certains passages difficiles, ce qui n'est pas un mal, mais non pas sans faire des recherches et sans en retirer quelque véritable instruction? Des dictionnaires de poche vont prendre la place des bons et savants dictionnaires latins et grecs des Quicherat, des Alexandre, des Chassang, peut-être même du Dictionnaire de l'Académie. Il y a là dessous quelque mystère que nous ne voulons pas approfondir. Combien, allégés de ce poids, les écoliers vont devenir habiles et savants! Peut-être encore M. Ferry compte-t-il sur la diminution ou la suppression prochaine des concours et des prix au bénéfice du second terme de la devise républicaine, mais non pas à celui de l'émulation et du travail.

Au lieu de multiplier ou d'étendre tous les programmes, il aurait fallu des retranchements pour faire plus ou moins compensation à la perte de ces deux années; à moins que des professeurs plus habiles, à moins que des élèves mieux doués ne doivent naître tout à coup au souffle de la République. Pour ne parler que du grec, il faudra que les progrès y soient plus étonnants qu'en latin, en raison de tout ce qu'on lui retranche. Dès la troisième on serait capable d'expliquer, non seulement Lucien, mais Hérodote et Xénophon, d'une manière sans doute approfondie, comme le recommande toujours la circulaire, et non pas en courant et à vol d'oiseau. Je remarque d'ailleurs avec plaisir cette recommandation d'explications approfondies. Il semble qu'on ne fasse plus autant de cas de ces explications à la course, rapides, *cursoriæ*, qui ne laissent pas de trace, et que nous avaient tant prônées certains admirateurs outrés des méthodes allemandes. Dès la seconde, on expliquera, sans plus de difficulté que par le passé, Plutarque, Homère, Euripide ; en rhétorique, Platon, Sophocle, Aristophane. Même, par une innovation que nous serions loin de blâmer, si elle reposait sur une base plus solide, les élèves de philosophie auront à expliquer au baccalauréat un livre de la *République* de Platon sur un sujet d'ailleurs bien choisi, et tout à fait de circonstance, à savoir les excès de la démagogie.

Non seulement le ministre a la prétention qu'on fera aussi bien en allant plus vite, mais qu'on fera mieux. Écoutons M. Ferry dans son dernier discours à la Sorbonne, non moins injurieux que le premier pour l'Université, qui l'a d'ailleurs accueilli par un silence dont la signification était claire. Il se vante d'inaugurer, loin de le restreindre, le commerce avec les anciens. « On quitte le lycée aujourd'hui, dit-il, ayant vécu dix ans à côté de l'antiquité sans la connaître... On pourra maintenant pénétrer dans ces régions inconnues dont on s'obstinait à faire le tour. » Quoi ! tous ces professeurs renommés qui, depuis le commencement du siècle, se sont fait un nom par leurs études approfondies de l'antiquité, tous ces maîtres consommés dans la connaissance du grec et du latin, tous ces professeurs d'histoire dont les ouvrages sont célèbres, tous ces savants élèves de l'École normale et de l'École d'Athènes, n'ont su jusqu'à présent que faire passer leurs élèves à côté de l'antiquité, que les faire tourner autour sans les y faire pénétrer ! S'il en est ainsi, quel espoir reste-t-il que leurs successeurs, qui ne sont ni plus savants ni plus habiles, iront au cœur même de l'antiquité, sans nulle autre méthode, par nulle autre voie nouvelle, sans nul autre changement sérieux que deux années de moins pour arriver au but? Comment sera-t-on d'autant plus familier avec l'antiquité qu'on l'aura moins pratiquée?

Parmi toutes les mauvaises raisons qui ont été données pour justifier cette mutilation si profonde du grec et du latin, il en est une qui mérite d'être relevée, parce qu'elle est d'un philosophe de beaucoup d'esprit. M. Fouillée a dit, dans la *Revue des Deux Mondes,* qu'il ne fallait étudier des langues anciennes qu'autant qu'il est nécessaire pour comprendre et lire les chefs-d'œuvre de l'antiquité. Rien que cela ! c'est vraiment ne pas être difficile. Lire et comprendre les chefs-d'œuvre de l'antiquité, c'était là où tendait tout l'ancien système d'études et où il avait peine à arriver, même avec des compositions latines, même avec des professeurs et des élèves d'élite, même avec toutes les classes et toutes les années de grec et de latin qu'on vient de retrancher. Comment le nouveau plan d'études classiques mutilées aura-t-il donc cet avantage sur l'ancien ?

Les compositions latines, thèmes, narrations et discours déplaisaient tout particulièrement aux novateurs du dedans et du dehors. Ici encore une sorte de transaction a prévalu. Le discours latin est aboli à la distribution des prix du grand concours ; M. Ferry, on se le rappelle, lui a signifié brutalement son congé, quoiqu'en adulant la république il eût mérité mieux ; en outre, il perd sa vieille primauté d'honneur au profit du discours français. Retranché des épreuves écrites du baccalauréat. il est conservé, mais plus ou moins déchu et amoindri, de même que la narration, dans les devoirs des élèves d'humanités. Ici les adversaires ardents et systématiques des compositions latines ont été à moitié, sinon tout à fait battus par des conseillers de plus de sens et d'expérience. Un d'eux, qui n'est cependant pas un aveugle adorateur de la tradition, M. Janet, dans un article de la *Revue politique*, a si fortement justifié ce qui a été laissé de devoirs latins dans le nouveau plan d'études, qu'on se prend à regretter d'autant plus ce qui a été supprimé. On ne peut mieux démontrer que le devoir latin est le meilleur auxiliaire de l'explication des textes qui a toujours été le principal but des études classiques, même avant l'avènement de M. Ferry et du nouveau Conseil, et que pour savoir une langue, sans même nullement prétendre la parler, il est nécessaire d'apprendre à l'écrire. Aussi voyons-nous que le thème va tenir une grande place dans l'étude des langues vivantes et qu'il a même été substitué à la version dans les épreuves du baccalauréat.

Si du latin nous passons à l'enseignement du français et au choix des auteurs français qui doivent être dans les classes l'objet d'une étude particulière, nous rencontrons là aussi quelques nouveautés et quelques changements que nous ne saurions approuver. Qu'on étudie le vieux français, les origines de l'histoire de la langue, la *Chanson de Roland*, Joinville, dans les chaires du Collège de France ou de la Sorbonne, même dans quelques chaires des Facultés de province ; que des érudits se livrent à une étude approfondie des origines de notre langue, à partir de Charlemagne ou de Louis le Débonnaire, cela est très bien ; mais il n'en est pas de même dans des lycées. La langue française que les élèves doivent étudier est celle qui se parle aujourd'hui, non pas celle qu'on ne parle plus, qui est morte ou complètement transformée ; les auteurs qu'ils doivent avoir en main ne sont pas ceux du treizième siècle ou même du seizième, mais les grands écrivains classiques du dix-septième, du dix-huitième et quelques-uns des meilleurs du dix-neuvième. Combien ce champ est vaste, sans l'agrandir encore ! Voilà les auteurs dont ils ont à se nourrir pour former leur goût et apprendre à écrire en français, à penser avec justesse, avec force et mesure. Il nous paraît clair qu'il faut les préférer, au moins dans les classes, à ceux qu'on ne peut plus lire qu'avec un dictionnaire, à ceux qui sont du domaine de l'Académie des inscriptions et belles-lettres et non de l'Académie française. Bien avant la *Chanson de Roland*, et tous les vieux fabliaux, nous mettons le *Cid* ou *Polyeucte*, et Bossuet avant Joinville lui-même. Nous ajournerions même Montaigne, en compagnie de Rabelais, jusqu'après le collège et à un âge plus avancé de la vie. Laissons la langue d'oïl et la langue d'oc à l'école des Chartes ; tenons-nous-en dans nos lycées à la langue du dix-septième siècle et à la nôtre.

Il y a même un choix à faire parmi les chefs-d'œuvre de nos grands écrivains. Tous ne peuvent pas être mis indistinctement dans les mains de la jeunesse sans causer quelque scandale, sans exciter une curiosité malsaine, sans risquer de gâter le cœur par la peinture trop vive de certaines passions. Jusqu'à présent ces convenances avaient été toujours sévèrement respectées au sein de l'Université : aujourd'hui elles ne le sont plus dans les nouveaux programmes. Je ne fais pas allusion aux *Provinciales*, dont les trois premières lettres, qui avaient quelque temps figuré, vers 1840, dans le programme du baccalauréat, reparaissent aujourd'hui dans la liste des auteurs français de la rhétorique. Les *Provinciales* demeurent un des chefs-d'œuvre de notre langue, quoique le fond même de la polémique entre jansénistes et jésuites soit tout à fait usé, quelque lourde et grossière imitation que M. Paul Bert ait récemment essayé d'en faire. Nous n'avons donc rien à dire contre le choix des *Provinciales*, sinon qu'il y a comme une sorte d'inconvenance et de mauvais goût, au moment où les jésuites sont de nouveau proscrits, à remettre les *petites lettres* dans les mains des élèves des lycées et parmi les auteurs classiques. Ce n'est pas bien généreux de la part des vainqueurs.

Nous serons bien autrement sévère pour le *Tartufe*, qui vient à la suite des *Provinciales* dans cette même liste des ouvrages français de la rhétorique. Voilà un choix que rien ne peut excuser. Ce n'est plus ici une simple inconvenance, c'est une véritable atteinte à cette pureté de l'imagination que les maîtres de l'Université, comme tous les autres, doivent chercher à conserver le plus longtemps possible chez leurs élèves. Maîtres et élèves sont tenus d'approfondir, de commenter dans tous leurs détails les auteurs imposés pour le programme. Le maître, surtout aujourd'hui où il lui est si vivement recommandé de mettre en jeu de toutes les façons la spontanéité et l'initiative des élèves, doit être prêt à répondre à toutes leurs questions, quand il s'agit d'un livre classique. A-t-on bien songé, j'aime vraiment à croire que non, à quelles réflexions pouvait donner lieu, quelles images pouvait exciter dans l'esprit, quelles singulières questions provoquer, le commentaire du troisième ou du quatrième acte du *Tartufe?* Je m'abstiendrai des citations que chacun peut faire pour convaincre le Conseil d'une impardonnable légèreté ou d'un bien médiocre souci du respect dû à la jeunesse sur les bancs du collège. On veut sans doute qu'il ne lui reste plus rien à apprendre quand elle sera maîtresse d'elle-même. Il était plus sage de s'en tenir, comme autrefois, au *Misanthrope*, et de laisser de côté le *Tartufe*, non moins que l'*Amphitryon* qui est aussi un chef-d'œuvre en son genre, et d'autres pièces qui ne sont pas précisément *ad usum juventutis* [1].

Les élèves devront faire des analyses de tous les auteurs français et latins. Les analyses littéraires sont prescrites en troisième, en seconde et en rhétorique. Cette sorte de composition semble la plus goûtée de nos faiseurs de nouveaux plans d'études et paraît devoir l'emporter de beaucoup sur le discours latin, et même sur le discours français, formes qu'on tient pour surannées, et qui ne sont conservées que par pure tolérance et pour ne pas trop contrister le cœur des bons universitaires. Il y a là cependant encore, selon nous, une grave erreur de pédagogie. De toutes les formes de com-

---

[1] Par d'autres raisons je critique le choix du *Lutrin* pour les élèves de cinquième, incapables d'en goûter le sel, ne connaissant pas encore les formes épiques. Ils prendront un peu plus tard l'*Iliade* et l'*Énéide* pour des parodies du *Lutrin*.

positions, le discours, en latin comme en français, est celle où l'élève est heureusement le plus contraint, en dépit de ces recettes, dont on parle beaucoup trop, de faire un effort d'esprit, de mettre du sien, de resserrer et d'enchaîner ses idées avec plus de force et de vivacité. L'analyse littéraire, au contraire, est le genre de devoir où il lui est le plus facile d'écrire sans penser, comme dans les rédactions d'histoire ; presque toujours il se borne à copier quelque notice biographique, quelque préface ou résumé. Tout en proclamant partout et si haut qu'on veut donner le plus grand essor à l'esprit des élèves, il semble qu'on ait pris à tâche de supprimer ou d'amoindrir tout ce qui est le plus propre à lui donner la force et le développement. C'est ainsi que les vers latins et les discours, s'ils ne sont pas supprimés, sont frappés de discrédit et ne sont plus que tolérés.

Quand un discours latin était dans le programme du baccalauréat, les professeurs avaient beaucoup de peine à décider les élèves à faire quelques discours français. Maintenant que le discours latin n'est plus exigé, et qu'il est dépouillé de son ancien prestige de prix d'honneur; alors qu'il est si dédaigneusement traité par le ministre lui-même, comment trouvera-t-on des élèves de bonne volonté qui consentent à en faire encore, surtout si les maîtres doivent recevoir leur impulsion des élèves et non les élèves des maîtres, suivant une autre des grandes maximes de la pédagogie progressive de M. Ferry ? J'estime donc que, malgré le programme, c'en est fait en réalité du discours latin.

Il ne faut pas d'ailleurs que les ressemblances extérieures du nouveau programme avec l'ancien, que cette liste des chefs-d'œuvre des trois grandes littératures, enrichie encore de la *Chanson de Roland* et du *Tartufe*, nous fasse la moindre illusion sur la portée et sur les résultats du nouveau plan d'études. Qu'importent l'élévation de la voûte et la beauté du faîte ? L'édifice croulera d'autant plus vite que les fondations qui le soutiennent ont moins, comme nous l'avons vu, de solidité et de profondeur.

CHAPITRE XIX

Programmes de philosophie et du baccalauréat. — La métaphysique unie à la théodicée. — Mélange de l'économie politique avec la morale. — Suppression du mot de faculté. — Le baccalauréat maintenu avec quelques modifications. — Substitution d'une composition française au discours latin. — La liste des auteurs à expliquer. — Leur choix laissé aux candidats. — La licence ès lettres menacée. — Questions adressées par le ministre aux conseils académiques. — Était-il nécessaire, comme on dit, de faire quelque chose ? — N'avait-on rien fait ? — L'enseignement spécial aurait dû sauvegarder l'enseignement classique. — Les rédactions d'histoire. — Les langues vivantes. — Incompétence de la majorité qui a voté le plan d'études.

Du nouveau plan des humanités, passons à celui de la philosophie et du baccalauréat qui se lient étroitement. L'écrivain, philosophe fort distingué, mais un peu paradoxal, de la *Revue des Deux Mondes* que nous avons déjà cité, avait imaginé de faire commencer la philosophie dès la quatrième, sans doute pour remplacer les conférences de l'aumônier. Un second professeur de philosophie aurait fait en quatrième un cours de morale privée, en troisième un cours de morale sociale, un cours d'esthétique, de logique, en seconde. Le Conseil n'est pas entré dans cette voie; la philosophie a été sagement laissée à sa place, dans la classe qui porte son nom, ce qui lui vaudra mieux que d'avoir affaire avec des enfants. Il n'y a qu'un seul changement à noter dans les travaux de cette classe ; la dissertation latine a été supprimée, ce dont nous prenons d'autant mieux notre parti qu'elle était tout à fait négligée par le professeur et les élèves, et qu'elle nuisait plutôt qu'elle ne servait au véritable enseignement philosophique. L'explication d'un auteur latin, Cicéron ou Sénèque, sera d'ailleurs désormais exigée, par une sorte de compensation, dans la seconde partie du baccalauréat.

Pour les questions du programme, les réformistes ont été plus modérés qu'en grammaire ou dans les humanités, ou du moins ne sont pas parvenus à l'emporter. Nous voyons aussi, sans nous en plaindre, la morale reprendre son ancienne place avant la théodicée. Mais la théodicée, au lieu d'être seule, comme autrefois, se trouve associée avec la métaphysique. Métaphysique et théodicée, tel est le double titre de la dernière partie du cours. C'est là qu'ont été rejetées la question de la certitude, les diverses conceptions sur la matière et la vie, la spiritualité de l'âme, jointes à l'existence de Dieu, à la providence et à l'immortalité. Que signifie ce mélange de questions qui étaient séparées dans tous les programmes précédents ? Est-ce à dire qu'on a voulu mettre en dehors de la partie positive de l'enseignement tout ce qui n'est plus considéré que comme la partie conjecturale, Dieu compris ?

Une autre innovation est l'introduction dans la morale de notions d'économie politique. Quelques-uns auraient voulu bien davantage ; il ne leur aurait fallu rien moins que l'annexion au programme de toutes les sciences morales et politiques. Ils réclamaient la morale civique, la jurisprudence, l'analyse de la constitution qui nous régit, la théorie des deux Chambres, la philosophie de l'art, de la nature et de l'histoire. C'est bien assez à notre avis, si ce n'est déjà trop, que l'économie politique qui va nuire à l'enseignement de la morale et peut-être au cours tout entier. Moins les professeurs de philosophie sauront l'économie politique et plus ils en parleront longuement.

Il eût mieux valu laisser plus de place et de temps à la psychologie et la morale. Il y aura là un mélange qui pourrait bien n'être favorable ni à l'une ni à l'autre des deux sciences.

On rencontre aussi dans le programme un certain nombre de questions nouvelles, ou de questions anciennes sous des formes nouvelles, telles que la classification et la philosophie des sciences, la psychologie comparée, l'expérimentation en psychologie, les rêves, le somnambulisme, la folie, le pessimisme. J'y trouve encore les données de la raison; mais j'y vois surtout les principes directeurs de la connaissance, ce qui semble donner gain de cause à l'école de Kant. Ces principes peuvent-ils s'expliquer par l'association des idées ou par l'hérédité? Ce sont des questions nouvelles qu'on a bien fait d'introduire dans le nouveau programme parce qu'elles sont vivement agitées dans la philosophie contemporaine. Ainsi en 1849 on y avait placé la question de la propriété.

Est-ce pour plaire à une certaine école psychologique, empirique ou associationiste, que le nom même de faculté ne se trouve plus dans le programme? A-t-on eu peur du reproche de faire de la mythologie et de multiplier les entités? Il nous semble que ce vieux mot, consacré par tant d'autorités, est encore excellent et qu'il peut d'ailleurs très bien s'adapter à divers systèmes, soit qu'on lui fasse désigner quelque attribut ou puissance de l'âme, soit même seulement des caractères communs de certains groupes de phénomènes psychologiques. Cette exclusion systématique aurait sans doute fort étonné notre grand psychologue Jouffroy, qui a intitulé deux des meilleurs morceaux de ses *Mélanges :* « une Théorie des facultés de l'âme » et « Méthode pour déterminer l'existence d'une faculté. » Dans l'excellent *Traité de philosophie élémentaire* récemment publié par M. Janet, un des membres du Conseil, je trouve aussi les vieilles facultés avec leur triple division en entendement, sentiment, volonté. Je crois que, malgré les auteurs du programme, le mot de faculté ne sortira pas plus de notre langue philosophique que de notre langue littéraire. Le moment d'ailleurs semble mal choisi pour le bannir, alors qu'elles reviennent plus que jamais en honneur dans la physiologie qui croit avoir définitivement localisé certaines facultés dans le cerveau.

Par la rhétorique et par la philosophie nous arrivons au baccalauréat. De toutes les anciennes institutions universitaires, aucune, en ce temps de réformes, ne semblait réservée à un pire destin. C'est contre le baccalauréat que s'était surtout exercée la verve de M. Ferry dans ses deux discours du grand concours, l'année dernière et cette année. On se rappelle les traits d'esprit, les railleries, les épigrammes courant les rues, qu'il a prodigués contre les bacheliers, sans prendre garde qu'il faisait en même temps le procès de leurs maîtres et de leurs examinateurs, c'est-à-dire de l'Université tout entière. Le manuel triomphant, l'aide-mémoire couronné, voilà comment il traitait irrévérencieusement ce diplôme acheté par bien des efforts et par bien des années d'études. Que n'a-t-il pas dit contre ces pauvres candidats qui ne savent, à l'en croire, ni le français ni même l'orthographe, contre les préparations hâtives et superficielles, contre les procédés, les recettes, les côtés mécaniques de l'examen, contre tous ces faux semblants dont les examinateurs auraient la sottise de se payer, et enfin, ce qui est plus grave, contre les industries diverses qui fournissent des diplômes à prix fixe? N'était-ce pas donner à entendre qu'elles ont quelque lien avec les facultés [1] ?

S'il est facile de critiquer le baccalauréat, il l'est moins de le remplacer par quelque autre combinaison et encore moins de s'en passer tout à fait. Parmi les divers projets qui ont été mis en avant, nous citerons celui de le convertir en un certificat d'études qui, après un examen plus ou moins sérieux, serait délivré aux élèves du lycée à leur sortie, par une commission formée de leurs professeurs, et sous le manteau de la cheminée. Il est probable que les insuccès seraient moins nombreux qu'aujourd'hui pour les lycéens. Je me souviens encore de ces commissions débonnaires de professeurs de lycée délivrant les diplômes sous la présidence du proviseur, aidé du censeur, avant la création des facultés. Il fallait jouer de malheur; il fallait être, non pas bien ignorant, mais bien mal noté, en fait de discipline et de conduite, pour éprouver quelque échec devant ce petit tribunal de famille. Non seulement aujourd'hui l'épreuve, dans ces mêmes conditions, ne serait pas sérieuse, mais quelle criante

---

[1] Voir le premier appendice: *Défense des bacheliers*.

injustice à l'égard des établissements libres, dont il faudrait tenir compte, à ce qu'il semble? Leurs professeurs auront-ils aussi cette faculté précieuse de délivrer de leur côté un certificat équivalent à leurs propres élèves, ou ceux-ci seront-ils obligés de venir le demander aux professeurs de l'établissement rival? Je ne crois pas que M. Ferry, l'ennemi des jurys mixtes, soit disposé à accorder aux établissements libres le droit de conférer, de leur seule autorité, à leurs propres élèves, cette sorte de baccalauréat, et je ne me persuade pas qu'on puisse, avec quelque équité, les renvoyer devant des professeurs rivaux et des juges suspects de dépendance et de partialité.

Aussi le baccalauréat, en dépit de tous les novateurs, reste-t-il à peu près ce qu'il était, confié aux mêmes mains, modifié plus ou moins en certaines parties, mais non pas assurément de façon à atténuer les inconvénients, s'ils étaient réels, signalés par M. Ferry.

Le baccalauréat ès lettres continuera, ce qui nous paraît un point essentiel pour la classe de philosophie et pour les sciences, comme pour les humanités, à être divisé en deux parties ou en deux actes, l'un après la rhétorique, l'autre après la philosophie. Il y a même ici une amélioration que nous notons avec plaisir; un candidat ajourné pour la première partie pouvait se représenter six mois, ou même trois mois après, au milieu de l'année de philosophie, qui n'était ainsi employée, pour la plus grande partie, qu'à refaire sa rhétorique. Aujourd'hui, l'élève de rhétorique ajourné une seconde fois au mois de novembre pour l'examen littéraire ne pourra plus se représenter qu'au mois d'août suivant.

Dans les compositions écrites de la première épreuve,

le discours latin, comme nous l'avons dit, disparaît pour faire place à une composition française sur l'histoire ou la littérature. Le Conseil nous semble s'être singulièrement trompé sur l'avantage de cette substitution. Indépendamment du tort fait à l'étude du latin, combien plus grande sera la part de la mémoire, des notes et des recettes de tout genre ! Combien seront facilitées ces préparations hâtives et superficielles dont il semblait qu'on eût la ferme volonté de se débarrasser ! Je plains les professeurs qui auront à corriger ces médiocres, longues et diffuses rédactions d'histoire ou analyses littéraires dont ils vont être accablés. Ceux-là, je n'en doute pas, vont bientôt regretter le discours latin.

Une composition scientifique, ajoutée à la dissertation de philosophie dans la seconde épreuve, nous paraît une louable innovation; de même en est-il de l'obligation d'expliquer dans le texte même, latin ou grec, les auteurs anciens du programme de philosophie, Platon, Cicéron ou Sénèque. Mais comment supporteront cette épreuve nouvelle des candidats qui seront nécessairement plus faibles en grec et en latin que leurs prédécesseurs ?

Dans l'épreuve littéraire, la liste des auteurs latins et grecs qui devront être préparés spécialement, le choix de celui sur lequel, au moment de l'examen, le candidat sera interrogé, voilà un des points les plus délicats et les plus sujets à changements, comme on le voit en parcourant la série des divers programmes du baccalauréat. Tantôt cette liste a été aussi étendue que celle des auteurs classiques eux-mêmes, de telle sorte que toute préparation spéciale fût impossible ; tantôt, au contraire, elle a été restreinte de façon à ce que les candidats dussent être astreints à une préparation spéciale ; tantôt ces auteurs sont tirés au sort, tantôt c'est le professeur lui-même qui choisit comme il lui plaît. Voici, aujourd'hui, une nouvelle méthode : ce n'est plus le sort, ce n'est plus le professeur, mais l'élève lui-même qui choisira. En effet, d'après le nouveau règlement, le candidat a le droit de présenter deux auteurs à son gré pour le grec et deux pour le latin, l'un en prose, l'autre en vers, correspondant à chacune des trois classes d'humanités. Il en sera donc quitte pour préparer à son choix six auteurs latins et six auteurs grecs. Il n'est pas à croire qu'il choisisse les plus longs et les plus difficiles.

On voulait, disait-on, pour mieux déconcerter les préparateurs, que le programme embrassât toute l'antiquité grecque et latine ; or voilà que, par ce détour, on revient à un programme d'auteurs plus restreint qu'il ne l'a jamais été. Pour aboutir à un pareil résultat, ce n'était vraiment pas la peine de traiter si mal l'ancien programme et les anciens bacheliers, ni d'annoncer à si grand fracas une réforme radicale qui mettrait un terme à tous les inconvénients et à tous les abus. Nous l'avons déjà dit, nulle réglementation ne peut les empêcher tous ; la valeur sérieuse de l'examen ne dépend ni des remaniements de programmes, ni des combinaisons les plus savantes de boules noires, rouges et blanches, mais du bon sens, encore plus que du savoir des examinateurs.

Aussi, disons-le encore, nous ne voyons pas sans peine la tendance actuelle des professeurs titulaires de faculté, à Paris et même en province, à se décharger de l'ennuyeuse besogne, comme on ne craint pas de le dire hautement, des examens du baccalauréat, surtout depuis la fâcheuse transformation du casuel en un supplément du traitement fixe. Les examens semblent ne plus être pour eux qu'une corvée qu'ils passent, autant que possible, à des maîtres de conférences. Nous n'avons rien à dire contre les maîtres de conférences, sinon qu'ils sont plus jeunes, moins expérimentés et moins indépendants que les professeurs titulaires. Il y a eu des abus, au moins dans la manière trop rapide dont se font des examens qui portent sur tant de matières diverses. La preuve en est dans un article du nouveau règlement qui exige, ce n'est pas trop, que chaque examen dure au moins trois quarts d'heure. La durée réglementaire était autrefois d'une heure, mais un certain nombre de facultés expéditives faisaient l'affaire en une demi-heure. Soyons juste, les changements apportés au programme du baccalauréat ne feront pas grand mal, s'ils ne font pas grand bien. Règle générale, ce qu'il y a de moins mauvais dans le nouveau programme, c'est ce qu'on y a conservé de l'ancien.

De plus grands changements sont annoncés pour la licence ès lettres, qui n'est pas encore réformée, mais dont le tour va bientôt venir, comme le fait prévoir une circulaire du 2 juillet, relative à la préparation des diverses licences dans les lycées et les collèges. Le ministre ne fait encore, il est vrai, que poser des questions et les soumettre à l'examen des conseils académiques, mais ces questions sont posées de telle sorte que, semblables à celles d'un catéchisme, elles appellent impérieusement la réponse en tel ou tel sens. Il s'agit, avant tout, de savoir si la licence littéraire gardera son unité, ou si elle sera divisée en autant de branches qu'il y a d'agrégations correspondantes. Ainsi il y aurait, et tout indique que c'est la pensée du ministre, outre la licence littéraire, une licence d'histoire et une licence de philosophie. La faculté de Paris, à une grande majorité, s'est prononcée contre cette division, en admettant toutefois qu'outre les épreuves réglementaires il puisse y avoir, comme dans les examens de l'instruction primaire, des matières facultatives, telles que l'histoire ou la philosophie, sur lesquelles des candidats, à leur demande, pourraient composer ou être interrogés, avec mention de la note obtenue dans leur diplôme. Ainsi se concilierait le maintien de l'unité de la licence ès lettres, avec la mention de connaissances et d'aptitudes particulières pour l'enseignement de la philosophie ou de l'histoire.

Il ne s'agirait pas, on le voit, de retrancher quoi que ce soit à l'examen tel qu'il est aujourd'hui, mais d'y ajouter quelque chose, à la demande de tel ou tel candidat. Comme le baccalauréat pour les écoles de droit, de médecine, des chartes, pour les carrières administratives, la licence est la porte commune pour tous les ordres d'agrégation de l'enseignement littéraire, la somme indispensable de connaissances classiques générales sur lesquelles toutes les connaissances spéciales approfondies doivent être en quelque sorte greffées. Avec la licence, même telle qu'elle est aujourd'hui, par suite de l'indulgence et de la faiblesse de quelques facultés de province, on rencontre dans les collèges communaux quelques professeurs qui, bien que licenciés, savent fort peu le grec et même le latin qu'ils enseignent. Avec la réforme projetée par M. Ferry, on verra des licenciés amateurs, des licenciés historiens ou philosophes qui en sauront moins encore, et qui, cependant, auront peut-être à faire expliquer en grec et en latin des textes de Platon ou de Sénèque dans une classe de philosophie.

Il fallait bien faire quelque chose ! Tel est l'argument naïf dont, faute de mieux, se servent quelques gens d'esprit pour défendre ce qui vient d'être fait et pour se justifier d'y avoir eux-mêmes plus ou moins donné les mains. C'est là une médiocre raison. D'abord, est-il bien certain qu'il fallût faire quelque chose, puis ce quelque chose devait-il être nécessairement fatal aux études classiques? On dirait vraiment que, jusqu'à M. Ferry, l'Université était restée immobile. On oublie que déjà, depuis plus de douze ou treize ans, par l'organisation de l'enseignement spécial, la part était amplement faite aux besoins de l'industrie et du commerce, de toutes les carrières non libérales, et de cette classe nombreuse qui ne peut ni se contenter de l'enseignement primaire, ni suivre jusqu'au bout les études classiques. Il y avait à fortifier cet enseignement nouveau, à lui donner des maîtres meilleurs, à réduire dans de justes limites des programmes trop ambitieux, qui jamais n'ont pu être appliqués. Partout où il était possible, et d'abord dans les grandes villes, il fallait le mettre, pour ainsi dire, dans ses meubles, et l'installer dans des établissements à part, où il aurait eu toute liberté pour se mouvoir et se développer. Je crois que, pour plus d'une raison, il n'est avantageux ni aux uns ni aux autres de cohabiter sous le même toit.

Mais l'enseignement spécial une fois bien établi et convenablement organisé, la part du feu, pour ainsi dire, était faite ; l'enseignement classique semblait n'avoir plus qu'à se développer librement, débarrassé d'un poids qui gênait sa marche et ses mouvements. Il n'y avait plus de raison pour en rompre l'unité, pour le couper, comme on vient de le faire, en trois tronçons, sous le prétexte de ménager, en quelque sorte, deux sorties, avec un lot de connaissances plus ou moins indépendantes de celles de l'étage supérieur, en faveur de ceux qui ne peuvent achever les études classiques. Les deux premières années de l'enseignement spécial n'étaient-elles pas précisément faites pour eux ? Par quoi donc en diffèrent la huitième et la septième, destituées aujourd'hui de l'étude du latin ? De même les troisième et quatrième années de l'enseignement spécial n'eussent-elles pas mieux valu, pour les élèves fourvoyés dans l'enseignement classique, qui ne doivent pas aller au delà de la quatrième ? Quel profit retireront-ils d'avoir appris l'histoire des Étrusques ou l'alphabet grec, plus quelques déclinaisons et conjugaisons ? On se moquait beaucoup, il y a une trentaine d'années, des épiciers qui voulaient que leurs enfants fissent seulement une bonne quatrième ou une bonne troisième, sans rien au delà. Il semble que ce soit pour eux que M. Ferry ait voulu faire ces trois coupures dans l'enseignement classique.

L'enseignement classique sauvegardé en quelque sorte et mis hors de cause, grâce à l'enseignement spécial, il ne s'agissait plus, pour répondre à tous les besoins, que de les améliorer l'un et l'autre, chacun de leur côté. Il n'y avait plus de prétexte à réduire, je ne dis pas de deux années, mais même de quelques heures, le temps donné à l'étude du latin et du grec, à l'étude des chefs-d'œuvre de l'antiquité, aux compositions qui apprennent aux élèves à penser et à écrire, et que je ne confonds pas avec des rédactions d'histoire ou même des analyses littéraires. Comment s'imaginer que tout sera compensé par une prétendue méthode plus expéditive, par le savoir et le zèle des professeurs, comme si, jusqu'à présent, ils en avaient manqué? Au lieu de réduire, il s'agissait d'augmenter la part du temps donné aux études moins importantes, purement accessoires, qui ont pris et qui vont prendre encore une place de plus en plus grande dans le lycée.

Le temps, si long en apparence, donné au grec et au latin était déjà bien court en réalité, à cause de la multiplicité et de la diversité des études que l'élève est obligé de mener de front. Il n'est pas besoin cependant d'être profondément initié aux mystères de la nouvelle pédagogie pour savoir qu'on ne peut tout apprendre à la fois, et que la capacité de l'esprit de l'enfant n'est pas sans quelques bornes. Avant tout, il ne fallait rien ajouter, pas même le vieux français, pas même la minéralogie ou la botanique, ou la géologie et la zoologie, ni les antiques institutions des premiers peuples, ni même enfin les Aryas, primitifs ou non. Non seulement il ne fallait rien ajouter, mais il importait d'avoir le courage d'élaguer et de faire d'indispensables sacrifices.

La règle à suivre dans ces retranchements était de s'en prendre à tout ce qui n'est pas vraiment utile, je veux dire utile d'une utilité universelle, à tout ce qui n'a place qu'au second rang dans la culture de l'esprit. En fait de devoirs écrits, par exemple, nous aurions supprimé les rédactions, qui prennent un si long temps sans nul profit pour l'esprit. Un cri universel s'élève justement de la part des familles et des élèves, de la part même de tous les professeurs, sauf le professeur d'histoire, contre l'abus des rédactions. Avec un manuel, un tableau chronologique, des sommaires imprimés, l'élève n'aurait pas besoin, pour conserver la trame du cours, de rédiger longuement toutes les leçons du professeur. Il lui suffirait de retenir ses explications, ses appréciations des hommes et des choses. De là la matière, non pas de rédactions, mais de compositions, de devoirs français sur l'histoire, où il devrait faire preuve d'autre chose que de mémoire et d'une habileté sténographique à recueillir des notes.

Nous ne nions pas qu'il y ait quelque utilité ou quelque agrément à savoir le dessin et même la musique, mais au lieu de les rendre universels et obligatoires[1], nous ne les laisserions subsister qu'à l'état de cours facultatifs, tels qu'ils étaient autrefois, pour ceux qui se destinent aux Écoles, ou pour ceux qui témoignent de quelque vocation particulière.

Le plus grand allégement que nous aurions voulu donner aux études classiques eût été au détriment des langues vivantes, auxquelles on vient de faire une place plus grande encore. Nous savons qu'ici nous nous heurtons à un préjugé très puissant, surtout depuis 1870. Nous ne nions pas, qu'on veuille bien le remarquer, l'utilité relative des langues vivantes, pas plus que celle du dessin, leur utilité pour quelques-uns, pour des littérateurs, des savants, des philosophes, des officiers d'état-major, des élèves des écoles militaires et de l'École normale, même pour des touristes et des commis voyageurs. Nous n'excluons nullement les langues vivantes du lycée, nous nous bornons à de-

[1] Le dessin vient d'être rendu obligatoire dans toutes les classes, non seulement pour les internes, mais pour les externes. Il ne s'agit plus que de trouver des locaux et des professeurs.

mander que cette étude, d'obligatoire et universelle qu'on l'a faite, redevienne facultative [1]. Les progrès seraient d'ailleurs plus sérieux avec des élèves de bonne volonté, distribués en deux ou trois cours, non pas selon leur classe, comme cela a lieu aujourd'hui, mais suivant leur force. En outre, le but principal devrait être la connaissance de la grammaire, l'explication des bons auteurs, plutôt que l'effort généralement stérile pour prononcer et retenir quelques phrases d'un manuel de conversation.

Comment, dans les classes de trente, de quarante élèves, ou même plus, former, redresser la prononciation et le gosier de chacun ? Comment habituer ce petit bataillon à prononcer, à converser, quelque habile que soit le maître, dans deux ou trois leçons d'une heure par semaine ? Il est vrai qu'elles sont fixées maintenant à quatre pour les classes élémentaires. A ce prix, c'est-à-dire au détriment de tout le reste, on peut bien obtenir quelques résultats. Mais, quand de nouvelles études viendront davantage partager le travail et distraire l'attention des élèves, quand, au lieu de quatre classes, il n'y en aura plus que deux, comme en quatrième, ces résultats, obtenus à grand'peine pendant les premières années, s'évanouissent comme de la fumée : *ceu fumus in auras*. Il n'en reste rien, ou à peu près rien, comme l'expérience l'apprend.

Admettons cependant, je le veux bien, qu'il en reste quelque chose, l'utilité en sera médiocre, les catégories exceptées que j'ai mises tout d'abord à part, pour les neuf dixièmes des autres élèves qui, de leur vie, ne passeront la Manche ou le Rhin, et qui n'ouvriront pas

---

[1] Voir l'appendice sur les langues vivantes.

un seul livre d'anglais ou d'allemand. S'il en est cependant quelques-uns qui, pour leurs plaisirs ou pour leurs affaires, doivent passer un jour la frontière, j'estime que c'est à eux de se donner la peine d'apprendre à parler et à entendre la langue dont ils auront besoin en pays étranger, comme de faire leurs provisions de voyage. D'ailleurs, qui peut prévoir, dès le lycée, dès les classes élémentaires, c'est-à-dire au moment où l'élève est obligé de faire un choix, quelle sera, entre toutes les langues vivantes, celle qu'il lui importera un jour de savoir? Tel a appris l'allemand, qui n'aura jamais occasion de se servir que de l'anglais, ou réciproquement. Tel autre, qui saura l'anglais et l'allemand, se trouvera peut-être fort dépourvu pour ne pas savoir quelques mots de russe, d'italien ou d'espagnol.

Quant aux sciences et à la philosophie, les traductions, de plus en plus nombreuses et bien faites, les bibliothèques internationales, ne diminuent-elles pas l'avantage de savoir la langue de nos voisins, au prix d'un temps qu'on peut mieux employer? Cet avantage deviendrait encore moindre, si les académies pouvaient favoriser plus généreusement, par des subventions et des souscriptions, les traductions de certains ouvrages, si l'Institut avait un comité de traduction et les fonds nécessaires, comme le demandait Talleyrand à l'Assemblée constituante, pour faire passer dans notre langue tous les ouvrages importants du dehors.

Indépendamment de ces raisons contre l'extension universelle donnée à l'enseignement des langues vivantes, j'en ajoute une autre qui me touche encore davantage, parce qu'elle est patriotique. Jadis, la langue française avait le privilège de pénétrer partout en Europe ; c'était la langue presque universelle des sciences, de la diplomatie et des affaires, la langue des cours comme des académies. Les étrangers apprenaient notre langue plutôt que nous la leur ; nous n'étions pas à leur école, ils étaient à la nôtre. Pourquoi travailler nous-mêmes à faire déchoir le français de ce haut rang ? Aujourd'hui, il semble qu'on cherche à intervertir les rôles à notre détriment, et à nous faire perdre l'avantage précieux d'employer à acquérir des idées le temps qu'ils passaient à apprendre le vocabulaire de notre langue. L'importation des langues étrangères chez nous, pour parler le langage de l'économie politique, était jusqu'ici moindre que l'exportation de la nôtre ; pourquoi vouloir faire pencher la balance d'un autre côté ? Si nous avons été vaincus en des jours de malheur, est-ce une raison de marquer nous-mêmes nos programmes d'études du signe de notre infériorité et de notre défaite, et de mettre forcément toute notre jeunesse à l'école des maîtres d'allemand, pour la plus grande gloire des vainqueurs, et pour travailler nous-mêmes à substituer leur prépondérance intellectuelle à la nôtre ? Éprouverions-nous donc aujourd'hui un besoin de communications plus intimes et plus fréquentes avec l'Allemagne, vaincus trop résignés, vaincus satisfaits et sans rancune, depuis le traité de Francfort ?

Pour la part à faire aux explications, pour la proportion entre les explications rapides et les explications plus approfondies, il suffisait de s'en rapporter au bon sens des professeurs, qui sont les meilleurs juges du régime auquel ils doivent mettre les élèves, selon leur zèle et leur degré d'avancement. Si quelques professeurs marchaient trop lentement, si d'autres allaient trop vite, des conseils suffisaient, par l'intermédiaire de l'inspection générale, qu'on n'a guère consultée en tout ceci, sans tout ce bruit, sans ces annonces pompeuses d'une grande illumination pédagogique et de procédés nouveaux qui doivent, dirait-on, renouveler en peu de temps l'esprit humain.

Tout n'est pas cependant absolument à blâmer dans les nouveaux programmes ; les examens de passage qui doivent, dit-on, être sérieux, les classes trop nombreuses qui doivent être, on nous le promet, divisées, seraient assurément des choses excellentes. Mais ces examens de passage, ces subdivisions des classes trop nombreuses sont déjà depuis longtemps prescrits dans les règlements antérieurs de l'Université ; ce ne sont pas les règlements qui ont fait défaut, ni même la bonne volonté, c'est la difficulté de les appliquer. Nous verrons si désormais les proviseurs auront la fermeté nécessaire pour empêcher de passer d'une classe dans l'autre les élèves mal notés aux examens de passage, au risque de faire du vide dans leurs lycées, ou de mécontenter des familles influentes, des députés, des conseillers municipaux, qui réclameront plus que jamais en faveur de leurs trop nombreux protégés.

Il est encore moins facile de dédoubler partout les classes de cinquante à soixante élèves ; la place manque dans tous les lycées de Paris[1], elle manque aussi dans la plupart de ceux de province, en attendant, ce qui sera long encore, malgré les millions accordés par la Chambre, qu'on les remplace par d'autres plus vastes, moins tristes et mieux situés. Voilà, disons-le encore,

---

[1] Le lycée Fontanes a loué des boutiques rue de Vienne pour y installer quelques classes dans de fort mauvaises conditions.

une des trop rares réformes à laquelle nous serons des premiers à applaudir.

Ce qui manquera encore bien davantage, ce sont les professeurs déjà en nombre insuffisant pour les chaires actuellement existantes. Il en faudra toute une légion nouvelle pour le dédoublement, si réellement on le fait, des classes de plus de 40 élèves dans l'enseignement littéraire, pour les nouvelles chaires d'histoire, de langues vivantes, de dessin, et surtout d'histoire naturelle[1]. Où trouvera-t-on, l'Université n'en a guère, l'École normale jusqu'à présent n'en forme pas, tous ces professeurs de zoologie, de botanique, de minéralogie, de géologie, de physiologie, qu'exige l'application des nouveaux programmes ? Dans combien de villes ne sera-t-on pas peut-être réduit à quelque fruit sec des écoles de médecine[2] ? Non seulement il faut beaucoup de professeurs nouveaux, mais les anciens devront se préparer en toute hâte à enseigner ce qu'ils n'ont jamais enseigné de leur vie, et même ce qu'ils n'ont jamais su. Les uns devront se mettre à apprendre le vieux français, les autres l'économie politique. Les programmes ont paru au mois d'août, ils auront eu deux mois, ce n'est pas trop, pour se préparer à tous ces nouveaux enseignements.

Nous entrons dans le bon sens, a dit M. Ferry à l'Université, dans son dernier discours du grand concours. Dire qu'on entre dans le bon sens, c'est dire

---

[1] Une circulaire du 15 septembre, adressée par le ministre aux recteurs, témoigne de l'embarras où l'on se trouve, à la veille même de la rentrée des classes, par le manque de tous ces nouveaux professeurs nécessités par les nouveaux programmes. N'avait-on donc rien prévu ?

[2] Les plaintes arrivent déjà sur la crudité et l'inconvenance de cet enseignement de la part de professeurs improvisés.

qu'on en était sorti, ou qu'on n'y avait jamais été, ce qui est la suprême des injures pour des hommes instruits et sérieux qui ont dans les mains le gouvernement de la jeunesse. Mais combien victorieusement l'Université, si elle était libre, ne pourrait-elle pas répliquer et montrer que ce n'est pas elle qui est hors du bon sens, si quelqu'un n'y est pas ! Prétendre qu'avec deux années retranchées, et avec des heures en moins pendant les années conservées, on apprendra, non pas seulement tout aussi bien, mais même mieux, le grec et le latin, est-ce donc du bon sens? Vous troublez les professeurs par des agitations électorales répétées et prolongées ; vous vous attachez à diminuer l'émulation parmi les élèves par l'amoindrissement de tous les concours grands et petits, en attendant leur complète suppression au nom de l'égalité, et vous croyez que les uns et les autres feront beaucoup plus qu'ils ne faisaient autrefois ! Est-ce donc là du bon sens ?

Encore une fois, quelle méthode inconnue jusqu'à présent opérera ce prodige? Nous avons passé en revue tous les lieux communs ou les inanités de votre pédagogie progressive sans parvenir à la découvrir. Est-il plus raisonnable d'imaginer que les bacheliers futurs seront des puits de science, ou même qu'ils ne commettront plus une seule faute d'orthographe, parce qu'on aura diminué les devoirs écrits, ou substitué des lexiques aux dictionnaires, parce qu'on aura traité la grammaire de haut en bas? Mettre dans des programmes d'histoire pour des enfants, non seulement les constitutions et les institutions primitives de Rome et d'Athènes, mais les lois de Manou avec les hiéroglyphes de Champollion, est-ce donc encore faire preuve de beaucoup de sens ? Est-ce là même du sens commun ? L'histoire et la géographie accablaient déjà, par la multitude des détails, la mémoire des élèves, que sera-ce donc de tous vos programmes d'histoire naturelle ?

Agrandissez les anciens lycées, bâtissez-en de nouveaux, mettez-en partout : à Guéret, à Gap, à Foix, à Roanne, à Vienne, dans toutes les préfectures et sous-préfectures de France ; joignez-y des cabinets d'histoire naturelle à l'image de celui du Jardin des plantes ; avec des millions tout cela est possible ; mais il reste à savoir comment vous les remplirez. Ce ne sont pas seulement les professeurs, mais les élèves qui vont vous manquer. Il ne suffira pas longtemps, en effet, des boursiers multipliés ou des enfants de fonctionnaires intimidés pour avoir des élèves en nombre suffisant. Déjà il y a des places vides dans plus d'un lycée des départements. Quelles n'étaient pas les lamentations de certains proviseurs sur une concurrence contre laquelle ils se déclaraient eux-mêmes impuissants à lutter ! Il est vrai que, peu confiants dans la supériorité de vos méthodes nouvelles et des merveilles qu'elles doivent, dites-vous, enfanter, vous avez voulu vous débarrasser par la persécution, et non pas en cherchant à faire mieux, de cette concurrence gênante. Mais ces milliers d'élèves auxquels vous avez enlevé leurs maîtres préférés, s'ils ne les suivent pas dans l'exil, iront à d'autres, et non pas à vous ; vous n'y gagnerez rien. Avec votre superbe des idées religieuses, vos christs abattus, avec votre peu de souci des convenances morales dans le choix de certains livres, et malgré tout le charlatanisme de votre pédagogie progressive, non seulement vous n'attirerez à vous aucune famille, mais vous risquez fort de perdre une partie des enfants qui formaient votre meilleure clientèle, ceux des familles qui aimaient le mieux l'ancienne Université avec ses traditions, sa discipline et son enseignement, et qui déjà ne la reconnaissent plus dans cette œuvre informe du ministre et de la majorité de son Conseil.

Jamais la règle de la compétence n'avait été proclamée plus haut, on se le rappelle sans doute, qu'à propos de la composition du nouveau conseil ; les évêques, les magistrats, les conseillers d'État et même les membres de l'Institut, sans l'opposition du Sénat, avaient été impitoyablement sacrifiés à ce grand principe. Qu'est-il arrivé cependant dans les votes les plus disputés du Conseil et les plus fatals aux études classiques? Les membres de l'instruction primaire, les professeurs de l'enseignement spécial, les professeurs de langues vivantes, les directeurs d'écoles de pharmacie ou d'agriculture, joints à quelques professeurs de science, voilà ceux qui ont fait, contre le latin et le grec, l'appoint de la majorité. N'auraient-ils pas dû la plupart s'abstenir comme incompétents dans des questions qui leur sont peut-être tout aussi étrangères que celles de la guerre ou de la marine ? Il nous est donc bien permis, sans nulle autre raison, de n'avoir pas plus de respect pour l'autorité du Conseil en pareille matière que pour celle de M. Ferry lui-même. Le résultat, nous l'avons fait assez voir, sera un affaiblissement certain des hautes et fortes études, un abaissement dans le degré moyen de la culture intellectuelle de la jeunesse de notre pays.

Il fallait bien faire quelque chose ! Désorganisation, abaissement, il fallait bien, à ce qu'il paraît, qu'il en fût ici comme partout ailleurs ! La leçon ne tardera pas, d'ailleurs, à venir pour tous ces réformateurs, ou naïfs, ou présomptueux et téméraires; ce sera même, pour parler leur langage pédagogique, la meilleure de toutes les leçons : ce sera une *leçon de choses*, à savoir, le vide plus ou moins grand qui va se faire, nous le craignons, dans plus d'un établissement de l'État.

Il est vrai qu'il leur reste une dernière ressource pour assurer leur triomphe en dépit de tout, en dépit surtout du droit et de la liberté: c'est le certificat d'études, le lycée, obligatoire pour tous, comme l'école.

Tel est, en résumé, le mal qui a été fait aux institutions, aux études et aux personnes pendant les deux années d'un ministère qui dure encore. Espérons que la désorganisation n'ira pas plus loin; espérons même qu'un jour viendra où tout sera réparé.

PREMIER APPENDICE

DÉFENSE DES BACHELIERS CONTRE M. FERRY [1].

M. Ferry, qui dans tous ses discours a si fort maltraité l'Université, a été tout particulièrement dur contre le baccalauréat et contre les bacheliers. Il ne s'est fait faute d'aucune des vieilles plaisanteries dont ils sont l'objet; il a cherché à faire de l'esprit à leurs dépens en pleine Sorbonne, sans s'apercevoir, à ce qu'il semble, que se moquer d'eux c'est se moquer des maîtres qui les instruisent et des examinateurs qui les reçoivent, c'est-à-dire se moquer de l'Université tout entière.

Qui, en effet, les a formés, au moins pour la plus grande part, si ce n'est l'Université elle-même ? Qui a fait les programmes, si ce n'est les Conseils et les chefs de l'Université ? Enfin, qui les examine, qui les reçoit ou les ajourne, sinon les professeurs de toutes nos facultés des sciences et des lettres, de Paris et des départements, c'est-à-dire encore l'Université elle-même ? Accusera-t-on ici les juges d'incompétence ou de partialité ? Pour les bacheliers, il n'y a pas de jurys mixtes, mais seulement des jurys d'État sans aucun alliage. Si les candidats sont divers d'origine, pour les uns et les autres, les juges sont les mêmes.

Je crois que, pour l'honneur de tous, il est bon de ne pas laisser sans réponse toutes ces plaisanteries, plus ou moins spirituelles, contre le léger et le vain savoir des jeunes gens que nos Facultés jugent dignes du diplôme de bachelier. Il y va, en effet, de l'honneur de l'Université. Tant vaut l'arbre, tant valent les fruits; si les fruits, c'est-à-dire les bacheliers, valent si peu qu'on le dit,

---

[1] Voir le *Moniteur universel* du 8 août 1879.

l'arbre assurément ne vaut pas grand'chose. Qu'est-ce donc qu'un bachelier? Que vaut un bachelier? J'entreprends, ce qui, aux yeux de quelques esprits prévenus, pourra paraître un gros paradoxe, l'apologie, non pas seulement du bachelier d'élite, dont il est difficile de contester le mérite et le savoir, mais de la foule et de la moyenne des bacheliers. Ce ne sont pas seulement les bacheliers à boules blanches, pour parler le langage technique, mais les bacheliers à boules rouges que je veux défendre contre le ministre qui les tourne en ridicule.

Je n'en parlerai pas, du moins, sans une certaine expérience; je les ai vus de près et longtemps, ayant été un de leurs juges pendant vingt-cinq ou trente ans de ma vie universitaire. Comme je n'ai jamais été, je crois, accusé de trop d'indulgence quand j'avais à prononcer sur eux, je dois être d'autant moins suspect de partialité si je leur rends la justice qui leur est due et si je prends leur défense contre ceux qui en parlent sans les connaître.

D'abord mettons bien à sa vraie place, ni trop haut ni trop bas, ce grade du baccalauréat. Ce n'est pas la licence, et encore bien moins l'agrégation; il s'agit de jeunes gens qui n'ont en moyenne que dix-sept ans, et d'un grade le plus modeste de tous, qui par lui-même ne confère aucun droit, si ce n'est d'étudier encore, de se livrer à des études spéciales, au droit, à la médecine, de concourir pour les écoles du gouvernement. Tel ou tel élève a fait passablement ses études classiques, voilà ce que le diplôme signifie, rien de plus, rien de moins. Que le baccalauréat soit attaqué, nous le comprenons, par ceux qui ne veulent d'aucun grade, ou par certains journaux qui interviennent avec tant de légèreté dans les affaires, dans les études et la discipline de l'Université; mais nous ne comprenons pas, même au temps où nous sommes, qu'un ministre de l'instruction publique tienne un pareil langage, en public, devant tous les représentants de l'État, devant l'Université tout entière et dans la Sorbonne.

Tâchons d'être plus équitables que lui. Il nous a toujours semblé, quoi qu'on dise, que le candidat qui réussit à cet examen final n'a pas trop mal employé ses sept ou huit années d'études classiques, et qu'il n'a pas perdu, quoique plus ou moins paresseux, autant de temps qu'on veut bien le dire. Il est entré au lycée en 8ᵉ ou 9ᵉ, ne sachant rien, à peine lire et écrire; voyez comme il en sort; volontiers je le comparerais à celui qui, entré presque nu dans quelque vaste magasin d'habillements, en sort complètement vêtu des pieds à la tête, si la métamorphose se faisait avec la même rapidité. Mais nous n'en sommes pas encore là ; cela viendra peut-être quand M. Ferry aura bien voulu communiquer au corps enseignant ses méthodes expéditives dont, à ce qu'il paraît, il a le secret. A défaut de cette baguette magique qui doit si promptement opérer de si grandes merveilles, la mémoire du jeune écolier se remplit, son esprit, son jugement, son goût se forment, d'année en année, par une lente, mais habile et sûre progression. Sorti du lycée, malgré son parchemin signé du ministre, il convient qu'il soit modeste et réservé, comme il sied à un jeune homme; mais nulle part, même dans la société et la conversation de ceux qui en savent plus que lui, il n'aura à rougir et ne sera déplacé. Grâce à cette instruction générale, à cette instruction classique, qui est le fondement même du baccalauréat, il a acquis une culture d'esprit qui, sauf de rares exceptions, l'élèvera toujours au-dessus de celui qui n'a pas fait les mêmes études et qui n'a pas débuté par le même grade. Dès à présent, il est en possession d'une certaine quantité de connaissances variées, grammaticales, littéraires, historiques, scientifiques et même philosophiques, qui dans leur ensemble ne sont nullement à dédaigner, quoiqu'il n'ait pu encore en approfondir aucune en particulier.

Je ne prétends pas en effet que toutes ses connaissances aient autant de profondeur que de superficie; je ne veux pas dire assurément que ces bacheliers à boules rouges soient des philologues, des littérateurs, des historiens, des mathématiciens, des philosophes de première force. J'avoue qu'ils peuvent bien encore laisser échapper quelques barbarismes et plus d'un solécisme ; je reconnais qu'ils ne sont pas capables d'expliquer à livre ouvert un texte difficile en latin ou même un texte facile en grec. Renoncez même tout à fait, jusqu'à ce que viennent des temps meilleurs, annoncés par M. Ferry, à leur demander de rétablir un texte altéré ou de déchiffrer une inscription. Mais, en attendant qu'ils en soient là, ils pourront expliquer quelque beau passage de Virgile et d'Homère, et même en sentir la beauté, ce que j'estime plus que bien des subtilités philologiques et archéologiques qui sont aujourd'hui si fort à la mode.

Si vous leur demandez certains faits, certaines dates de l'histoire ancienne de l'Orient, ou même du moyen âge, ils courent risque de s'embrouiller ou de rester muets; mais ils ne sont étrangers ni aux grands faits, ni aux grandes époques, ni aux grands hommes de

Rome, d'Athènes, des temps modernes et surtout de la France. La géographie est tellement devenue à la mode qu'ils en ont prudemment fait une certaine provision. Toutefois, que de reliefs du sol, que de sinuosités de rivières, que de stations de chemins de fer ils ignorent encore et combien surtout ils en oublieront, sans en être plus tard embarrassés pour trouver leur chemin à travers la France ou même l'Europe ! Il y a sans doute bien des lacunes et des faiblesses dans leurs connaissances philosophiques ; cependant ils savent déjà quelque chose des facultés fondamentales de l'homme et des plus grands systèmes de l'histoire de la philosophie. Platon, Aristote, Descartes, ne leur sont pas plus inconnus qu'Alexandre, César ou Napoléon.

Il en est plus d'un, j'en ai peur, parmi eux, qui, malgré bien des leçons, n'aura pas fait de grands progrès en anglais ou en allemand et qui n'aurait pas moins de peine à traduire Goëthe ou Shakespeare qu'à se faire entendre à l'étranger. Je ne saurais m'en émouvoir outre mesure, pourvu qu'ils sachent bien le français. Je n'oserai cependant pas même affirmer qu'il ne leur échappera jamais quelqu'une de ces fautes d'orthographe que M. Ferry leur a si durement reprochées, s'en prenant à l'Université elle-même et à « ses méthodes surannées », plutôt qu'à leur étourderie. C'est ici le cas de dire : que celui qui est sans nul péché de ce genre leur jette la première pierre ! Il est néanmoins certain qu'en général ils parlent et écrivent correctement leur langue, beaucoup mieux que ceux qui l'ont étudiée toute seule, sans le latin, beaucoup mieux qu'un bon élève de 4ᵉ ou 5ᵉ année de l'enseignement spécial ou même de l'École de Cluny.

Si notre bachelier ne sait pas, il s'en faut bien, toutes choses à fond, pas même celles qu'il a le mieux apprises, ce n'est pas non plus un ignorant ou un simple perroquet récitant par cœur, à un moment donné, une leçon apprise à la hâte et dont il ne doit rien lui rester. Il semble cependant, disons-le en passant, que la hâte ne devrait pas tant déplaire à M. Ferry. Puisqu'il est si grand partisan des méthodes expéditives, il aurait dû traiter avec plus d'indulgence les manuels, les abrégés, dont se servent en effet bon nombre de candidats au baccalauréat. Dans les examens, si consciencieusement faits par les professeurs de facultés, il lui plaît de ne voir avant tout que le triomphe du manuel, que « le manuel couronné ». Je le trouve vraiment bien sévère pour ces manuels comme pour les bacheliers eux-mêmes. Les manuels ne datent pas d'aujourd'hui, e₁ je crois qu'on n'arrivera pas à les supprimer de sitôt, surtout toutes les fois qu'il s'agira d'un examen qui comprend beaucoup de choses et où la mémoire doit jouer un certain rôle. Remarquons d'ailleurs que le manuel est de nul usage pour la partie la plus considérable de l'examen, c'est-à-dire pour les épreuves écrites et pour l'explication orale des auteurs grecs et latins.

Le candidat est tenu de faire une version et un discours latin, d'expliquer une page choisie par l'examinateur dans un certain nombre d'auteurs grecs et latins ; le manuel n'y peut rien. Il n'y a qu'une manière de s'en tirer, c'est d'avoir sérieusement appris ce qu'il faut savoir. Quant à l'histoire et à tout ce qui est de l'ordre historique, comment blâmer raisonnablement l'usage d'un abrégé, surtout s'il est bien fait, comme il y en a, et s'il rappelle bien la suite des faits et l'enseignement du professeur? Ce n'est pas peu de chose que de bien apprendre tout ce qu'il y a dans ces manuels dont on parle si dédaigneusement. Je voudrais bien pour ma part en posséder un tout entier dans mon cerveau ; je serais moins ignorant sur un bon nombre de points. Ici encore, en se raillant des manuels, le ministre, sans doute à son insu, se raille des examinateurs qui seraient sottement les dupes de réponses superficielles, écourtées, insuffisantes.

M. Ferry se flatte de faire disparaître tous les inconvénients, d'ôter prise à toutes les critiques, en réformant à son tour les programmes du baccalauréat. Combien de fois, depuis 1808, époque où il a été institué, ces programmes n'ont-ils pas été modifiés et remaniés ! Que de choses abolies, puis rétablies, séparées, puis réunies ! que de combinaisons variées de boules blanches, noires ou rouges, pour mieux assurer que nul ne sera reçu s'il n'est digne ! Tantôt on se défie des examinateurs, et alors les questions se tirent au sort; tantôt on se défie du sort et le juge a le droit d'interroger comme il lui plaît ; tantôt il n'y a pas d'épreuves écrites ou elles ne sont presque rien, tantôt elles sont presque tout ; tantôt le programme s'allonge, tantôt il se réduit ; tantôt il ne comprend que quelques auteurs grecs ou latins, tantôt il les comprend tous ; tantôt tel auteur français y figure, tantôt un autre a pris sa place, suivant le goût du jour. Jusqu'à ces dernières années on n'avait vu que des bacheliers complets, il y a maintenant des demi-bacheliers, par suite de la division fort sage, d'ailleurs, suivant nous, de l'examen en deux parties, l'une après la rhétorique, l'autre après la philosophie.

M. Ferry paraît donc jaloux d'ajouter une page à l'histoire de ces changements qui tous n'ont pas été heureux ni bien motivés. Quoi qu'il fasse, je lui prédis qu'il ne réussira pas à contenter tout le monde. Qu'il remette dans les épreuves écrites, ce qui d'ailleurs n'a rien de déraisonnable, le discours français à la place du discours latin ; que, parmi les auteurs français, il fasse reparaître Pascal et ses *Provinciales*, pour faire pièce aux jésuites ; que même, pour complaire encore davantage aux esprits forts de son parti, il substitue Diderot à Fénelon, et les discours de Mirabeau, ou mieux encore ceux de Robespierre, à Bossuet et aux *Oraisons funèbres*. Il y aura toujours des gens mécontents et disposés à la critique. D'ailleurs il y a des ennemis des grades quels qu'ils soient, quels que soient les programmes, quel que soit le mode de l'examen. Suivant eux les grades ne prouvent rien. Il y a quelque chose, à notre avis, qui prouve bien moins encore, c'est de n'en pas avoir, ce qui, d'ailleurs, est beaucoup plus facile.

A travers ces changements de règlements et de programmes, toutes choses compensées, et l'effort de la préparation se portant plus ou moins d'un côté ou d'un autre, suivant les exigences du jour, la valeur moyenne des bacheliers, depuis un certain nombre d'années, n'a guère varié. Je veux bien que les commissions d'examen n'aient pas toujours fait preuve de beaucoup de sévérité ; néanmoins, ce n'est pas sans une certaine culture intellectuelle qui a son prix, et, je le répète, sans une somme fort estimable de connaissances, ce n'est pas sans bien des efforts et des veilles, surtout s'il s'y est pris un peu tard, qu'un écolier réussit à mettre dans sa poche un diplôme de bachelier. Il faut, d'ailleurs, considérer non pas seulement ce qu'il a acquis, mais ce qu'il est devenu apte à acquérir par le développement de toutes ses facultés, grâce à l'instruction variée qu'il a reçue dans les lettres et dans les sciences. Il a désormais des ouvertures de toutes choses, et déjà, en fait d'instruction, il est ce qu'on appelait l'honnête homme au dix-septième siècle. Il possède, en effet, les connaissances générales indispensables à tout homme bien élevé, quelle que soit sa spécialité, avocat, médecin, ingénieur, militaire ou même industriel d'un certain ordre. Qu'il choisisse maintenant sa voie, il est à même de réussir partout s'il en a la ferme volonté.

Je ne sais ce qu'il adviendra du baccalauréat et des bacheliers avec les réformes que M. Ferry veut leur faire subir ; mais tels qu'ils sont aujourd'hui, ils méritaient assurément plus d'égards de la part d'un ministre de l'instruction publique. Les Facultés ne reçoivent pas les candidats les yeux fermés ; nos bacheliers, s'ils ne sont pas des savants, ne sont pas non plus des sots et des ignorants à renvoyer à l'école primaire. Malgré la grande envie que nous avons de nous tourner nous-mêmes en ridicule, je crois que, toutes choses bien considérées, ils peuvent, sans trop de désavantage, soutenir la comparaison avec les étudiants et les gradés d'ordre équivalent des gymnases de toutes les universités de l'Europe.

DEUXIÈME APPENDICE

CONTRE L'ENSEIGNEMENT UNIVERSEL ET OBLIGATOIRE DES LANGUES VIVANTES [1].

Parmi cette quantité de choses diverses enseignées aujourd'hui simultanément au lycée, non pas seulement dans les classes les plus élevées, mais dans celles des commençants, il est manifeste que quelques coupures sont à faire, si l'on ne veut accabler les élèves sous leur poids toujours plus lourd et sous leur nombre toujours croissant. Dans ce grand arbre trop touffu, quelles branches faut-il élaguer? Ce n'est pas au hasard qu'il faut y mettre la cognée, mais d'après une règle, déjà indiquée, qui est de faire passer ce qui forme l'esprit, le jugement, le goût, avant ce qui ne fait que charger la mémoire, et de s'attacher à ce qui est d'une utilité vraiment universelle, plutôt que d'une utilité particulière et d'occasion.

Or entre toutes les études accessoires qui surchargent aujourd'hui l'enseignement classique, ce sont les langues vivantes qui tiennent aujourd'hui la plus grande place.

Nous savons bien que nous nous attaquons à forte partie, que l'engouement est grand en faveur de l'utilité prétendue et de l'importance pour tous des langues vivantes; nous n'en dirons pas moins librement notre pensée, au risque de passer pour un esprit chagrin et rétrograde attaché à ces vieilles méthodes auxquelles M. Ferry a déclaré la guerre.

Sans doute, à prendre les choses d'un peu haut, pour les communications de toute sorte entre les hommes de tous les pays, et pour ne pas perdre à apprendre des mots un temps mieux employé

[1] Voir le *Moniteur universel* du 11 octobre 1879.

à acquérir des connaissances directement utiles par elles-mêmes, il eût mieux valu qu'il y eût une seule langue dans le monde entier. Il est permis de regretter le temps où les hommes, avant la tour de Babel, parlaient, d'après la Bible, une langue unique : *Erat autem terra labii unius et eorumdem sermonum.* Mais ce temps est loin et, malgré tous les progrès de la civilisation, le jour ne reviendra peut-être jamais d'une langue choisie, *labium electum*, comme dit encore la Bible, pour remplacer toutes les autres.

Dans un temps moins éloigné, il y eut autant de langues diverses que de nations sur le globe, mais du moins y avait-il une langue universelle, le latin, à l'usage, sinon des voyageurs et des commerçants, au moins à l'usage des doctes, une langue universelle de la science et même de la diplomatie et de la politique. Tous les livres, tous les mémoires, toutes les correspondances entre savants, philosophes, publicistes, diplomates, s'écrivaient en latin d'un bout de l'Europe à l'autre. Mais, à partir du dix-septième siècle, de Descartes et du *Discours de la méthode* en France, le latin perd de plus en plus cette universalité au profit des langues vulgaires qui deviennent aussi des langues scientifiques et littéraires. Que la langue parlée par les savants fût la même que la langue de tout le monde, que la porte des sciences fût en quelque sorte ouverte à tous, c'était sans doute un avantage pour la diffusion des lumières entre gens de même langue et du même pays, mais non pas, il faut en convenir, pour la facilité des communications scientifiques et littéraires entre les savants de différentes contrées de l'Europe. Désormais, pour se tenir au courant de ce qui concerne les sciences, la philosophie, des nouvelles de la république des lettres, de la politique en Europe, on était condamné à être polyglotte; il ne suffit plus du latin tout seul, il aurait fallu le français, l'anglais, l'allemand, le russe, le suédois, l'italien, l'espagnol. On eût risqué de passer sa vie à n'apprendre que des langues, et de mourir avant de savoir ce que les savants et les sages avaient écrit et pensé dans toutes ces langues.

Heureusement, parmi toutes ces langues, il en était une, le français, qui avait acquis une certaine prédominance, grâce à laquelle on pouvait encore trouver à qui parler et avec qui s'entendre d'un bout de l'Europe à l'autre. Le français devait cette sorte d'universalité à ses qualités intrinsèques de clarté et de précision, à sa littérature, et surtout au grand rôle de la France dans les affaires de l'Europe et du monde entier. Il semblait appelé, au moins jusqu'à ces derniers temps, à succéder en partie à l'universalité de la langue latine. C'était la langue de prédilection de la diplomatie et de certaines cours, la langue enseignée dans presque toutes les écoles de tous les pays, la langue parlée par tous les hommes comme il faut, dans toute l'Europe, depuis Saint-Pétersbourg jusqu'à Madrid ; c'était en quelque sorte le *labium electum* de l'Écriture. Combien de fois, surtout dans ces derniers temps, ne nous a-t-on pas allégué l'exemple des Allemands, qui tous, nous disait-on, savaient ou apprenaient le français, afin de nous décider à faire la même chose chez nous pour la langue allemande, comme si c'était un infaillible moyen de reconquérir tout l'ascendant perdu ! Ce qu'il y a de certain, c'est que la langue française était, il n'y a pas longtemps, si elle ne l'est pas encore, la plus répandue, en dehors de ses frontières naturelles, parmi les savants et parmi les gens du monde. C'est encore le français qu'on a parlé au congrès médical d'Amsterdam de 1879. Le français, dit le docteur Richet, a toujours été la langue officielle de ces congrès [1].

Cette prédominance de notre langue sur celle des autres peuples de l'Europe était la marque de notre influence intellectuelle, en même temps que le grand instrument de la propagande et de la domination des idées françaises. Pendant que les étrangers, pour nous comprendre, apprenaient notre dictionnaire, nous avions de notre côté l'avantage d'un temps mieux employé à nous mettre dans l'esprit, non pas des langues, qui ne sont que des instruments, non pas des dictionnaires et des mots, mais ce qui a plus de valeur en soi, des choses et des idées. Supposez deux coureurs dont l'un, pour arriver à un but placé à mille pas, aurait sur l'autre l'avance de deux ou trois cents pas. C'est une avance semblable que nous avions sur les peuples rivaux de l'Europe pour atteindre plus rapidement, pendant qu'ils apprenaient notre langue à l'école ou au gymnase, le but commun de tous ceux qui pensent, à savoir le perfectionnement de l'esprit, l'avancement dans l'acquisition de toutes les connaissances utiles, dans les sciences, les lettres et les arts.

Cet avantage, de si grande conséquence au point de vue de l'ancienne supériorité de l'esprit français, il ne faudrait pas travailler nous-mêmes, de gaieté de cœur, à le perdre au profit d'aucune autre nation, au détriment de l'acquisition de connaissances

---

[1] Congrès médical d'Amsterdam, *Revue des Deux-Mondes* du 1ᵉʳ novembre.

plus importantes. Or n'est-ce pas là ce que nous faisons quand nous introduisons les langues étrangères dans le système général des études de la jeunesse française, au même titre et sur le même pied que le latin, le grec et le français, que notre langue elle-même, que notre propre littérature, que les mathématiques ou la physique? De la sorte, autant qu'il est en nous, nous nous efforçons maladroitement de dispenser à l'avenir les étrangers anglais ou allemands qui ont affaire chez nous, ou qui sont désireux de savoir ce que nous pensons, de prendre des leçons de français, de l'enseigner dans leurs écoles et leurs gymnases. Est-ce donc de la sagesse de notre part et une bonne politique ? Nous n'hésitons pas à regarder comme un dommage pour notre influence que le nombre des étrangers parlant le français diminue, tandis qu'augmente le nombre de nos compatriotes parlant, tant bien que mal, l'anglais ou l'allemand, au préjudice d'une foule d'autres connaissances dont ils auraient pu plus avantageusement se meubler l'esprit. Sommes-nous donc des Hollandais ou des Danois, réduits par le peu d'extension de leur langue et de leur territoire à ne pouvoir faire deux pas hors de leur maison sans se heurter à quelque idiome étranger?

Voici une petite anecdote qui, déjà depuis longtemps, m'a donné à réfléchir sur la duperie de cette polyglottomanie, ou teutomanie, qui semble de plus en plus nous envahir. Allant un jour en Italie par la Suisse, je me suis arrêté à l'extrémité du Valais, à Brieg, au pied du Simplon. Il y a ceci de curieux dans cette petite ville qu'elle est située au confluent, pour ainsi dire, de trois langues, le français, l'allemand et l'italien, qui chacun en ce même point viennent aboutir et se rencontrer. Quelle est de ces trois langues, au contact les unes des autres, celle qui avance ou qui recule, celle qui gagne ou celle qui perd du terrain ? Telle est la question que j'adressai au maître de poste, le personnage le plus important de l'endroit. Il me répondit sans hésiter que le français seul faisait des progrès, aux dépens de l'italien et de l'allemand, par la raison bien simple que les Français n'apprennent pas la langue des autres. Cette réponse m'a paru bonne à méditer, quoiqu'il ne faille pas cependant en pousser les conséquences à l'excès.

Ainsi, nous n'en tirons pas la conclusion extrême que, pour mieux assurer les plus grands progrès de la langue française en Europe, il faille bannir de chez nous l'étude des langues vivantes pour mieux contraindre les étrangers à apprendre le français. Qu'on ne nous soupçonne pas de vouloir renvoyer à la frontière, couronnés ou non couronnés de fleurs, tous nos maîtres de langues étrangères, avec mission d'enseigner notre langue à nos voisins au lieu de nous apprendre la leur. Notre avis n'est nullement de les exiler ou de les supprimer ; il s'agit uniquement d'examiner dans quelles limites il convient de renfermer l'enseignement des langues étrangères.

Que l'étude de l'anglais ou de l'allemand soit universelle et obligatoire dans nos lycées, qu'elle soit imposée également à tous, petits ou grands, à partir de la 8e elle-même jusqu'à la philosophie ou au baccalauréat, qu'elle marche l'égale du français, du latin ou même des mathématiques, voilà ce qui nous semble excessif.

Non seulement nous blâmons l'extension de cet enseignement, mais nous blâmons encore la façon dont il est donné et le but immédiat qu'on oblige les professeurs à poursuivre. Ils ne doivent plus, en effet, enseigner avant tout la grammaire et faire expliquer des textes de bons auteurs, mais ils doivent apprendre à parler, et faire des élèves capables de se servir immédiatement des langues étrangères pour tous les usages de la vie pratique. Ce que nous demandons, c'est que l'étude des langues vivantes redevienne accessoire et facultative, comme il y a dix ou quinze ans. Quant au mode même de l'enseignement, nous pensons que, dans un lycée, à la différence d'une école de commerce, on doit se préoccuper du côté grammatical et littéraire, bien plutôt que d'un résultat immédiatement pratique.

Nous ne nions pas que les langues étrangères, de même que le dessin et la musique, n'aient leur utilité, et que ce soit un avantage, en bien des cas, de les savoir comprendre, écrire et parler. Mais il ne faut pas acheter trop cher cet avantage, et le temps qu'on leur donne ne doit pas être pris sur des études de plus générale, de plus grande, de plus haute utilité. Encore une fois, il n'y a pas temps pour tout apprendre au lycée ; il faut savoir opter. Il est certain qu'on ne peut pas supprimer des cours d'allemand et d'anglais pour certaines catégories d'élèves, pour ceux qui se destinent aux écoles de l'État, aux écoles militaires, même à l'École normale, pour ceux dont les familles ont des relations particulières avec l'étranger, pour ceux qui, avant d'entrer au lycée, en ont reçu déjà une première teinture ou qui ont quelque facilité et aptitude spéciale. Ces leçons seront même d'autant plus profitables qu'elles seront faites pour des élèves choisis et de bonne volonté. Quant à apprendre à parler et à converser, il faut y renoncer entièrement ou à peu près. C'est une entreprise vraiment chimérique dans des classes de trente ou quarante élèves, même en augmentant encore le nombre des leçons. Hors de là, et si on veut faire plus, il y a temps perdu, il y a excès, empiètements sur les vraies études classiques, sur les études grammaticales, littéraires, scientifiques.

Examinons d'ailleurs un peu de plus près ce grand argument de l'utilité qu'on ne cesse d'invoquer pour imposer à tous sans distinction ce nouvel enseignement et lui donner une direction immédiatement pratique. Il se peut sans doute qu'après le lycée, et en dehors même des diverses catégories que nous venons d'indiquer, quelques-uns se trouvent avoir besoin d'une langue étrangère, soit pour leur plaisir, pour un voyage, ou pour leurs affaires, soit même pour approfondir certaines études et acquérir une érudition plus ou moins facile et agréable. J'estime que c'est à ceux-là en leur particulier d'y pourvoir, tout comme s'ils avaient besoin de connaître le code, de savoir la procédure ou l'économie politique ou l'archéologie. Il me prend envie de faire un voyage en Italie : c'est à moi d'apprendre l'italien ; je veux approfondir tel ou tel genre d'études scientifiques ou littéraires, j'ai besoin de consulter des auteurs étrangers : c'est à moi d'étudier leur langue.

Mais si quelques-uns doivent tirer un jour quelque profit de l'anglais ou de l'allemand appris au collège, combien n'en est-il pas qui n'auront jamais à en faire aucun usage, et qui, même en un voyage à l'étranger, sauront se tirer d'affaire avec un simple manuel de conversation ou grâce aux sommeliers et garçons d'hôtel qui parlent le français ? Elle est féconde en déceptions cette prétendue utilité pratique à laquelle on veut tout sacrifier. Tel aura appris l'allemand qui se trouvera n'avoir jamais besoin que de l'anglais qu'il n'a jamais appris, ou réciproquement ; tel autre n'aura que faire de l'allemand ni de l'anglais, mais sera fort en peine de ne pas savoir le russe, l'espagnol ou l'italien qu'on n'a pas fait encore entrer, que je sache, dans le programme des études des lycées. Combien donc est restreinte, particulière, spéciale, variable, suivant les individus et les circonstances, combien encore une fois elle est pleine de déceptions, cette prétendue utilité universelle attribuée aux langues vivantes ! Quoi donc de moins justifié que cette obligation également imposée à tous de les apprendre, et que cette part énorme d'heures de classes et d'études qui leur est faite dans le nouveau programme universitaire !

On va certainement nous répondre que si leur utilité est petite, bien moins grande encore est celle des langues mortes dont nous prenons la défense. Sans doute, en dehors toutefois de certaines professions libérales, comme le droit et la médecine, leur utilité pratique est médiocre dans la vie ordinaire. Si on ne les apprenait que pour faire le commerce, pour voyager dans les hôtelleries ou sur les chemins de fer, pour les parler au dehors, il y aurait beaucoup à dire contre le latin et le grec, mais leur utilité est tout autre et d'un ordre supérieur. On apprend le latin parce que le français en dérive; on apprend le latin et le grec à cause de la beauté des ouvrages qu'ils ont formés, à cause des belles pensées, des maximes, des sentiments dont ils sont remplis et qui ornent et élèvent l'âme de la jeunesse, à cause enfin de la culture de l'esprit, qui est bonne pour tous, sans être jamais subordonnée à la diversité des conditions de la vie, ni au hasard des circonstances. Là donc il n'y a point de déceptions à redouter, comme quand il s'agit de telles ou telles connaissances pratiques; rien n'est perdu, quelle que soit la carrière où chacun entrera; quoi qu'il arrive enfin, jamais le but ne sera manqué, comme pour celui qui, ayant appris au lycée, avec beaucoup de temps et beaucoup de peine, à balbutier l'allemand, n'aura peut-être jamais besoin dans toute sa vie d'en dire ou d'en comprendre un seul mot.

Ce n'est pas chose facile pour un Français que d'apprendre à prononcer une langue étrangère comme l'anglais et l'allemand. Il semble que nous ayons moins d'aptitude que d'autres peuples à plier notre organe rebelle aux articulations d'une langue autre que la langue maternelle. Ce n'est pas trop, pour apprendre à la parler convenablement, d'une mère, d'un maître, d'une gouvernante qui cause tout le long du jour avec l'enfant dans cette langue, ou bien d'un séjour plus ou moins prolongé à l'étranger. Aussi, pour arriver à quelque espèce de résultat dans les lycées, a-t-il fallu augmenter le nombre des classes de langues, commencer plus tôt et finir plus tard. Les professeurs d'allemand ou d'anglais alternent, dès la huitième, avec le professeur de latin, au lieu de ne commencer comme autrefois qu'à la sixième. La Bruyère, il est vrai, a dit : « On ne peut guère charger l'enfance de la connaissance de trop de langues. » Mais les hommes les plus compétents ne partagent pas cet avis. On a donc mis à ce régime de tout petits enfants, comme si déjà ils n'en avaient pas assez du français, du latin, de deux grammaires, de deux dictionnaires, de l'histoire et de la géographie. Quant au nombre des classes, il y en a trois et même quatre qui, en ajoutant les leçons et les devoirs, prennent près de la moitié de la semaine. Ce sont les élèves de huitième et de septième, pour lesquels on vient tout récemment d'ajouter cette quatrième classe, tant la faveur est grande aux langues vivantes! Ce qu'ils y apprennent, surtout en fait de prononciation, se perd pendant les vacances ou l'année d'après.

Qu'il en soit ainsi, nous le comprenons, dans l'enseignement spécial dont le but est plus particulièrement pratique et où ne s'enseignent ni le latin ni le grec qui servent de point d'appui et de comparaison pour l'étude de la langue française; mais il n'en est pas de même dans l'enseignement classique. Là le préjudice est certain pour tout le reste, pour le français et les sciences, comme pour le latin, tandis que les résultats obtenus au prix de si grands sacrifices sont plus que médiocres, s'ils ne sont pas même tout à fait nuls. Dans chaque division, il y a d'abord bon nombre d'élèves qui, n'ayant pas suivi dès le commencement la filière des classes du lycée, ne savent rien, ou s'empêchent les uns les autres et sont à la fin laissés tout à fait de côté par le maître, à la seule condition qu'ils veuillent bien rester tranquilles. Il en est qui passent de l'anglais à l'allemand, ou de l'allemand à l'anglais, uniquement dans l'espoir d'avoir moins à travailler et d'échanger pour un maître plus indulgent un maître plus sévère. S'il en est quelques-uns qui savent un peu de grammaire et qui expliquent passablement, combien en est-il qui puissent comprendre ce qu'on leur dit ou répondre seulement quelques mots? Ce qu'un maître a peine à obtenir de deux ou trois élèves avec des leçons particulières de tous les jours, comment un professeur au lycée l'obtiendra-t-il de trente ou quarante élèves plus ou moins turbulents et indisciplinés? Les fera-t-il prononcer tous à la fois? ce sera une cohue, une étourdissante cacophonie; les interrogera-t-il successivement? les tours seront longs à revenir et le gosier ne se formera pas. Quel inspecteur ne sait que presque partout c'est dans les classes de langues vivantes que se réfugient le désordre et l'indiscipline, que c'est là que les punitions et les retenues abondent plus que dans toutes les autres classes ensemble de tout un lycée? S'il y a quelques bons élèves à la tête d'une classe, ne vous hâtez pas d'en faire honneur à l'enseignement du lycée; informez-vous d'où ils viennent, et vous verrez que ce qu'ils savent de plus que les autres, ils le tiennent d'ailleurs, de circonstances particulières où ils se sont trouvés, de l'éducation domestique, d'un précepteur particulier, d'un père, d'une mère, d'une gouvernante qui leur ont parlé allemand. De là le surnom dérisoire de *prix des bonnes* que donnent les élèves de Paris aux prix de langues vivantes du concours général.

Telles sont quelques-unes des raisons pour lesquelles il aurait fallu restreindre et non pas augmenter la part faite aux langues vivantes dans l'enseignement classique.

TABLE DES MATIÈRES

Avertissement v

CHAPITRE PREMIER

L'ancien Conseil et les anciennes garanties des membres de l'Université. — Décret libéral de 1808. — Le grand maître. — Limitation de ses pouvoirs. — Le Conseil, sa composition, ses attributions, sa juridiction. — Seul il prononce les peines graves. — L'avis de trois membres nécessaire pour le déplacement d'un fonctionnaire. — Exemple de recours d'un professeur auprès du Conseil contre le ministre. — Recours d'un inspecteur général. — Révocation de M. Dubois. — Séance de la Chambre, discours de MM. Guizot et Jouffroy. — Point de distinction, d'après les décrets, entre les garanties des fonctionnaires et des professeurs. — Connexion des unes avec les autres. — Réintégration de M. Dubois dans ses fonctions. — L'éméritat et le droit à la retraite. — La retraite était une faveur, non une peine. — Renversement actuel du droit du fonctionnaire en un droit contre lui. — Les retraites d'office. — Projet de Napoléon d'une maison de retraite pour les émérites.................... 1

CHAPITRE II

Le Conseil de l'Université sous la Restauration. — La commission de l'instruction publique. — L'ancien Conseil, le grand maître, le nom même de l'Université rétablis. — Le Conseil sous la monarchie de Juillet. — Son autorité. — Illustration de ses membres. — Victor Cousin. — Le meilleur gouvernement qu'ait eu l'Université. — Lutte de Salvandy contre le Conseil royal. — Le ministre revendique la gestion du personnel au nom du décret constitutif de l'Université. — Exposé des motifs et ordonnance du roi de 1845. — Les nouveaux conseillers annuels. — Projet de loi présenté le 25 janvier 1848. — Jugement sur la réforme de Salvandy.. 17

CHAPITRE III

Le Conseil supérieur sous le régime de la liberté d'enseignement, à partir de 1848. — La commission présidée par M. Thiers. — Loi de 1850. — Composition du Conseil en harmonie avec la liberté d'enseignement. — Principe de l'élection. — Changements apportés par le décret de 1852. — Plus d'élection ni de section permanente. — Ruine des anciennes garanties. — Adoucissement de cette législation vers la fin de l'empire. — Le Conseil supérieur sous la République. — Loi de 1873. — Discussions de la Chambre. — Naufrage de la section permanente. — Décret qui par compensation établit le comité consultatif des inspecteurs généraux. — Omnipotence des bureaux. — Comédie du Comité consultatif... 30

CHAPITRE IV

Projet de loi de M. Ferry sur le Conseil supérieur. — De la section permanente. — Les trois directeurs membres de droit. — Des autres membres de la section à la nomination du ministre. — L'élection fera-t-elle les autres membres plus indépendants ? — Ce qu'ils ont à craindre et ce qu'ils ont à espérer. — Trouble qu'exciteront les élections dans l'Université. — Les exclus du nouveau Conseil. — Les incompétents, les membres de l'Institut, les évêques, les magistrats. — La représentation de l'enseignement libre. — Le nouveau Conseil n'est qu'une œuvre de parti et une commission ministérielle.................... 44

CHAPITRE V

Amendements de la Chambre des députés à la loi sur l'enseignement supérieur. — Rapport de M. Chalamet. — La pensée dominante est de rendre impossible toute résistance du Conseil au ministre. — La section permanente encore amoindrie et plus dans la main du ministre. — Extension du principe électif. — Les élections universitaires. — Élections de l'enseignement secondaire. — Élections de l'enseignement primaire. — Le désordre partout dans les études et la discipline. — Adjonction de deux représentants des collèges communaux. — Sages, mais vaines paroles du ministre à cette occasion. — Les chargés de cours privés du droit de vote. — Quatre places pour les sénateurs et les députés. — Que devient le principe de la compétence? — Les conseils académiques. — Inconvénients de leur nouvelle composition... 54

CHAPITRE VI

Projet de loi sur la liberté de l'enseignement supérieur. — Style et rédaction. — Hypocrisie du titre. — Incohérence des matières. — Collation des grades, suppression des jurys mixtes. — Y avait-il lieu à une revendication de l'État? — Prépondérance qu'il s'était réservée dans la constitution des jurys mixtes. — Petit nombre d'examens devant ces jurys. — Nul péril en la demeure. — Inconvénient d'une loi changée du jour au lendemain. — Des facultés libres. — Moyens détournés et perfides pour les détruire. — Elles perdent leurs inscriptions et leur nom. — Gratuité des inscriptions. — Plus de scolarité ni dans les facultés libres ni dans celles de l'État. — Toute liberté donnée à des conférences ou cours isolés........................... 73

CHAPITRE VII

L'article 7. — Persécutions et orages dont il est gros. — Ridicules invocations aux vieilles lois de la monarchie à l'encontre de la liberté décrétée par la Constitution de 1848. — Profonde atteinte à la liberté de conscience, la première de toutes, et aux droits du père de famille. — Ce que vaut l'argument des deux Frances. — Faudra-t-il tous penser comme M. Ferry afin qu'il n'y ait qu'une France? — Idéal de despotisme. — Combien la liberté de la presse fait plus de Frances diverses que la liberté de l'enseignement. — Rien ne vaut plus pour la concorde et l'unité que la tolérance. — Ni l'unité nationale, ni l'amour de la patrie ne sont en péril. — Belle conduite du clergé et des élèves des établissements congréganistes pendant la guerre. —

Les frères de la doctrine chrétienne chassés de l'Alsace par M. de Bismarck.. 88

CHAPITRE VIII

Avantages d'une loyale rivalité entre les deux enseignements. — Rivalité de patriotisme. — Ce que devrait être l'enseignement historique dans l'Université. — Oubli de nos frontières d'il y a neuf ans dans l'enseignement géographique. — De quelques préjugés contre l'enseignement congréganiste. — Qui a le plus falsifié l'histoire, des jésuites ou des jacobins? — La concurrence empêche le relâchement ou l'immobilité. — De quelques avantages de l'Université dans cette lutte. — Ce qu'elle doit éviter et ce qu'elle doit faire pour triompher de ses concurrents sans l'article 7. — Des libéraux qui ne concèdent la liberté qu'à ceux qui pensent comme eux...................................... 104

CHAPITRE IX

Discussion au Sénat de la loi sur le Conseil supérieur. — Le rapport de M. Barthélemy Saint-Hilaire. — Protestations et doctrines difficiles à concilier. — Le respect à la religion, le droit des pères de famille et l'article 7. — Principales idées fausses qui dominent la loi. — La représentation de tous les degrés d'enseignement, la spécialité technique, le principe de l'élection. — — Différence entre la compétence et la spécialité technique. — Inconséquences dans la loi. — La représentation par les pairs proclamée pour tous n'est pas accordée à tous. — Les parias de l'Université. — L'enseignement primaire mis au régime du suffrage restreint... 116

CHAPITRE X

Suite de la discussion de la loi sur le Conseil. — Principe de l'élection. — Les inconvénients et les difficultés croissent à mesure que le nombre des électeurs augmente, depuis les facultés jusqu'aux écoles primaires. — Difficulté de s'entendre. — Un aveu du ministre. — Les femmes introduites dans le corps électoral universitaire. — Peut-on compter sur l'indépendance des membres élus ? — Les députés et les sénateurs exclus. — Les membres de l'Institut et les professeurs de théologie admis. — De la nouvelle composition des conseils académiques. — Nulle garantie pour les membres de l'enseignement libre devant un pareil tribunal. — Agitation électorale dans toute l'Université. — Inconvénient pour la hiérarchie et la discipline. — Comment le Conseil aurait dû être composé.. 130

CHAPITRE XI

Rapport au Sénat de M. Jules Simon. — Rapprochement avec son rapport de 1849 à l'Assemblée constituante. — Fidélité du rapporteur aux mêmes principes de liberté et de tolérance. — Abandon des jurys mixtes. — Exposition impartiale des idées des trois partis qui divisent la commission. — Éloquente démonstration de l'incompatibilité de l'article 7 avec la liberté. — Inefficacité et iniquité. — « Qu'y aurez-vous gagné ? » — Avertissement des dangers qu'il fait courir à la République. — Le mot d'ordre des prochaines élections. — L'article 7 remplacé par les lois existantes... 158

CHAPITRE XII

L'enseignement supérieur. — Son budget doublé. — Du choix et du nombre des centres du haut enseignement. — Avantages des grandes villes sur les petites. — De la concentration des facultés sur un petit nombre de points. — Dispersion fâcheuse des forces intellectuelles par la multiplicité des petits centres. — Nécessité d'en supprimer un certain nombre. — Transactions possibles avec les municipalités. — Préjudice que les facultés trop voisines se portent les unes aux autres. — Les chaires doublées en nombre dans quelques facultés. — Création des maîtres de conférences. — Deux professeurs dans une même chaire. — Chaires multipliées sans discernement et sans mesure. — Singulier motif allégué en faveur de la création des maîtres de conférences. — L'enseignement secondaire décimé au profit de l'enseignement supérieur.................. 165

CHAPITRE XIII

Divers expédients imaginés pour donner des étudiants aux facultés des lettres et des sciences. — Bourses pour la licence, le doctorat et l'agrégation. — Cherté de pareils auditeurs. — Ne pas dédaigner les cours suivis par le public. — Un mot de M. Saint-Marc Girardin. — Défense de la grande leçon. — Les auditeurs volontaires qui ne coûtent rien méritent considération. — La grande leçon n'exclut ni la petite, ni les conférences. — Les conférences et la licence. — Divers projets de réforme de la licence ès lettres. — Concentrer davantage la collation des grades de la licence et du doctorat. — D'un moyen de rattacher les élèves en droit et en médecine aux facultés des sciences et des lettres.. 181

CHAPITRE XIV

De la situation des professeurs de faculté. — Augmentation de leur traitement. — Violation de leurs anciennes garanties. — Professeur transféré d'une faculté dans une autre. — Défaveur des postes administratifs. — Le rectorat. — Le décanat temporaire. — Le servilisme, condition de la prolongation de la fonction. — Création de classes personnelles. — Distribution arbitraire de ces classes. — Plaintes dans toutes les facultés. — Le casuel des examens absorbé dans le traitement fixe. — Motifs allégués en faveur de cette mesure. — Ses inconvénients. — Des commissions nommées par le ministre seraient-elles préférables aux facultés ? — Le pour et le contre. — Conclusion en faveur de la collation par les facultés.................. 199

CHAPITRE XV

Pour soutenir la lutte l'Université n'avait pas besoin de l'article 7. — De l'amélioration matérielle et morale de ses internats. — Question de l'internat. — Non seulement il est indispensable dans nos mœurs, mais il est avantageux pour l'éducation. — Chimère du système tutorial. — Formation des caractères, habitude de la règle et de la discipline. — Parallèle avec le jeune homme élevé dans la famille. — De la part faite à l'éducation dans le lycée. — L'aumônier, le professeur, le maître d'études. — Les maîtres d'études meilleurs qu'on ne le suppose généralement. — Impossibilité de les supprimer. — Ce qu'on a fait et ce qu'on pourrait faire pour eux. — Améliorations matérielles des lycées.

TABLE DES MATIÈRES.   333

— Ne laisser que les externes dans les villes. — Transférer les grands comme les petits lycées à la campagne............ 214

CHAPITRE XVI

Jeux et récréations. — Importance de la question au point de vue moral et hygiénique. — On ne joue plus dans les lycées. — Les promenades. — On ne veut plus se promener. — Rendre les promenades moins monotones. — Les grandes promenades et les excursions. — Voyages gratuits d'un lycée à un autre. — Auberges gratuites tout le long de la route. — Échange de lits entre les élèves. — Échange de rations entre les économes de deux lycées. — Avantages des jeunes voyageurs universitaires sur ceux du Club Alpin ou des établissements libres. — Augmenter les distractions du lycée, diminuer celles du dehors. — Du temps qui est perdu et du temps qui ne l'est pas.......... 240

CHAPITRE XVII

Le nouveau plan d'études et les nouveaux programmes d'études. — La circulaire du ministre. — Toutes les parties de l'enseignement bouleversées. — Vain étalage de principes pédagogiques. — Deux années retranchées au grec et au latin. — Perte irréparable pour le latin et le grec en dépit de toutes les méthodes. — Perte pour la grammaire comparée et pour le français lui-même. — L'étude du vieux français du seizième siècle en cinquième. — La grammaire et le vers latin tolérés. — La science de la métrique mise à leur place pour développer l'imagination. — Les programmes d'histoire. — La biographie de Mirabeau en huitième. — La suppression de l'Histoire sainte. — Les Aryas et les lois de Manou en sixième. — L'académie des inscriptions dans les classes élémentaires. — Débordement de l'histoire naturelle depuis la huitième jusqu'à la philosophie.. 260

CHAPITRE XVIII

Suite de l'examen du nouveau plan d'études. — Programmes des humanités. — Comment s'y prendra-t-on pour faire mieux et plus vite? — Secret gardé par M. Ferry. — Les dictionnaires proscrits au profit des lexiques. — Comment avec deux années de moins expliquer les mêmes auteurs grecs et latins en troisième et en seconde? — Comment pénétrer plus avant dans l'antiquité? — Le discours latin encore toléré. — Du choix des auteurs français. — La *Chanson de Roland* et Joinville. — *Tartufe ad usum juventutis*. — Les *Provinciales* pour jouer un tour aux jésuites. — Les analyses littéraires et le discours français.. 277

CHAPITRE XIX

Programmes de philosophie et du baccalauréat. — La métaphysique unie à la théodicée. — Mélange de l'économie politique avec la morale. — Suppression du mot de faculté. — Le baccalauréat maintenu avec quelques modifications. — Substitution d'une composition française au discours latin. — La liste des auteurs à expliquer. — Leur choix laissé aux candidats. — La licence ès lettres menacée. — Questions adressées par le ministre aux conseils académiques. — Était-il nécessaire, comme on dit, de faire quelque chose? — N'avait-on donc rien fait? — L'enseignement spécial aurait dû sauvegarder l'enseignement classique. — Les rédactions d'histoire. — Les langues vivantes. — Incompétence de la majorité qui a voté le plan d'études. 286

PREMIER APPENDICE

DÉFENSE DES BACHELIERS CONTRE M. FERRY................... 309

DEUXIÈME APPENDICE

CONTRE L'ENSEIGNEMENT UNIVERSEL ET OBLIGATOIRE DES LANGUES VIVANTES.. 317

FIN DE LA TABLE DES MATIÈRES.

2109-80. — CORBEIL. — Typ. et stér. CRÉTÉ.

uno
xc

www.ingramcontent.com/pod-product-compliance
Lightning Source LLC
Chambersburg PA
CBHW072009150426
43194CB00008B/1053